UN CRIME TRÈS ORDINAIRE

Romancier à succès, l'un des plus féconds de ces dernières années, Max Gallo est né en 1932 à Nice.
D'abord professeur, agrégé d'histoire, docteur ès lettres, il a enseigné l'histoire contemporaine au lycée puis à la faculté des lettres de Nice et enfin à l'Institut d'Etudes politiques de Paris. Il a consacré de nombreux ouvrages historiques à l'étude du XXe siècle.
En 1972, il publie son premier roman, Le Cortège des vainqueurs. *Avec* La Baie des Anges *(1976), une trilogie romanesque, il connaîtra un immense succès.*
Auteur d'une dizaine de romans (dont Un pas vers la mer, Les Hommes naissent tous le même jour *et* Un crime très ordinaire*), il a fait l'unanimité de la critique. Ses livres ont été traduits dans de nombreux pays.*
Max Gallo a collaboré à différents journaux comme critique et éditorialiste.
Elu, en juin 1981, député des Alpes-Maritimes, il est aujourd'hui secrétaire d'Etat.

Dimanche 1er juin 1980. Deux heures du matin. Deux coups de feu éclatent au coin de la rue des Carmes, à Paris. Un homme tombe sur la chaussée; mort. Son nom, Michel Farges.
Romancier, journaliste, il fait partie de ce petit groupe de personnalités où se côtoient éditeurs, gens du spectacle, directeurs de journaux, femmes à la mode, intellectuels célèbres, mais aussi hommes de finance et de pouvoir. Sa mort est un événement. Crime crapuleux, passionnel, erreur sur la personne ou bien au contraire « un crime très ordinaire » semblable à l'un de ceux qui ont laissé leur trace rouge dans cette France « officielle » des années 70-80 ?
Une jeune femme, Sylvie Mertens, s'interroge. Elle a vécu avec Farges, le temps des vacances. Elle habite une ville du Sud où elle enseigne. Elle a revu Farges quelques jours avant le crime. Elle s'étonne du silence qui peu à peu recouvre l'affaire, s'inquiète de ces inspecteurs ambigus qui semblent autant vouloir l'influencer que la questionner. Elle se sent menacée. Elle cherche à comprendre qui était Michel Farges qu'elle a si peu connu, aimé pourtant. Elle recompose au fil des rencontres la « biographie » de cet homme « arrivé », issu d'un milieu modeste

(Suite au verso.)

et parti à la conquête de la gloire. Elle trace ainsi, tout en affrontant les dangers d'une enquête conduite en solitaire, le portrait intime d'un homme et la géographie cachée de la société française.
Ce livre qui se dévore comme un roman policier est, à sa manière, la chronique de toute une époque comme dans un roman de Balzac qui à l'aide de la réalité imaginait Vautrin, Lucien de Rubempré ou Rastignac. On reconnaîtra dans Michel Farges, Sylvie Mertens et tous les personnages qui animent ce récit nos contemporains illustres ou anonymes — et on se souviendra des crimes restés impunis et inexpliqués.

ŒUVRES DE MAX GALLO

Dans Le Livre de Poche :

MAXIMILIEN ROBESPIERRE.

QUE SONT LES SIÈCLES POUR LA MER.

LES HOMMES NAISSENT TOUS LE MÊME JOUR :

Tome I : AURORE.

Tome II : CRÉPUSCULE.

LE CORTÈGE DES VAINQUEURS.

UNE AFFAIRE INTIME.

LE XXe SIÈCLE.

FRANCE.

MAX GALLO

Un crime très ordinaire

ROMAN

BERNARD GRASSET

Pour Lucien de Rubempré,
Eugène de Rastignac,
Vautrin
et
quelques autres.

AVERTISSEMENT :

Bien entendu, comme dans mes autres romans, toute ressemblance, toute similitude de nom ou de situation entre ce récit imaginaire et la réalité sont impossibles ou relèveraient de l'impur hasard, à moins que ce ne soit du facétieux inconscient ou peut-être des confusions de la mémoire.

M. G.

« Un livre doit être la hache qui brise la mer gelée en nous. »

FRANZ KAFKA.

« La vérité de la vie était du côté des hommes qui regagnaient leurs maisons obscures, du côté des hommes qui n'avaient pas réussi. »

PAUL NIZAN.

« La vie littéraire telle qu'elle existe en 1840 est une vie misérable. Elle réveille les instincts les plus méprisables de notre nature et les plus fertiles en petits malheurs. »

HENRI BEYLE.
Journal, 18 janvier 1842.

L'action principale de ce roman se situe en France, dans la période 1977-1980, dont il veut, à sa manière, rendre compte.

PREMIÈRE PARTIE

1

C'est au bout de la rue des Carmes, à Paris, qu'on a tué Michel Farges, le dimanche 1er juin 1980, vers deux heures du matin.

Le corps de Michel était tombé entre deux voitures, le visage contre terre. Les tueurs, trois jeunes hommes, selon un témoin, s'étaient enfuis en courant vers la place du Panthéon, remontant la rue des Carmes puis la rue Valette, leurs chaussures de tennis faisant des taches blanches mobiles dans la nuit.

J'étais seule, chez moi, le dimanche soir, distraite, allant d'une pièce à l'autre, fourbue après une journée passée avec Pierre Mithois – mon ami –, dans l'une des vallées du haut pays où s'accrochait encore la neige. Nous avions abandonné le refuge vers deux heures du matin et, au moment de m'engager dans le sentier sous les mélèzes, j'avais eu une appréhension. La lampe de Pierre ou le bruit de nos voix avait dérangé des oiseaux qui s'envolaient, faisant battre les branches et j'avais craint que, tels les rapaces d'un conte cruel, ils ne m'entourent, plantant leurs serres dans mes cheveux, leurs ailes voilant mes yeux. Mais Pierre avait éclairé le faîte des arbres et le silence s'était rétabli. A l'aube, nous avions atteint les lacs circulaires que dissimulent les éboulis. Des chamois, du sommet d'un col, se laissaient glisser sur les pentes neigeuses et nous les avions observés. Ils semblaient proches alors que plusieurs heures de marche nous séparaient d'eux. Brusquement, tranchant d'un coup sec la perfection bleutée du matin, une détonation, peut-être le déchirement de l'atmosphère par un avion à réaction ou bien un coup de feu dans le bas de la vallée, s'était multipliée, franchissant les cols et les chamois avaient disparu. Je crus un instant que l'un d'eux avait été atteint mais Pierre me détrompa.

On n'avait découvert le corps de Michel qu'à l'aube de ce même dimanche.

Le soir, alors qu'à l'extrémité du couloir j'allais entrer dans la chambre de mon père, parce que, depuis sa mort, je basculais vers lui dès que j'étais seule, m'inventant des prétextes – vérifier la fermeture des volets, contempler les tableaux qu'il avait peints –, j'ai entendu le nom de Farges que le présentateur du journal télévisé répétait.

J'ai couru jusqu'à mon bureau, apercevant un instant la photo qui s'effaçait sur l'écran, un portrait qui n'était plus ressemblant mais que Michel m'avait montré, hésitant entre la dérision et la complaisance, heureux qu'un peu lâchement j'exagère mon aversion pour ce visage poupin, ces cheveux noirs coupés très court, cette physionomie de professeur timide et sans fantaisie, ces traits indécis encore, qu'il avait perdus en vieillissant.

J'avais dit, parce qu'il insistait, et que je n'osais pas me dérober à son attente :

« Je ne t'aurais pas aimé. »

Il riait de plaisir, précisait :

« Je venais de publier mon premier roman, *L'Acte rouge.* »

On avait enfoncé dans son corps un acte rouge.

Je n'avais rien entendu, mais j'imaginais un suicide camouflé en accident. J'étais sûre que Michel Farges n'avait pu échapper au sort de Marc Foulier, le héros désespéré de *L'Acte rouge.* Le personnage avait entraîné son créateur, parce qu'on ne dessine pas impunément son double.

Le téléphone a sonné.

Cécile Devun, mon amie parisienne, m'accablait de mots, de questions, d'indignations et de conseils. Avais-je entendu ? Refuse toute déclaration. Tu vas bien ? Tu m'écoutes ? Veux-tu que je vienne ? Mais pourquoi Michel Farges ? Cet écrivain du second rayon selon Cécile, cet ambitieux calculateur, ce timoré – elle avait dit autrefois lâche, « n'oublie pas, quand tu étais inculpée, il a refusé de signer cette pétition pour toi » –, ce Farges ne méritait pas un tel crime. « Dors bien quand même, mon chou. »

Le corps d'un homme mort est une chose vivante.

Je fus aux prises avec lui. Je me débattis, tentant de l'écarter de ma poitrine, mais il m'écrasait.

Je me levais, ne sachant plus contre qui je luttais, qui cherchait à m'entraîner du côté obscur de la vie, Michel ou mon père, devenus cette unique chose, le corps d'un homme mort.

Toute la nuit, je suivis les bulletins de nouvelles sur les différentes stations de radio. Le récit de l'assassinat de Michel s'amenuisa au fil des heures pour s'enfler à nouveau avec les journaux parlés du matin et la revue de presse : « *Nos confrères qui multiplient les hypothèses restent prudents* », précisait le commentateur.

Je me reprochais une sorte d'indifférence. Je ne pleurais pas. Tant d'autres parlaient de Michel et de sa mort, qu'ils m'en avaient dépossédée. Ils avaient transformé un meurtre en une séquence d'information, brève et fugace, en un événement qui le lundi matin paraissait déjà banal et défraîchi.

Je me rendis à l'aéroport afin d'acheter les quotidiens de Paris. Les photos de Michel qu'ils publiaient étaient récentes. Je reconnaissais son visage volontaire, ses maxillaires lourds et ses cheveux gris tombant sur ses joues. Michel masquait sa bouche de ses doigts longs et minces dans une pose qui lui était familière, un peu espiègle et timide, comme s'il avait été lui-même surpris, ravi aussi, d'une pensée audacieuse qu'il venait d'oser presque malgré lui.

Je regardais cette photo avec gêne comme si on l'y exposait nu et je me souviens que je serrais les journaux contre moi, croisant les bras à la manière dont on cache un enfant ou ses seins. J'étais en retard mais ce n'est pas pour gagner quelques minutes que je me mis à courir.

Je fuyais. J'emportais le corps d'un homme mort, cette chose vivante que j'avais aimée.

2

Mais que sait-on d'un homme même si on l'a aimé ?

Je ne réussis à retrouver, quand je pense à Michel Farges, que des bribes de dialogues, des éclats d'images et des sensations fugitives.

Si je vais au-delà, comment puis-je être sûre de ne pas imaginer ? A peine si je me souviens de son corps. Le bas de son visage s'affaissait comme souvent chez les hommes qui ont franchi la quarantaine. Je cherchais à ne pas voir les plis de sa peau trop blanche; ses dents usées, jaunies par le tabac car Michel était de ces romanciers qui fument autant de cigarettes qu'ils raturent de pages.

Ces détails me reviennent mais la mémoire est perverse. Il ne reste dans son tamis que les pierres. Le grain est passé avec les jours et c'était la juvénilité de Michel, sa spontanéité et sa tendresse rassurante, ses révoltes, tout ce qui dans son caractère me permettait, à moi qui avais vingt-cinq ans de moins que lui, de l'aimer. Il me semblait souvent plus jeune que je l'étais, plus naïf et donc plus vulnérable.

Mais comment savoir ce que je pensais vraiment ? L'avais-je même réellement aimé ? J'avais éprouvé de l'admiration, de l'estime, de la curiosité surtout et du désir aussi, bien que le souvenir du désir soit encore plus précaire que le désir lui-même.

Je peux avec moins d'incertitude reconstituer le décor, l'appartement de Michel, au coin de la rue des Carmes et du boulevard Saint-Germain, à Paris. Je revois ce tableau, accroché en face de son bureau. Il masquait plusieurs rayonnages de la bibliothèque et représentait une femme nue, au ventre et aux hanches lourdes, les bras le long du corps, les cheveux comme soulevés par le vent. Elle avançait et, peut-être à cause de sa marche ou bien parce que son pubis avait été rasé, le sexe paraissait entrouvert et renflé, boursouflure rose fendue par une échancrure sombre. Devant elle, la regardant venir, se tenaient des oiseaux, leurs becs recourbés, leurs ailes à demi déployées, prêts à l'envol, chouettes ou hiboux aux plumes grises.

Je n'avais vu d'abord que cette partie du tableau, puis, je me souviens, c'était la première fois où, Michel absent, j'osais m'asseoir à son bureau, écartant précautionneusement les pages qu'il avait écrites le matin, veillant à ne pas modifier ce désordre dont je soupçonnais qu'il était régi par des lois, je levai les yeux. J'aperçus alors le tableau dans son ensemble et même si je réussis à le décrire aujourd'hui, je ne parviendrai pas à exprimer mon émotion et le malaise que je ressentis alors. J'eus l'intuition qu'il me fallait fuir si je ne voulais pas renoncer à ma vie. Car la femme nue était enlacée. On la tenait fermement et les mains – mais étaient-ce des mains ? – se croisaient sur sa hanche gauche. La femme dont je découvris la physionomie apeurée mais soumise avait le corps légèrement penché comme si on pesait sur sa nuque et son dos et qu'elle eût conscience de l'inutilité de ses efforts pour se libérer. Elle avait accepté d'être conduite par l'homme, il faut bien l'appeler ainsi, puisqu'il était vêtu avec recherche d'un costume croisé, d'une chemise blanche et d'une cravate rouge mais sa tête était celle d'un oiseau, hibou, chouette. Son bec, vu de face, avait le tranchant d'une lame. La femme était sa prisonnière et peut-être la menait-il au supplice, les oiseaux aux becs recourbés attendant qu'il la leur livre.

Tel me parut le sens de ce tableau, de l'attitude de cette femme qui allait sans révolte, envoûtée parce que séduite, guidée par l'étreinte ferme et tendre pourtant de ces mains qui ressemblaient à des serres, femme aux yeux rêveurs, incapable de reconnaître les rapaces, tout enveloppée par les teintes pastel d'un crépuscule.

Le tableau me fascina au point que je restai là, à la place de Michel, le dos à cette fenêtre d'angle d'où l'on apercevait les façades et les toits irréguliers du quartier qui borde la Seine. Je laissai, en crayonnant, la journée s'achever, en proie à des sentiments contradictoires, prise entre le désir de m'enfuir, en gribouillant une excuse que je glisserais au milieu du manuscrit, et la tentation du défi qui souvent me dirige.

Michel me retrouva ainsi, toujours assise à son bureau, indécise, inquiète et attirée, mais, parce que je suis orgueilleuse, je me persuadai que je ne subirais pas le sort de cette femme qui se livrait. J'ai cru que je pourrais échapper à Michel. Je me suis trompée.

Un matin, quelques jours après son assassinat, ils étaient deux à m'attendre devant ma porte. Je les ai identifiés au moment même où je descendais de voiture.

J'habite une petite rue du vieux Lourciez – la rue du Château – non loin de l'école où je suis institutrice depuis cinq ans. Le plus souvent, je me rends à mon travail à pied, traversant les jardins de Saint-Axès qu'on a aménagés en bordure de la vieille ville sur l'emplacement d'un hôtel récemment démoli. Mais il m'arrive, et ce fut le cas ce matin-là, de prendre ma voiture afin de rouler sur le front de mer. J'ai besoin, avant de m'enfermer pour plusieurs heures dans ma salle de classe, de l'espace et de la liberté que j'associe depuis toujours à la mer.

Je m'arrête sur l'avenue. Il est très tôt, sept heures à peine. La brise de mer ne s'est pas encore levée. Le ressac, même si les vagues sont fortes, paraît assoupi. Je descends sur la grève déserte, je déjeune d'un fruit, je lis des journaux, je corrige quelques cahiers. Les pêcheurs rentrent longeant la côte. Le soleil éclaire l'île de Saint-Axès. L'immobilité semble avoir saisi le paysage. Je ne me lasse pas de cette harmonie et je ne me dirige vers l'école qu'au dernier moment, apaisée, presque joyeuse.

Mais depuis qu'ils me guettent, mon état d'esprit a changé. J'utilise ma voiture pour repérer des itinéraires qui me permettraient, le cas échéant, de quitter la ville et de déjouer des poursuivants. Parfois, je franchis un feu de signalisation au rouge afin de m'habituer à des manœuvres risquées, qui me donneraient l'avance nécessaire pour me perdre dans le dédale des rues du centre.

Je ne suis pas victime de mon imagination. Je ne crains pas l'une de ces agressions de hasard, si nombreuses à Lourciez mais dont je n'ai jamais eu peur. Je crois que les rôdeurs sont attirés par les lâches et j'ai l'habitude de faire face. J'ai parcouru plusieurs fois les rues de Lourciez, la nuit, sans être jamais inquiétée. Mais c'est moi, Sylvie Mertens, et non une inconnue de rencontre, qu'on attend. Mon attitude courageuse ou timorée ne changerait rien aux intentions de ceux qui me surveillent.

J'ai repéré l'homme qui me suit chaque matin. Il a la nonchalance d'un professionnel de la filature. Si je monte dans ma voiture, il fait signe ostensiblement au conducteur d'une automobile bleue qui stationne non loin de chez moi, garée souvent sur le passage clouté. J'aperçois dans mon rétroviseur ce suiveur tranquille qui s'arrête lui aussi sur l'avenue de Lucius, à quelques mètres de ma voiture.

Ils ne se dissimulent pas. Ils veulent m'inquiéter. Ils imaginent peut-être que je détiens des informations alors que j'ai même oublié les mots qu'employait Michel quand nous faisions l'amour, ce murmure qui devenait parfois un cri rauque que j'étouffais de ma main posée sur sa bouche, car ce cri me gênait comme une inutile grossièreté ou l'affirmation d'une victoire remportée contre moi.

Voudraient-ils que je leur raconte cela, mes oublis et mes souvenirs, notre intimité ? Comment Michel savait, malgré mes réticences, mes pudeurs vraies ou feintes, m'ouvrir au plaisir ? Comment leur faire comprendre que ce que j'ai retenu de lui n'est pas plus important qu'un petit tas d'esquilles, les vestiges dérisoires d'une liaison dont Michel, je crois, n'espérait qu'une distraction — je ne donne à ce mot aucune valeur péjorative — à un moment difficile de sa vie ?

Mais les deux hommes qui s'avançaient vers moi étaient tenaces et incrédules.

Le plus petit des deux m'avait déjà interrogée une semaine auparavant.

La directrice était venue me chercher dans ma classe, me montrant l'homme dans la cour. Il croisait les bras, suivait les jeux des enfants dans le parc, puis il avait regardé l'école et la directrice m'avait saisie par la main, m'éloignant de la fenêtre, chuchotant qu'il s'agissait du commissaire Jeannin. Elle me poussait vers la porte, baissait encore la voix, discrète et gênée :

« C'est à propos de Farges, il a cité son nom. »

Elle répétait, me prenant aux épaules :

« Allez-y, allez-y, c'est une formalité. »

Je m'étais dirigée vers Jeannin avec détermination et colère. Ma vie privée m'appartenait. J'étais décidée à ne rien lui livrer de ce que j'avais vécu avec Farges. Trois mois – même pas trois mois ! – de cohabitation à Paris, dans son appartement de la rue des Carmes. Puis, peut-être une fois par mois, deux ou trois jours que nous passions ensemble, ici ou là, joyeux de nous retrouver et heureux de nous quitter.

« Je te téléphone, mon amour », disait Farges au moment de la séparation en m'embrassant tendrement avec une allégresse retenue.

Je répétais, ironique : « Oui, mon amour, à bientôt, j'attends ton appel. »

Farges et moi nous jouions à ne pas être dupes. Nous ne voulions plus vivre ensemble mais nous étions encore assez curieux l'un de l'autre pour souhaiter nous revoir. Farges...

Voilà déjà que je l'appelais Farges comme si Jeannin avait réussi par sa seule présence à briser la complicité qui m'avait liée à Michel. Je me révoltai.

Je dis à Jeannin que maître Cécile Devun, mon amie, avocate à Paris, serait avertie, que... En quelques phrases, j'ai évoqué tous les droits de la personne humaine, toutes les lois, toutes les outrances ou les violences policières.

Jeannin avait eu un sourire amusé, une attention distraite. « Voyons, voyons », disait-il et il m'avait prise avec autorité par le bras, comme un père compréhensif.

Il était trapu, chauve, avec cet embonpoint que j'imagine toujours lié à une acceptation de la vie telle qu'elle est, la preuve de l'indifférence aux regards des autres et aux modes.

« Voyons, voyons, qui parle ici d'interrogatoire ? »

Jeannin n'accomplissait qu'une démarche de routine, expliquait-il. Je n'étais même pas un témoin et le juge d'instruction parisien ne désirait pas m'entendre. Mais simplement, puisque j'avais vécu quelques mois avec Farges, que je l'avais vu il y a peu encore, j'avais peut-être pu...

Je m'étais dégagée.

Il s'immobilisait, écartait les bras, souriant encore :

« Eh bien, voilà, bon, vous n'avez rien à dire et vous ne dites rien, qui vous en demande davantage ? »

Je n'avais pas accepté la main qu'il me tendait et il avait ri franchement, me donnant le sentiment d'être ridicule, excessive.

« Je vous imaginais bien comme ça, disait-il, mais oui, j'ai lu votre livre. »

Je devais paraître étonnée et il m'avait tapoté l'épaule avec bienveillance, m'indiquant avec ironie qu'il s'était agi d'une lecture « imposée », « puisque je vous rencontrais, n'est-ce pas ? ».

Il avait formulé une appréciation élogieuse mais précise, qui montrait une compréhension de mes intentions et du sens de mon roman.

Je l'avais regardé s'éloigner, me sentant pour la première fois menacée par sa perspicacité même, sa gentillesse, tout ce qui le rendait différent d'une caricature qui m'eût rassurée. Il avait eu aussi cette dernière phrase, revenant sur ses pas, tout à coup distant, les mains dans les poches :

« Bien sûr, nous pouvons être appelés à nous revoir. Si vous quittez Lourciez, vous me prévenez. »

Puis il avait à nouveau souri; son visage rond, qui, quelques secondes auparavant, exprimait la sévérité, avait retrouvé sa bonhomie.

« Naturellement, je ne peux vous y contraindre. Vous êtes libre dans ce pays, Sylvie Mertens. »

Il m'avait saluée de la main.

Le matin suivant, ils étaient à mes trousses, ces suiveurs salariés dont je sentais le regard indifférent mais efficace.

Je voulus téléphoner à Cécile pour qu'elle me conseillât, mais j'étais déjà prise dans ce réseau de culpabilité, d'inquiétude et de prudence que fait naître le policier. Je crus, à un déclic, que mon téléphone avait été placé sous surveillance. Avouer que je me sentais menacée, n'était-ce pas reconnaître que je voulais me soustraire à une enquête? Ils en déduiraient que je possédais des renseignements et cherchais à les cacher. Il me fallait afficher mon indifférence, continuer comme par le passé mes promenades au bord de la mer, ignorer ces inspecteurs qui ne se dissimulaient pas. Attendre.

Mais j'avais une fois encore surestimé mes capacités. Je devins nerveuse. Cette présence à quelques mètres de moi d'hommes chargés de me suivre m'obséda. J'avais le sentiment qu'ils me rabattaient patiemment, préparant l'instant de la curée. Il n'y a pas que les animaux qui s'affolent. Mon imagination retrouvait les scènes lues ou vues, ces poursuites dans les villes, les pneus qui crissent, puis les interrogatoires brutaux et pour finir, la mort.

On va sourire car l'angoisse ne se partage pas. J'aurais beau rappeler que ce temps est celui des tueurs, qu'avant Michel Farges, ils ont abattu Goldman, sur une place de Paris, au milieu de la foule, assassiné des ministres, des militants, des étrangers, des journalistes, tué dans un couloir d'immeuble avenue Foch ou sur les trottoirs du XVIe arrondissement, exécuté (quel autre mot employer puisque les tueurs ne laissent aucune chance à leurs victimes) des témoins gênants dans les rues de Lourciez, je ne réussirais pas à communiquer ma peur. Même si je parlais déjà de Michel Farges, je ne convaincrais pas. Car les événements s'effacent comme, dans un repli de l'eau, les récifs. Seuls les connaissent, trop tard, ceux qui font naufrage.

Moi j'ai peur parce que j'ai connu Michel Farges, que des hommes me suivent depuis des jours. Qu'un matin ils se sont avancés vers moi, à l'instant où je descendais de voiture, dans ma petite rue. Et si le moment était venu pour moi aussi et sans que je sache précisément pourquoi ?

J'avais reconnu Jeannin. L'autre, qui l'accompagnait, longeait les façades. Bien que différent de lui, plus jeune, les cheveux blonds mi-longs, une silhouette dégingandée, il était sans doute aussi un policier. Mais pourquoi leur fonction m'eût-elle rassurée ? Les fils sont si emmêlés qu'on ne sait plus qui doit serrer le garrot.

J'ai pourtant marché à leur rencontre. Que faire d'autre ?

« Nous voilà à nouveau », disait Jeannin d'un ton aimable, me présentant d'une manière cérémonieuse l'inspecteur Leyris qui arrivait de Paris pour bavarder avec moi.

Leyris s'approchait, me saluait, commençant d'une voix mélodieuse à m'expliquer que rien ne m'obligeait à parler, qu'il ne pouvait m'y contraindre, que la loi était stricte et qu'il tenait à la respecter, que ma vie privée m'appartenait, que la discrétion était de règle, que...

« Mais vous l'avez aimé, n'est-ce pas ? » concluait-il.

Il se penchait vers moi, prêt à recueillir mes confidences. Mon père m'avait appris à choisir la fidélité toujours, quel qu'en soit le prix.

Je regardai Jeannin puis Leyris, l'un lourd et posé, l'autre qui paraissait associer la maladresse et la désinvolture, le corps disgracieux , inachevé, trop grand, trop maigre et pourtant le ton si calme, les yeux si attentifs.

« Vous a-t-il, par exemple, parlé de Monica Sundberg ? demanda Leyris. Ou de Jerzy Borowski ? »

Je connaissais ces noms. Mais l'inspecteur Leyris s'était engagé trop vite, avec une sorte d'avidité, presque de la jubilation et de la suffisance, qui m'interdisaient le moindre aveu.

J'ai répété que je ne savais rien, rien, et je suis passée entre eux.

3

J'AVAIS connu Michel Farges d'une manière traditionnelle et inattendue.

A la mort de mon père, il y a trois ans, quand je me heurtais aux murs de l'appartement comme une mouche qui ne sait plus trouver l'air libre, j'avais commencé à écrire. Il me fallait entendre mon père encore, l'enfanter pour qu'il continue de vivre en moi, par moi.

Je traversai ainsi les mois les plus difficiles, transmuant mon deuil et le vide en mots, m'inventant des souvenirs, rôdant dans la chambre de mon père, apprenant à le connaître alors que je n'avais fait, en vingt-cinq ans de vie avec lui, que le voir. J'ai couvert mes feuillets de larmes, je me suis vautrée dans le désespoir. J'étais sincère et rouée, écrivain pour tout dire, faisant de petits pâtés bien ronds avec ma peine et avec mes émotions. Mais c'est ainsi. Grâce à cela, j'ai survécu, amputée mais vivante.

J'ai envoyé ce que j'avais écrit à Cécile Devun. Elle était née à Lourciez comme moi et nous avions partagé notre enfance sous les palmiers et au bord de la mer. Elle était l'amie brillante que l'on admire et jalouse un peu. Je lui souhaitais tout le bonheur possible et un peu de malheur. Plus âgée de quatre ans, elle avait déjà un mari, un fils et l'autorité des aînées qui ont choisi la bonne route et l'affirment. Elle me téléphona, enthousiaste, émue, fière de sa « petite camarade » dont l'œuvre allait justifier l'amitié qu'elle me portait. Elle m'expliquait que Claude, son mari, qui occupait une fonction importante dans une société pétrolière, connaissait Lasnoy.

« Voyons, Philippe Lasnoy, Sylvie, mais tu ignores tout ! »

Lasnoy, le directeur de *Présent* qui en parlerait à Michel Farges, son chroniqueur littéraire, qui lui-même, etc.

L'engrenage s'était mis à tourner. J'avais dans mon coin monnayé mon chagrin. Je recevais en échange, quelques semaines plus tard, un mot de Farges qui qualifiait pour la première fois mon récit d'*authentique.*

Il allait en diverses occasions utiliser cette expression qui m'avait tout d'abord frappée par ce que j'imaginais être son originalité. Le mot *authentique* n'appartenait pas au vocabulaire courant des cours de récréation.

Farges m'expliquait qu'il transmettait mon manuscrit à Maurice Alberti, le directeur littéraire des éditions Claroux, avec une note de lecture très élogieuse, qu'il me fallait attendre, qu'il ne voulait pas me donner de faux espoirs mais que mon texte avait suffisamment de force et d'*authenticité* pour convaincre.

Au bout de quelques mois, mon père et l'amour que je lui portais étaient devenus ce livre à couverture blanche, objet impudique, porte ouverte d'une chambre où l'on agonise.

J'avais beau me dérober, me jouer la comédie de l'innocence, j'avais voulu cela. De même, quand l'attachée de presse des éditions Claroux, Betty Vanier, me demanda de passer quelques jours à Paris au moment de la sortie du livre, qu'elle me précisa d'une voix trop aimable que Michel Farges – « Vous lui aviez envoyé votre manuscrit, je crois ? » – tenait à me rencontrer, je sus, parce que Farges m'avait déjà téléphoné à plusieurs reprises, que je m'engageais dans une relation équivoque.

« Vous ne craignez pas Paris et ses tentations ? Nous sommes tous un petit peu ogres ici », m'avait dit Farges en m'appelant par mon prénom avec une familiarité complice.

Il était si ridicule dans sa vision traditionnelle de la jeune institutrice provinciale, que je ne pouvais que lui donner la réplique et bêler comme la chèvre de Monsieur Seguin qui n'ignore rien de son destin.

Pauvre Michel si sûr de conduire les autres et dont je sais maintenant qu'il n'était pas l'oiseleur. J'ai sans doute eu tort de me méfier de lui, mais il fut pris à son propre piège dès notre premier rendez-vous, posant sa main sur ma nuque pour me guider, très protecteur, vers le fond de la salle, chez Lipp, où bien sûr on ne le faisait pas attendre, où il avait sa table retenue et où il serrait nonchalamment les mains. Je reconnaissais Jean Mesnard, le critique d'art, un ami de Michel chez qui nous devions dîner; le romancier Guy Richet et Martin Hassneri qu'on disait philosophe et peintre, dissident, « on ne sait trop pourquoi, me murmurait Michel, il est français comme vous et moi ».

Je n'aimais pas cette façon de vivre dans le regard des autres. J'étais humiliée par ce rôle de jeune admiratrice naïve qu'on régale et qu'on épate avant de la croquer, parce qu'elle a les gambettes et le cul frais. Je souris niaisement à Michel et je ruminai des grossièretés et des insultes. Mais il me devança en m'étonnant :

« Je suis grotesque, dit-il, antipathique et vous vous emmerdez. »

Comme je paraissais interloquée, il ajouta en me regardant droit dans les yeux :

« Si on faisait l'interview chez moi tout en baisant, ça vous dit ? »

Son audace était une autre convention, un produit de la mode encore, mais, face à mon attitude hostile tout à coup – était-ce une nouvelle habileté ? –, il se décomposa, se voûta, appuyé sur les avant-bras, repoussant son assiette.

Il commença alors un long monologue dans lequel il s'accusait, m'interrogeait sans écouter mes réponses, sincère, cabotin, perspicace, amer. Il mêlait à des confidences des considérations banales peut-être, mais qui m'intéressaient par la violence dont il les chargeait. Il disserta sur la décadence de la culture occidentale, la mort d'une civilisation, et l'impuissance de la gauche. Il mêlait ce que j'avais lu dans les éditoriaux de Servan – le directeur de *L'Union*, assis précisément non loin de nous, à quelques tables –, dans les essais de Portal qui condamnait l'impérialisme carnivore dévorant le monde ou dans les romans pamphlets de Richet qui dénonçait la démission de l'Occident.

Timidement – fidèle à mon emploi – je lui fis remarquer qu'il prenait des idées à droite et à gauche, qu'il zigzaguait entre Richet et Portal, qu'il devait m'expliquer. J'étais l'élève modeste, la benête qui a des idées courtes. Mais il s'emporta, peut-être avait-il bu. Je devenais une conne, « une pauvre conne » même, dupe des théories et des apparences comme il l'avait été avant moi, comme son fils Gilles l'était encore. Il fallait que je me débarrasse de « tout ça », parce qu'il suffisait de regarder autour de soi pour comprendre que les idéologues s'entendaient à merveille pour gruger la *plèbe.* Un mot que je retins : *plèbe,* cela sonnait fort.

« L'intelligentsia est pourrie, précisait-il, et j'en fais partie. »

Il me décrivit alors avec une faconde gênante ce qu'il appelait « nos mœurs », petites lâchetés, sordides compromissions, marchandages dérisoires. L'éditeur Claroux publiait l'académicien Arnaud de Rougerie, afin d'obtenir sa voix lors des élections Quai Conti.

« Cher, très cher. »

Farges citait un chiffre.

Rougerie mais bien d'autres aussi était l'un des habitués des soirées de Jerzy Borowski. « Borowski, le couturier, le metteur en scène, tu connais ? »

Michel s'approchait de moi, complice, m'enveloppait de son bras, regardait autour de lui comme s'il avait craint qu'on l'entendît. Il murmurait que, chez Borowski – « J'y vais, bien sûr, pourquoi pas, la comédie humaine, non ? » –, les ministres côtoyaient les révolutionnaires, ou ceux qu'on croyait tels. « On se partage les femmes, et les profits. »

Farges se frottait les mains.

« Tout cela dans la même marmite, à Saint-Cloud, chez Borowski. Fric, cul, idées, tout s'échange, pourquoi pas ? »

Je n'aimais pas la vulgarité de Michel.

« Pourrie, société pourrie, intelligentsia pourrie », répétait-il avec emphase.

Il posait sa main sur ma cuisse.

« Maintenant, tu es entrée dans la ronde, tu es écrivain comme moi, tu viendras à Saint-Cloud. »

Il était caricatural, irritant comme un adolescent enjoué dont les excès, les caprices et jusqu'aux faiblesses séduisent cependant. Tout au long du boulevard Saint-Germain, marchant à pas lents, s'interrompant pour acheter puis parcourir la première édition du *Monde*, il m'a parlé vaguement de mon roman. Je n'étais déjà plus surprise par ses formules : « Ce qui compte, me disait-il, c'est l'authenticité du projet romanesque et de la voix qui le met en œuvre. »

J'ai toujours vite appris le langage des autres. Je dis :

« Votre œuvre est tout entière animée par un sens. »

J'avais lu une phrase semblable dans l'un des hebdomadaires, *Présent* ou plutôt *L'Union*, que je feuilletais régulièrement. Michel m'observa, me vouvoya brusquement comme s'il avait découvert que je n'appartenais pas à une peuplade primitive.

« Vous avez d'autres textes en chantier? » demanda-t-il.

Je secouai la tête.

« On doit baiser ensemble, je crois », ai-je murmuré d'une voix neutre.

Rien ne se prête aujourd'hui à la gaieté et pourtant, me souvenant de la surprise de Michel, je ne peux m'empêcher de rire encore. Il hocha la tête, hésitant entre le triomphe et l'inquiétude.

« Décidément, je ne comprendrai jamais rien », dit-il.

Je le sentais timide, aux aguets. J'avais honte de mon audace, mais cette provocation, si elle me forçait à céder, me sauvait de la soumission.

J'ai aimé l'appartement de Michel dès ce premier jour.

Les livres s'entassaient sur la table de travail en piles inégales. Les murs en étaient recouverts et la chambre où nous fîmes l'amour avait l'une de ses portes-fenêtres obstruée par des paquets qu'expédient les éditeurs et que Farges n'avait pas encore eu le temps d'ouvrir.

« Tu prends ce que tu veux, m'a-t-il dit. Tu viens quand tu veux, tu t'installes si tu veux. »

Je ne répondis pas.

J'avais été comblée, bousculée hors de mes pensées par des caresses expertes et une attention au rythme de mon corps qu'aucun de mes amants, tous jeunes il est vrai, n'avait manifestée. Elles étaient peut-être chez Michel façon de compenser un désir incertain. Je l'avais pressenti. Les bavards ne sont pas de bons amants. Ils jacassent et leur satisfaction vient moins de leur virilité que du plaisir qu'ils éprouvent à en parler. Mais les doigts, la langue, la bouche, les mots de Michel composaient à eux seuls une mélodie qui m'emportait.

Il s'attendrissait.

« Tu es belle, vraie, une petite femme authentique », répétait-il.

J'étais rassurée, audacieuse, m'engageant d'autant plus que je savais le voyage limité. Et, pourquoi le dissimuler? j'étais heureuse d'avoir repoussé enfin la mort de mon père.

Mon livre était posé sur la table de Michel comme la preuve que les mois avaient passé, que le deuil s'achevait.

J'ai marché nue dans l'appartement, ouvrant les portes, jetant un coup d'œil à ce tableau que je ne détaillerai que plus tard, un peu ivre à l'idée que mon amant s'appelait Michel Farges, l'un des écrivains et des critiques littéraires qui comptaient. Je me suis assise, toujours nue, dans l'un des fauteuils du salon, téléphonant à Cécile afin de me décommander, de lui expliquer simplement que je n'habiterais pas chez elle mais chez Michel Farges. « C'est de chez lui que je téléphone, oui, de chez lui. Je t'embrasse. »

On prend ses revanches comme on peut, quand on peut.

Michel qui s'était déjà rhabillé m'observait, ironique et satisfait.

« Vous êtes un amant de prestige », ai-je dit.

Je voulais, pour me venger, qu'il succombe à la flatterie, mais il n'eut qu'une moue, se déroba par un juron, m'offrit à boire, puis demeura silencieux, presque prostré, peut-être de fatigue. Quand je lui demandai s'il vivait seul, il répondit que j'avais déjà cherché vainement l'autre en rôdant dans l'appartement. Ma question l'avait pourtant tiré de sa somnolence. Il m'annonça que chez l'éditeur je rencontrerais Betty Vanier, chargée de la promotion de mon livre.

« Vécu avec elle cinq ans, puis – il eut un geste d'indifférence – presque amis maintenant. Elle vient d'écrire un livre aussi, comme tout le monde, je vous fourre ensemble, dans le même article. Rien contre ? »

Si j'avais souhaité partager ma vie avec Michel Farges, cette remarque désinvolte et méprisante m'eût fait changer d'avis. Il était l'un de ces gosses qui désarticulent leurs jouets avec hargne et férocité.

Je me suis rhabillée cependant qu'il tournait autour de moi, plein de délicatesse à nouveau. J'ai saisi le sac qui me servait de valise.

« Vous n'avez plus besoin de moi, ai-je dit. Assez d'éléments pour votre article ? »

Ma susceptibilité le stupéfia. Il tenta de me séduire encore. Il s'accusa. Les mots lui échappaient, les phrases le trahissaient, expliquait-il. Il paraissait prêt à sangloter, gosse toujours, qu'une réprimande désarçonne. Il me flatta, crut que j'avais des exigences d'auteur, me jura que l'article qu'il préparait serait consacré à mon seul roman.

« Le livre de Betty, précisait-il, n'est qu'un produit de serre, pas authentique. »

Sa démagogie me révolta et je m'enflammai. Il était donc de la race des délateurs, criai-je, de ceux qui sont toujours prêts à vendre un ami, à changer de casaque. Un intellectuel, quoi. Je retrouvai mes colères d'étudiante pauvre, fille de carreleur que la ténacité du père avait poussée dans l'université et qui avait refusé de s'y perdre, s'en échappant pour ce métier d'institutrice que l'on méprisait en faculté. Animatrice culturelle, cela vous avait une autre allure. Mais institutrice, quelle médiocrité, non? J'étais l'ouvrière sans spécialité qui ne dégrossit même pas le métal pour la chaîne, mais entasse les tôles dans un coin.

Authentique? Je riais d'une rage contenue depuis le matin. Je m'étais laissé avoir par orgueil. J'avais cru prendre l'initiative. Menée, piégée, en fait.

4

Michel Farges consacra toute sa chronique à mon roman. Il vint un mois plus tard à Lourciez m'apporter l'exemplaire de *Présent* qui la publiait.

J'étais seule comme à l'habitude. J'avais oublié ma colère. Je lus l'article qui s'attachait à restituer la personnalité de mon père, « *un homme authentique* ».

Je fus émue. Michel avait, en quelques lignes sobres, évoqué la condition ouvrière, ses humiliations et ses espoirs. Je m'en étonnai et sa perspicacité fraternelle me rassura.

Chez moi, il se montra discret, naturel, comme s'il avait l'habitude, celle qui ne s'acquiert pas, de la pauvreté. D'évidence, il était du même monde que moi, retrouvant, dès lors qu'il y reprenait pied, cette absence d'arrogance qu'ont la plupart de ceux qui n'ont pas reçu la culture en héritage.

Je lui avais avoué – comme si cela avait été nécessaire! – le caractère autobiographique de mon récit. *La Chambre de mon père* était moins un roman qu'une confession.

« Toujours ainsi pour le premier livre, disait-il. Personne n'y échappe. Tu as lu *L'Acte rouge*? »

Il était simple. Il n'entra pas dans la chambre de mon père, entrouvrant à peine la porte, demeurant silencieux, ne me demandant pas d'entrebâiller les volets.

Il tint pourtant à juger les tableaux que mon père avait peints, ces paysages de Lourciez que je décrivais dans mon livre : le port, l'île et les collines. Mais il réserva ses questions et je lui sus gré de sa discrétion.

A la fin de la journée, je l'avais enfin conduit dans la chambre, à l'heure où le soleil ne peut plus y pénétrer. J'avais repoussé les volets, sûre que la lumière serait douce, presque rose. Michel s'était longuement arrêté devant chaque tableau, décrochant le portrait de ma mère pour le porter dans la lumière, disant à mi-voix : « Ton père était un grand naïf. »

Les larmes m'étaient venues aussitôt comme si la formule de Michel allait bien au-delà de son sens pictural et découvrait d'un seul coup un caractère, l'âme noble et faible de mon père. Je m'étais accrochée au cou de Michel et à cet instant seulement avait vraiment commencé notre liaison.

J'avais alors décidé de le suivre à Paris, d'y passer mes vacances avec lui qui voulait y demeurer tout l'été pour terminer un livre.

C'était il y a un peu plus d'un an.

Il avait lui-même refermé les volets et la porte avec une autorité tranquille. Me signifiait-il que le temps de mon père était révolu ? Ou bien n'était-ce qu'un geste banal et poli, auquel il était contraint par ma tristesse bruyante ?

Malgré mon émotion, je m'interrogeai. J'étais, selon mon père, une « petite personne au cœur chaud et à la tête bien froide ».

Au moment où je paraissais me livrer à Michel, je demeurais lucide. Michel Farges avait, à un ou deux ans près, l'âge de mon père et je devais garder les yeux ouverts sur ce qui me poussait vers lui.

Quand j'ai quitté mon appartement, Michel parlait de déménagement, de la mutation dans une école parisienne qu'il allait m'obtenir, de son domicile où j'allais m'installer.

Je l'ai laissé soliloquer. J'étais sûre déjà de revenir rue du Château. Plus tard, j'ai compris qu'il avait simplement prononcé ces phrases parce qu'il aimait le bruit que font les mots.

Je n'avais vécu chez lui qu'un été. Quand, début septembre, je lui avais fait part de ma décision de rentrer à Lourciez, il avait renoncé à toute grandiloquence. Son acquiescement m'avait paru si désespéré que je fus sur le point de me précipiter vers lui, de l'entourer de mes bras, de placer ma bouche contre son cou afin de le rassurer. J'ai commencé à lui mentir afin de le persuader que je reviendrais régulièrement, qu'il me fallait quelques mois encore pour décider de changer l'orientation de ma vie. J'attendais qu'il insiste. J'étais partagée entre l'orgueil, la sincérité et la pitié.

Il m'écoutait debout, dans son bureau, appuyé à la bibliothèque, proche de ce tableau qui m'avait inquiétée et dont la présence me troublait encore. Je restais immobile, cessant de parler, regardant Michel puis ce couple ambigu, cette femme prisonnière de l'homme-oiseau. Michel surprit le mouvement de mes yeux et il se redressa lentement avant de commencer à raconter avec emphase comment il avait acquis ce tableau qui avait appartenu à Jerzy Borowski, le couturier parisien.

Il poussait vers moi les noms connus comme autant d'atouts, ainsi qu'il l'avait déjà fait lors des premières semaines de mon séjour à Paris, pour m'étonner et me griser.

Il m'avait fait rencontrer tous ceux qui, de Lourciez, me semblaient être les lumières de la Ville lumière, Portal, Servoise, dont j'avais lu et discuté les essais, approuvé les convictions, Emmanuel Chaves, dont je pouvais encore réciter plusieurs poèmes. Tant d'autres, que Michel Farges paraissait tirer des pages des journaux, des anthologies et des écrans pour leur donner vie, les faire vivre devant moi :

« Voici Sylvie Mertens qui publie son premier roman, *La Chambre de mon père,* disait-il, aux uns et aux autres. Il faut que tu le lises, c'est authentique et d'une vérité grave. Une écriture... Tu me promets un papier, n'est-ce pas ? »

Il tutoyait, donnait l'accolade et embrassait les femmes.

Le lendemain même de mon arrivée à Paris, il m'avait malgré mes réticences conduite à la réception que donnait « notre » éditeur, Laurent Claroux.

J'avais échangé quelques mots avec Claroux et Alberti son directeur littéraire, avec Christian Longin dont je suivais chaque semaine les émissions à la télévision, ou Jerzy Borowski dont Farges me rappelait qu'il était aussi metteur en scène, couturier, producteur, tant d'autres choses encore, ajoutait-il.

Dans la cour de cet hôtel particulier de la rue du Cherche-Midi, j'avais toute la soirée été confrontée à la réalité de ce qui constituait mon rêve. Et, rentrant chez Michel, j'avais vomi et pleuré, refusant de lui céder. Il ne comprenait pas, s'irritait. Ne l'avais-je pas, la première fois, provoqué, et maintenant, alors que nous devions vivre ensemble, je me dérobais. Je ne répondis pas, exigeant de dormir dans son bureau, tenue en éveil par les bruits du boulevard, les voix des employés de la voirie qui, à l'aube, installaient les piquets en fer qu'ils utilisaient pour le marché de la place Maubert.

Au lever du soleil, le tableau avait semblé s'animer et je m'étais résolue à ne pas continuer avec Michel au-delà des vacances.

Je venais de lui annoncer mon départ. Après quelques instants de désarroi, Michel avait repris les poses de son rôle.

La jeune femme qui avait peint le tableau s'appelait Monica Sundberg et je l'avais rencontrée chez Claroux, m'assurait-il. Il insistait.

« Une très belle femme, actrice, mannequin, une amie de Borowski. »

Il avait rêvé, disait-il, de la faire parler. Il l'espérait encore. Elle jouait un rôle clef, maîtresse de tel secrétaire d'Etat et de Borowski bien sûr, puis de...

Il égrenait les noms, suggérait des mobiles ambigus, manipulation, désinformation, chantage. Voulait-il m'étonner ?

« Elle les a tous connus, disait-il, connus... »

Il riait. L'opposition et le gouvernement, la révolution et la répression entre les mêmes bras.

« Le sexe de Monica est celui du consensus », ajoutait-il.

Fasciné par ce portrait qu'il dessinait, il ne me voyait même plus. J'étais irritée par le souvenir de cette femme, si souriante, blonde avec éclat, le dos nu, que j'avais aperçue très entourée et que je prétendais avoir oubliée. Michel affirmait qu'elle ressemblait à la femme du tableau, « pas le corps, précisait-il en riant, mais les yeux, l'expression ».

Je l'interrompis. Je dis avec fureur que ce thème, ces teintes me déplaisaient. Cette peinture lourdement surréaliste était malsaine. Je n'aimais pas les femmes qui se soumettaient à un érotisme cruel. Puis je sortis sur le balcon.

Je découvrais que des liens se tissent malgré soi, qu'on ne vit pas impunément avec un homme plusieurs semaines et qu'il est difficile de s'arracher aux habitudes. J'avais trouvé dans l'appartement de Michel un équilibre entre la vie de couple et celle de célibataire. Je m'étais installée dans l'une des chambres qui donnent sur la rue des Carmes. J'y avais entassé des livres et suspendu des robes dans l'armoire. Je devais quitter ce lieu. Mais il fallait le faire brutalement pour que la peine soit franche comme une plaie nettoyée.

Accoudée au balcon qui faisait proue au-dessus de la place Maubert, je regardais le ciel où le vent poussait de courtes vagues blanches qui au loin paraissaient se briser sur les toits. Michel me rejoignit. Nos épaules redevinrent voisines, nos mains proches. Je savais que mes cheveux frôlaient sa joue, qu'il suffisait que je me tourne pour que nos lèvres se rejoignent. Je m'écartai. Il ne bougea pas.

« Vivre avec toi me fait peur », me dit-il.

Je me défiais de ses aveux. Il retournait sa vie comme un vieux vêtement dont on vide sans cesse les poches, inspectant les doublures et les coutures, tâtant le tissu, reniflant les odeurs, décelant une nouvelle tache, une ancienne déchirure dont on se remémore les circonstances. Je l'avais vu fouiller dans ses tiroirs, retrouver une lettre, un manuscrit de jeunesse. Il m'avait demandé presque chaque jour d'écouter un texte dont il prolongeait la lecture au-delà de mon attention, amer s'il s'apercevait que j'étais distraite, m'obligeant à l'entendre à nouveau. Je me souvenais d'une lettre de sa première femme, Colette, digne et sévère, qu'il commentait, les yeux humides de remords et de plaisir. « Quel salaud j'étais », disait-il. Il me montrait la photo de Gilles, son fils, un garçon brun et vigoureux. « Je le vois si rarement, il me fuit, je l'inquiète. » J'avais vite renoncé à distinguer sa joie de sa peine. Je ne retenais que sa vanité. « Gilles a le même âge que toi », concluait-il.

Pourtant, au moment où ma colère s'enflammait avivée parfois de mépris, Michel l'étouffait par une confidence inattendue d'une absolue sincérité. Sa franchise me bouleversait. Le clown avait de vraies larmes. Or, j'avais fait de la lucidité une valeur suprême. Mon père m'avait enseigné la sévérité envers soi, non par de grandes proclamations, mais par l'exemple de son humilité. Il s'était toute sa vie employé à se montrer tel qu'il était, se refusant à l'alcool des fables. Michel lui aussi, en fin de compte, malgré ses dérobades et ses comédies, ce goût des mots comme d'autres ont celui de la vocalise, parvenait à mettre sa vérité à vif.

« Tu vas continuer ? » lui ai-je demandé.

Il comprenait ma question imprécise. Continuer sa vie dans ce milieu dont je condamnais les pratiques. Je n'avais fait que les entrevoir. Mais j'avais détesté l'insolence des uns, la prétention de tous, la médiocrité de beaucoup.

J'avais cru quand j'étais entrée dans la cour de l'hôtel particulier des Claroux, là où s'étaient rassemblés en ce début d'été les arbitres de la mode intellectuelle et ceux qui lançaient les idées ou les proclamations et faisaient commerce de leur nom, assister à des joutes claires. Mais Robert

Portal, le révolutionnaire, était assis à la même table qu'Arnaud de Rougerie, l'académicien. Chaves lui-même, qu'on présentait toujours comme le poète en exil, riait avec Longin, le journaliste de la télévision. Vittorio Morini, le vieil écrivain italien, le misanthrope, disait-on, faisait la cour à Monica Sundberg. Je n'avais perçu dans chaque groupe que la rumeur du commérage et du désir, la banalité de l'ambition. Michel m'avait ouvert les portes de l'office, puis quand je m'indignais de ce qu'il me forçait à voir, ces complicités inattendues, il haussait les épaules.

« A qui ne serre-t-on pas la main à Paris ? » disait-il.

J'avais lu, il y a longtemps, *Illusions perdues*. A quoi bon reprendre la route de Lucien de Rubempré ? Balzac avait dénoncé déjà la société parisienne. Je rentrerais à Lourciez.

Etait-il trop tard pour Michel Farges ? Il tenait à sa chronique littéraire dans *Présent* et avait le goût des coulisses du pouvoir. Il connaissait Pierre Baynac, le secrétaire d'Etat, Louis Lacroix, l'un des conseillers du président de la République, et aimait colporter avant les autres – le public, comme il disait avec condescendance – les événements qui n'étaient que des ragots. Il était heureux que Lasnoy, le directeur de *Présent*, le prenne par le bras familièrement et l'entraîne à l'écart pour lui suggérer « un papier sur... ».

Et j'étais persuadée qu'il crevait de cela.

Mais peut-être avait-il atteint ce point d'impuissance où on ne sait plus vouloir. Je craignais qu'il ne restât de lui qu'apparence, comme si, peu à peu, marche après marche, mot après mot, il avait troqué le vivant pour le mort. Et il le craignait aussi.

« Toi, ne change pas », me répondit-il seulement.

Il rentra, s'assit à son bureau, le menton dans les paumes, les yeux fixés sur le tableau. Je fus surprise par son visage.

Michel réussissait le plus souvent à effacer sa cinquantaine. Ses yeux doux et rêveurs gardaient un peu de la surprise ou de l'espièglerie qu'on trouve dans ceux des adolescents. J'en oubliais le cynisme et même la méchanceté pour n'en retenir que la moquerie. Habilement aussi Michel dissimulait les rides de son cou et son double menton par un foulard noué haut et sa vivacité ou la mobilité de son expression masquaient les traces du vieillissement, les rides autour de la bouche. Il faisait effort pour se rajeunir, ne portant que rarement ses lunettes, s'habillant de costumes de velours clair, ramenant ses mèches longues sur le front de manière à cacher sa calvitie.

Je n'avais pourtant pas été dupe Je l'avais observé dans son sommeil, les cheveux ébouriffés. Mais je n'avais jamais vu ses traits aussi tendus et l'amertume qu'ils révélaient.

« Ne change pas, répéta-t-il, tu le peux. »

Il se levait en s'appuyant à sa table.

« Toute une vie, reprit-il, on court après quelque chose qu'on a laissé derrière soi. »

Sans doute ne voulut-il pas que je l'interroge. Il se mit à rire, répétant qu'il avait le don des formules, que les mots lui venaient avec une profusion de plus en plus étonnante, qu'il allait écrire un chef-d'œuvre, enfin, que Monica Sundberg...

Il s'interrompit.

« Tu me quittes donc ? »

Il caressa ma joue du bout des doigts. Mon père avait eu le même geste. Mais Michel m'interdisait toute émotion.

« Monica reste », ajouta-t-il en clignant de l'œil.

Il s'approcha du tableau.

« Un jour, je te dirai qui est l'oiseleur, l'homme ou la femme. Qui conduit l'autre et où. »

Pourquoi n'était-il pas plus simple, plus vrai ? Je détestais ces mises en scène, son monde, cette intelligentsia comme il disait, ces mots qui n'étaient plus que des coques dont l'amande sèche était noire et friable. Je préférais mes élèves et mes collègues qui ânonnaient les phrases maladroites de l'école primaire.

Le soir même, j'étais partie pour Lourciez.

5

J'AVAIS cru à une rupture franche. Je me trompais. Michel n'était pas homme à accepter qu'une femme l'abandonne, et il avait trop de charme, j'avais été trop émue par lui pour ne pas céder à ses sollicitations. D'abord, il m'écrivit. Je reparlerai de ses lettres. Habilement, il ne laissait pas le temps élargir la faille. Je reçus chaque jour de petits mots griffonnés que je lisais avec un détachement affecté, que je posais loin de moi, au bout de la table et que je ne cessais de relire.

Puis, tout à coup, il créa le vide du silence. J'avais pris l'habitude de trouver ses enveloppes. Elles me manquèrent mais, au moment où j'allais me résigner à l'oubli avec amertume, il me téléphona. Je riais en l'écoutant. J'étais heureuse. Il ne parlait que de lui, comme toujours, mais son ironie dont je retrouvais la vigueur corrosive m'enchantait. Mes collègues, à Lourciez, faisaient dans le genre grave. Michel, en quelques phrases, me grisait à nouveau.

Il me conviait à le rejoindre pour une fin de semaine à Aix, où il donnait une conférence. Que risquais-je? J'étais sans illusion. Cynique, imaginais-je, prête à prendre ce qu'il m'offrait et que je désirais. « Fais-toi plaisir », me répétait Cécile Devun. Je partis donc pour Aix.

Michel fut disert, amoureux, léger. Il connaissait la ville et la campagne environnante. Nous fîmes l'amour avec euphorie. Il aimait les hôtels, disait-il, la quiétude qu'ils procurent. Cependant que je jouais à la chatte qui ronronne, il écrivait — son journal, précisait-il, comme tout romancier doit le faire. Nous savions que le rideau retomberait au bout de quarante-huit heures et nous prenions l'un et l'autre assez de plaisir à ces conventions pour nous en accommoder.

Dès lors, j'attendis ses appels.

Si Pierre m'invitait à une sortie dominicale dans la montagne, je réservais ma réponse jusqu'au vendredi. Michel généralement téléphonait le jeudi mais je lui accordais vingt-quatre heures de grâce. Quand la sonnerie retentissait, je bondissais. Je m'accusais de me laisser corrompre mais j'acceptais les billets d'avion pour Florence, Montpellier ou Avignon. Il m'attendait à l'aéroport, dissipait mes scrupules d'un haussement d'épaules. « Pris sur l'ennemi », disait-il, et j'étais emportée par sa fougue et sa gaieté.

Je le vis ainsi souvent jusqu'à ces derniers jours. Je sais maintenant qu'il ne m'appellera plus, qu'il ne m'entraînera plus comme un adolescent indiscipliné hors de la salle où se tenait le colloque au moment où il devait intervenir.

« Laisse, laisse, disait-il, ils me chercheront. Aucune importance, ce sont des cons. »

Sa désinvolture et son ingratitude m'irritaient mais j'aimais la révolte qu'elles dévoilaient. Je me persuadais que Michel avait pu rester en marge, qu'il avait réussi à être comme il le prétendait « dedans et dehors », raflant les gains sans engager de mises.

Quelquefois, il s'assombrissait et m'inquiétait. Je me souviens ainsi qu'un soir, il m'entraîna dans les collines qui entourent Avignon, sur la rive gauche du Rhône. Le mistral soufflait, créant une atmosphère glacée et violente. Chaque détail du paysage était à vif, décapé par ce vent dont les saccades irrégulières coupaient le souffle. Nous marchions courbés, nous éloignant de la voiture, butant sur les cailloux d'un sol sec. Michel se prit le pied dans une racine, s'accrocha à moi, jura, puis s'assit à même le sol, le dos appuyé à un muret qui le protégeait du vent. Je me recroquevillai près de lui. Il me força à m'asseoir. Je le fis à regret. Je craignais l'irruption, dans ces heures futiles que nous nous accordions, d'une réalité menaçante dont j'avais pressenti l'existence lors de mon séjour à Paris, rue des Carmes. Je prétextai le froid et l'heure avancée de la nuit. Il se leva enfin. Je crus avoir gagné. Je l'avais bâillonné. Il allait reprendre son rôle de quinquagénaire jouisseur. Mais il marchait lentement, tenant mon bras.

« Je suis piégé, dit-il, tu sais ? »

Il fit un geste du tranchant de la main, comme s'il frappait.

« A moins... »

Il se redressa, me saisit aux épaules, parlant vite de scandale, de trafics, et de tout ce beau monde, qui se retrouverait devant la Cour de sûreté de l'Etat. Puis il rit, ajoutant qu'il faudrait aussi une autre justice, pour ces coupables-là.

Je ne voulais pas comprendre. Je me dégageai, m'éloignant, courant presque vers la voiture.

Michel lançait qu'il allait me surprendre, les étonner tous. On l'avait cru agenouillé. Les cons ! Il était resté un homme.

« Un homme ! » hurla-t-il plusieurs fois dans la campagne dénudée.

Et ce mot avait la simplicité d'un cri.

6

Je n'ai jamais parlé de mon passé que pour survivre. Ecrire, après le décès de mon père, avait été ma sauvegarde. Michel l'avait compris, qui s'inquiétait de mon avenir de romancière, voulait me contraindre à commencer un second livre qui ferait de moi ce qu'il appelait « une professionnelle de l'imagination et de la mémoire ».

J'ai refusé. Je n'écris à nouveau que pour conjurer la mort. Ces dernières semaines, elle est autour de moi, comme un oiseleur qui me guette et s'avance. Elle a pris le visage du commissaire Jeannin et de l'inspecteur Leyris.

J'ai essayé de les ignorer. Je suis passée entre eux dont je sentais l'hésitation. Oseraient-ils saisir mon bras, me retenir ? Ils voulaient que je leur révèle tout ce qu'une femme est seule à savoir d'un homme, ce qu'elle surprend dans le sommeil, cette anxiété qu'elle perçoit, ce que le corps avoue, cette peur qu'il ne peut plus cacher la nuit, quand il se recroqueville et qu'il s'approche.

Michel plaçait sa tête entre mes seins. « Aime-moi, Sylvie, disait-il, aime-moi, je t'en prie. »

Ce n'était qu'un instant, qu'un aveu dans l'obscurité après l'amour, dans cet abandon qui le suit, cette confiance en l'autre qui enveloppe, quand le couple est encore uni. La première, je prenais conscience de ce que représentaient de faiblesse ce désir, cette volonté brève de me faire mère. « Protège-moi, dit-il même une fois, sauve-moi. »

Il avait le double de mon âge, le corps massif. Son nom, sa photographie paraissaient chaque semaine en haut à gauche de la page centrale du plus lu des hebdomadaires du pays. Et il éprouvait le besoin d'être un enfant.

Jeannin et Leyris imaginaient-ils que j'avouerais cela ?

Aujourd'hui, je dois et peux dire. Je ne risque plus d'accabler ou de trahir Michel. Je le rends proche. Et j'essaie de me sauver avec des mots qui ne sont pas pour moi des balles qu'on lance afin de gagner une partie. Je ne suis pas devenue cette professionnelle qui participe chaque année au tournoi. Ici, il est question de vie et non de gain ou de trophée. J'écris quand la phrase est un caillot qui m'étouffe. Je refuse tout marchandage.

La peur même ne m'a pas fait parler. Et je suis passée droite entre Leyris et Jeannin, sans accélérer mon pas.

Ils m'ont suivie jusqu'à l'entrée de l'immeuble, Jeannin alors me touchant l'épaule, Leyris s'avançant de manière à m'empêcher de pénétrer dans le couloir. Je les ai dévisagés, cherchant à changer mon angoisse en mépris. Mais Jeannin était toujours bonhomme, Leyris souriant. Il se pencha vers moi, à me frôler, me demanda avec une politesse affectée :

« Vous vous obstinez, n'est-ce pas ? Parfait, parfait, mademoiselle Mertens. Décidez en toute liberté de collaborer ou de ne pas collaborer avec nous. »

Je fis un pas encore mais je sentis le corps osseux de Leyris contre le mien. Je reculai vivement, heurtant Jeannin. Je crus que j'allais crier, me débattre, mais j'étouffais et déjà ils s'écartaient laissant libre le passage.

Je n'ai retrouvé mon calme qu'après avoir monté les premières marches de l'escalier, atteint un palier. Je me retournai. Jeannin était appuyé à la rampe, la tête levée, joufflue. Il me menaçait du doigt, me demandait de l'écouter, m'accusait d'être têtue, un peu bête quand même, parce qu'un juge tatillon pouvait m'inculper. Je me suis remise à monter quand Jeannin a évoqué le tribunal correctionnel, la petite condamnation que j'avais subie et qu'enflant la voix il a lancé :

« Cette fois-ci ce sera la Cour de sûreté de l'Etat. »

Je me souvins alors de ce que m'avait dit Michel, dans la campagne provençale, la dernière fois où je l'avais vu. Ne plus entendre. Oublier. Rentrer. J'ai ouvert ma porte.

J'étais naïve. Ils étaient aussi venus chez moi.

Mes placards avaient été vidés sur le sol, les tiroirs renversés, la porte de la chambre de mon père battait et ses vêtements que j'avais laissés dans l'armoire depuis sa mort avaient été jetés sur le lit. Dans mon bureau, mes dossiers, le manuscrit de mon roman, mes fiches, des cahiers d'élèves jonchaient la pièce. Mes livres étaient dispersés dans tout l'appartement comme si quelqu'un après les avoir feuilletés les avait lancés avec violence au loin pour marquer son dégoût, sa haine même.

Je gardais dans une boîte métallique les lettres qui m'avaient touchée ou ces petits bouts de papier qui jalonnent une vie. Le premier poème que j'avais reçu, une dizaine de vers maladroits griffonnés au dos d'une reproduction d'un tableau de Braque; les lettres de ma mère, un léger paquet puisqu'elle avait cessé de nous écrire peu de temps après nous avoir abandonnés mon père et moi; les lettres de Michel, quotidiennes, envoyées dans les jours qui avaient suivi mon retour à Lourciez, et qui semblaient annoncer une correspondance fournie, brusquement interrompue pourtant.

Je n'avais pas été étonnée : ces courtes phrases aux mots anguleux, tracées en noir, me paraissaient artificielles, même si je m'en repaissais. Au verso, les feuilles comportaient des passages dactylographiés raturés, brouillons d'un roman en cours de rédaction. J'étais sûre que l'emploi de ces esquisses comme papier à lettres était délibéré, cabotinage d'auteur qui fait visiter comme par inadvertance ses coulisses. Puis, je l'ai dit, il s'était lassé et avait préféré me téléphoner.

La boîte métallique était retournée, vide. Je retrouvai rapidement les lettres de ma mère et les autres papiers mais je cherchai en vain les textes de Michel qui pourtant ne contenaient qu'un bref bavardage sentimental qui se voulait nostalgique et témoignait surtout d'un réel désarroi. Ce qui restait de notre relation et ce que ressentait Michel Farges.

Mais peut-être était-ce l'aveu de ce désarroi qui les intéressait ?

Ils ont osé sonner, Jeannin et Leyris. Osé : car je ne doutais pas que cette fouille maquillée en cambriolage ne fût leur œuvre.

Leyris se tenait à l'extrémité du palier. Jeannin allumait une cigarette avec indifférence mais quand je voulus refermer la porte je sentis qu'il la repoussait du pied. Je les laissai entrer. Jeannin s'exclamait, m'écartait de l'avant-bras, se félicitait de sa visite, de son obstination, m'assurait qu'il allait recueillir ma plainte, rédiger un constat. Il sollicitait l'approbation de Leyris qui paraissait gêné et était demeuré dans le couloir.

Je n'ai pas répondu à Jeannin. J'ai commencé à ramasser les feuillets dispersés de mon manuscrit. Je tenais ces pages gribouillées où je retrouvais mes insomnies, les auréoles de mes larmes, tout ce chagrin qui m'avait accompagnée durant des mois et que j'avais réussi à canaliser entre ces lignes, ces mots comme pierres entassées.

Jeannin parlait. Menaces, conseils, questions : que disait-il ? Je ne bougeais même pas, accroupie, plaçant mes feuillets dans leur ordre, me calmant à leur contact comme si mon père eût été présent, près de moi, me tenant par la main.

« Cette fois, je le répète, dit Jeannin, ce ne sera pas la correctionnelle. »

Puis il s'interrompit.

« Comme vous voudrez », conclut-il.

Ils me laissèrent enfin et je m'allongeai sur le sol, prise d'un tremblement, le corps moite, comme s'ils m'avaient souillée.

Je suis restée longtemps ainsi, au milieu du désordre, à renifler, à m'attendrir, à tirer les livres vers moi du bout des doigts, pour les refermer, m'en entourer.

Enfin, j'ai téléphoné à Pierre Mithois.

Pierre est l'autre versant de ma vie. Je ne l'aime pas, mais au bavardage impudique, égoïste, complaisant et quelquefois prétentieux de Michel Farges, il a opposé son silence, sa discrétion et sa générosité.

Ecrivant cela, je suis injuste pour Michel et je voudrais raturer les mots que je viens de tracer mais mon erreur est témoignage. Le maquillage de Michel s'était enfoncé dans sa peau et y avait laissé des cicatrices. A grimacer, les rides viennent. A s'efforcer de tuer en soi le désintéressement, on y parvient. Presque. Et c'est ce presque que je n'ai pas noté. Moi qui ai vécu avec lui, qui l'ai serré contre moi avec tendresse, moi qui l'ai entendu rire avec la spontanéité d'un enfant, je suis aussi sommaire dans mon verdict que Cécile Devun. « Ton Farges, affirmait-elle, quelle comédie, un arriviste, un cynique, j'en suis sûre maintenant. »

Je n'avais pas démenti. Je la laissais même dire que Michel était lâche. Peut-être voulais-je m'en convaincre ?

C'était après mon procès en correctionnelle et cette affaire que le commissaire Jeannin m'avait rappelée est liée à Pierre.

Pierre Mithois était professeur de géologie à l'unité d'enseignement et de recherches des sciences de la terre, auprès de l'université de Lourciez. Il avait une trentaine d'années, le corps musclé d'un paysan ou d'un terrassier, la peau toujours hâlée, des gestes francs, une main forte. Il disait de lui – et c'était une autre forme de complaisance mais je n'en conviens qu'aujourd'hui au moment où je place Michel Farges et Pierre Mithois sur les plateaux d'une balance : « Je ne suis pas un intellectuel, moi, je suis un casse-cailloux » et, affirmant cela, il frappait son poing droit fermé dans sa paume gauche. Il riait, découvrant ses dents. Il ne fumait pas. Il était sain. L'hiver, il skiait dans la vallée de Bergo. L'été, il grimpait sur les flancs du massif. Je l'avais suivi deux ou trois fois, m'arrêtant en cours d'ascension sur un replat, le regardant s'élever vers le sommet du Bergo, courbé, attentif à ses prises, ramassant souvent des débris de roche qu'il plaçait dans une petite musette de cuir. Il faisait l'amour sans un cri, appliqué, puissant, veillant à me satisfaire, n'y parvenant que rarement cependant. Peut-être n'était-il pas assez fragile, peut-être Michel m'avait-il à tout jamais rempli la tête de sa voix et de son abandon, quand le plaisir le contraignait à crier et à rejeter la nuque en arrière, cabré, heureux. Peut-être. Je ne sais pas. Mais je n'étais pas déçue dans les bras de Pierre, tout au plus distante, trop lucide. Peut-être avais-je besoin de désordre, de fantaisie et il incarnait l'ordre, la santé.

Mais c'est avec Pierre, maintenant, que je suis injuste. J'oublie son enthousiasme, sa détermination, sa modestie, ce qui m'avait séduite lors de notre première rencontre à la maison des jeunes et de la culture des quartiers nord de Lourciez. J'avais accepté de participer à un débat, moins par conviction que pour rompre la solitude où je m'enfermais. Le thème, on ne peut plus traditionnel, flattait peut-être aussi ma vanité. Que pour discuter de « la place de l'intellectuel dans la cité » on fît appel à moi, institutrice naturalisée intellectuelle par la grâce d'un livre, m'étonnait.

J'étais assise sur l'estrade entre Pierre Mithois et Jacques Ouzé, le directeur de la maison qui présidait la réunion. Quand il me présenta comme la romancière Sylvie Mertens, qu'il fit une analyse de mon roman, je mesurai à quel point la notoriété, fût-elle modeste, s'infiltrait en vous comme un poison qui, sans qu'on y prenne garde, transforme et paralyse. Je pensai tout à coup à Michel. Je compris l'effort qu'il avait dû faire pour ne pas devenir ce bloc de prétention qu'était un Richet, ou cette boule malléable, vidée de toute substance, tout entière apparence que m'avait semblé être Hassneri. Michel avait peut-être choisi la seule attitude qui permettait de survivre : la dérision comme un antidote au sérieux auquel il était contraint, à l'orgueil qu'il lui fallait bien maintenir s'il voulait continuer à écrire et à vivre dans le milieu qu'il avait choisi.

Pierre Mithois s'était penché vers moi :

« Je n'ai pas lu votre roman, m'avait-il dit, pas le temps, pas la tête pour les romans – il me montrait ses mains –, je suis un manuel, moi. Qu'est-ce que je fais là ? »

Nous intervînmes peu l'un et l'autre. Ouzé, des professeurs, des étudiants échangèrent leurs citations et leurs phrases, Camus ou Aragon, les analyses de Servoise, le sociologue, contre celles de Robert Portal.

On parla des enfants que la faim étranglait, de l'impérialisme, de Staline et de Soljenitsyne, en répétant vingt ans après la question de Sartre : « Que peut la littérature ? » Mais ces noms qu'on échangeait, Servoise, Portal, Hassneri, Chaves, étaient pour moi, maintenant, des visages. Je me souvenais des voix dans le jardin de l'hôtel particulier de l'éditeur Laurent Claroux, je revoyais des poses. Je supputais des complicités qu'ici, à Lourciez, on n'imaginait même pas. Quand Ouzé se tourna vers moi, je ne trouvai à dire que trois vers d'Emmanuel Chaves :

« *De l'idée son corps était preuve*
Alors ils l'étouffèrent et il fut heureux du
[*silence*
Que troublait seulement la rumeur de son
[*sang.* »

Je fus applaudie. Selon les uns, j'avais parlé du Christ et de Guevara. Selon les autres, des dissidents. Avais-je exalté la résistance ou la démission, le goût du martyre ou de la lâcheté qui sont, disait Ouzé, passant nerveusement sa main dans ses cheveux blonds, les tentations de l'intellectuel? Ils débattirent longtemps. Je n'écoutais plus. Cette soirée me ramenait à chaque instant à Michel, à ses soliloques. « Ecrire n'a plus de sens, m'avait-il dit, que risque-t-on? Si un mot n'est pas une bombe, pourquoi le tracer? »

J'avais pris ses propos pour des pitreries puisque, quelques minutes plus tard, il me conseillait de devenir une « professionnelle », de « penser à ma carrière », qu'il me suggérait le sujet d'un second roman, qu'il supputait les tendances du mouvement des idées. « Choisis un thème féministe, renverse-le, vante l'amour conjugal, un peu de poésie, trois sous d'amour maternel, ce sera la prochaine vague, le retour des valeurs traditionnelles. Période de crise, donc réaction. »

J'avais été révoltée par ce cynisme et je n'avais pu lui opposer que la nécessaire sincérité, un absolu de rigueur que rien peut-être ne récompenserait mais auquel il fallait se tenir.

« Mon père », avais-je commencé.

Il avait eu un mouvement de colère.

« Ton père, si j'ai bien lu ton récit, s'est retrouvé seul dans sa chambre pour crever, heureusement que sa petite fille naïve l'a assisté, parce que sa bonne femme, envolée. »

Michel savait frapper où l'on a mal. Puis, brusquement, il s'était littéralement jeté sur moi, m'emprisonnant, m'écrasant contre lui.

« Sylvie, mais qu'est-ce que je dis, qu'est-ce que je fous? Ne change pas, ne te laisse pas convaincre, quitte-moi vite. »

Tout était excessif et contradictoire chez Michel. Il avait atteint la cinquantaine mais il n'en possédait ni les tiédeurs, ni les assurances. Pierre Mithois qui me raccompagnait chez moi avait à trente ans une lourdeur (pesanteur, le mot serait plus juste) que Michel ignorait.

« J'aurais besoin de vous, me disait Pierre. On se revoit, n'est-ce pas ? »

Il animait un comité de défense du site du Bergo, qui cherchait à empêcher la mise en exploitation, dans la vallée, de mines d'uranium. Pourquoi pas ? Mon interrogation n'était pas d'indifférence mais préserver la beauté d'une vallée alors que la planète entière est menacée de destruction, que des millions d'hommes ont faim, me paraissait un enfantillage de peuple privilégié.

Pierre m'entraîna cependant. Il était enthousiaste, je l'ai dit, convaincu qu'il fallait agir comme si, dans la vallée du Bergo, se décidait le sort du monde. Je signai des pétitions. *Sylvie Mertens, écrivain*. Sans doute étais-je aussi poussée par la vanité. Il n'était pas désagréable de lire dans *Sud-Presse* que : « *La romancière Sylvie Mertens, dont le livre* La Chambre de mon père *a reçu un accueil chaleureux de la critique parisienne, a lancé un appel pour la transformation de la vallée du Bergo en parc naturel protégé.* »

Puis nous manifestâmes. Mais alors que nous obstruions les voies d'accès à la vallée, les hommes casqués se sont avancés dans les genêts. Leurs boucliers faisaient éclater le soleil. Leurs uniformes dessinaient dans les prés jaunes des ondulations menaçantes. J'ai été interpellée avec Mithois et quelques autres, bousculée, poussée dans un car, contrainte de me coucher sur le plancher, entre les souliers et les crosses des armes, couverte de quolibets. Cécile Devun m'a défendue devant le tribunal correctionnel, plaidant mon attachement passéiste à la virginité du monde, mon désintéressement et mon ignorance politique. J'ai laissé dire, un peu honteuse de ne pas m'associer aux déclarations indignées de Pierre Mithois. Mais il comprenait mon attitude. « Dans notre groupe, me chuchotait-il, tu es la vierge pure, l'artiste, et moi le savant, nous nous complétons. » Il me prenait la main.

Nous ne fûmes condamnés qu'avec sursis.

Cécile à la fin de l'audience m'entraîna hors du palais de justice, me conduisant vers cette avenue de Lucius où nous avions, adolescentes, rêvé à notre vie future. Cécile avait construit la sienne. La mienne n'était qu'esquissée. Je craignais qu'elle ne réussisse jamais à devenir ce tracé net que j'enviais à Cécile tout en le redoutant.

Nous nous assîmes à la terrasse de l'un des cafés du port. Cécile me prenait les poignets, recommençait à me parler de Michel Farges, indignée, l'accusant de lâcheté. Il avait refusé de témoigner en ma faveur : « Même pas une lettre au tribunal, même pas sa signature, et pourtant Hassneri l'a touché personnellement. » Il s'était dérobé et si *Présent* avait consacré un article à l'affaire, c'était sur l'intervention pressante de Claude. « Tu connais mon mari, disait Cécile, l'écologie le fait rire, mais pour toi, et – Cécile redressait la tête – parce qu'il a le sens de la justice, que dans votre cas le préfet a outrepassé ses droits, il a téléphoné trois fois à Lasnoy. »

Elle se taisait, allumait nos cigarettes et nous restions longuement silencieuses avec ce port, la mer, notre jeunesse devant nous. Cécile, tout à coup, reprenait, insistante : « Farges, quelle inélégance ! » disait-elle.

Je devais à l'avenir choisir mes amants avec plus de discernement, ne pas succomber aux attraits du prestige, être, insistait-elle, « raisonnablement réaliste ».

Je découvrais au fur et à mesure que Cécile parlait qu'elle savait user de la perfidie à la manière caricaturale des meilleures amies, que ses envolées sur la « sororité », ce mot qu'elle m'avait appris, sur les nouveaux sentiments qui doivent unir les femmes, sœurs entre elles contre ou malgré les hommes, se brisaient sur le ressentiment, s'altéraient au point que Cécile laissait entendre que j'avais agi par calcul. « Farges t'a été utile, indiscutablement; l'article dans *Présent* a lancé ton livre, mais... »

Pourquoi répondre ?

Je pensai une nouvelle fois à Michel, à ce dont on avait dû l'accuser après chacun de ses succès. Chaves avait eu raison d'écrire : « *Il fut heureux du silence*. »

Quel autre choix était laissé à la sincérité ?

7

J'AVAIS douté de la sincérité de Michel. Je le savais pourtant capable, quand il était seul avec moi, d'atteindre cet espace nu et clos où l'on ne peut plus fuir, la fin des mensonges. Mais je devais, pour parvenir à cet instant, le bousculer, l'écarter de ses habitudes, mes deux mains posées sur lui, le contraignant à reculer, me dégageant rageusement quand il essayait de saisir mes poignets ou de m'enlacer. J'exagérais ma détermination, je martelais sa poitrine à coups de poing comme le font les petites filles irritées et je l'étais, je criais :

« Que penses-tu vraiment ? Tu n'es même plus capable de répondre ? »

Il riait de ma colère, haussait les épaules, m'embrassait, mais je refusais encore le plaisir parce que je me servais de son désir pour le contraindre à avouer, à chercher en lui-même ce lieu de vérité dont j'étais sûre qu'il existait, loin, profond, derrière les prudences, les concessions, l'indifférence venue avec le temps. Tout à coup, il s'écartait de moi, il s'emportait :

« Tu m'emmerdes, lançait-il, tu m'emmerdes. »

Sa grossièreté était le dernier obstacle. J'insistais encore, insensible à sa colère.

« Les femmes, reprenait-il, vous êtes des

emmerdeuses, vous ne comprenez rien. Vous êtes intransigeantes. Vous rendez fou. »

Il devenait silencieux, s'asseyait, souriait.

« Mais souvent vous voyez clair. »

Michel alors commençait à parler sans emphase et je m'appuyais à lui, confiante. S'il n'avait été que cet homme-là, sincère à l'évidence, peut-être aurais-je choisi de vivre avec lui.

Je ne l'ai pas cru capable de choisir définitivement de parler vrai.

Je me reproche aujourd'hui de ne pas lui avoir fait confiance, d'avoir cru à sa duplicité, de m'être découragée à l'idée de cette bataille quotidienne que j'aurais dû livrer contre lui pour le débarrasser de cette gangue qui le protégeait. Et je n'étais pas assez sûre de moi pour ne pas craindre de devenir semblable aux femmes qu'il m'avait présentées, ainsi Betty Vanier, l'attachée de presse avec qui il avait vécu si longtemps.

Cette petite femme trapue aux cheveux courts semblait encore le fasciner. A la réception chez les Claroux, Michel me l'avait montrée assise au côté de Vittorio Morini, l'écrivain italien. Elle écoutait ce vieil homme avec une attitude recueillie, un sourire admiratif illuminant son visage. Moi, cependant que Michel me chuchotait qu'elle avait une liaison à éclipses avec Morini et qu'elle espérait devenir définitivement son satellite – « Elle sera une magnifique veuve, murmurait-il, gérant ses droits d'auteur, publiant les inédits, parlant de lui à la télévision, écrivant deux ou trois livres de souvenirs : *Mes premiers pas avec Morini, Comment j'excitais Morini, Morini et le cul,* etc. etc. » –, moi, irritée par ce commérage, cette amertume de Michel qui ajoutait : « J'admire Betty, peu de dons, à peine belle, mais une faculté d'imitation et une habileté pour flatter, choisir ses hommes », moi, je regardais les mains de Betty Vanier, courtes, les paumes larges, je voyais ses chevilles fortes, je devinais, aux rides qui cernaient sa bouche et que le sourire ne parvenait pas à effacer, une avidité sans limites et je craignais, si je vivais aux côtés de Michel, dans son monde, de découvrir un matin ces deux marques de la guerre sur mon visage.

J'aurais dû aider Michel, car la guerre use, au lieu de chercher à me protéger. Quand je l'avais contraint aux aveux, que nous nous étions allongés côte à côte, il me confiait : « J'ai toujours dû me battre, être sur mes gardes, jamais la paix. »

De quel prix avait-il payé ses victoires et avais-je le droit, moi qui commençais ma vie, de l'obliger à renoncer à son butin ? Comment n'aurait-il pas eu, se retrouvant tout à coup les mains vides, vivant avec moi dans la région de Lourciez par exemple, ayant choisi le silence, le sentiment d'avoir perdu sa vie ? Ma jeunesse qui passerait, mon amour que je ne pouvais lui garantir, suffiraient-ils à compenser tout ce qu'il abandonnerait ? Sa notoriété, sa petite influence, les déjeuners chez Lipp, les dîners avec Mesnard ou Alberti, l'amitié de Portal ou de Servoise, le décor et la trame de sa vie ?

J'avais vingt-cinq ans, il en avait cinquante, ce qui peut-être explique tout. Mais l'âge, les fondrières du temps demeuraient pour moi des thèmes littéraires. Ils le sont toujours alors que la sincérité de Michel m'apparaît aujourd'hui aveuglante. Il n'avait eu que l'hésitation du trapéziste qui doute de lui, qui sent confusément que ses muscles ne répondent pas, que le trapèze se balance trop loin, qui sait qu'il n'y a ni filet pour cette ultime représentation, ni moyen de se rattraper aux cordages. J'avais été sur le tremplin aux côtés de Michel et j'étais l'une des responsables de ce saut, contre l'instinct, l'incitant à essayer encore, fût-ce une dernière fois. Il s'était élancé parce qu'un homme comme lui ne vivait aussi que du regard des femmes.

Je raconterai ce saut.

Je m'en veux de n'avoir compris que si tard, d'avoir laissé Cécile accuser Michel.

Pourtant, il m'avait téléphoné avant l'ouverture de mon procès. Mais ses appels étranges, presque parodiques, m'avaient paru ridicules. Il semblait s'entourer de précautions, me demandait d'une voix changée de ne pas le nommer. « Je suis l'oiseleur, l'homme du tableau, tu me reconnais ? » *Oiseleur* devint son nom de code et voilà pourquoi aussi ce tableau me hante.

Michel m'assurait qu'il me soutenait mais ne pouvait le faire publiquement pour des raisons que je comprendrais un jour. J'avais dit, méchamment : « Ta petite carrière, tes relations avec ces Messieurs. »

Je pensais à Baynac, le secrétaire d'Etat, à Lacroix, le chargé de mission de l'Elysée, à ces hommes du pouvoir que Michel Farges côtoyait et, selon moi, courtisait. Farges, avais-je conclu, n'avait même pas le courage de Martin Hassneri ou sa finesse. Il n'avait pas compris qu'un intellectuel d'opposition, s'il reste dans des limites convenables, est une bague que le pouvoir passe à son doigt.

Mais Michel avait renouvelé ses appels. J'étais interloquée, prête à rire, à lancer son nom comme dans une devinette et pourtant je me prêtais à cette comédie extravagante du langage chiffré. « Je suis l'oiseleur – Oui, répondais-je, je t'identifie. »

Un jour, je fus lasse de ses déclarations de solidarité, au moment même où Cécile m'indiquait qu'il se refusait à signer la pétition en ma faveur qu'Hassneri faisait circuler. Je cherchai à le joindre. Chez lui le téléphone sonna en vain. A la rédaction de *Présent*, on refusa de me répondre. Betty Vanier, aux éditions Claroux, me précisa que Michel Farges voyageait à l'étranger et d'un ton moqueur s'étonna qu'il ne m'eût pas donné son adresse, puis elle ajouta que les articles à propos de mon livre avaient été finalement moins nombreux qu'on ne pensait. « Les louanges de Farges n'ont rien déclenché », conclut-elle.

J'en voulus à Michel de me rendre vulnérable aux agressions de Cécile Devun ou de Betty Vanier. Il me livrait à leur jalousie. Je me sentais ridicule et me persuadais qu'il se moquait de moi, vieux chat repu qui de temps à autre donne un coup de patte à sa proie.

Il m'avait écrit une vingtaine de lettres à la suite. Celles-là mêmes qu'on m'avait dérobées. Puis le silence et l'oubli n'avaient été rompus que par ces brèves escapades dans lesquelles il m'entraînait et où nous jouions pour un ou deux jours un simulacre de passion. Elles s'étaient espacées comme une habitude qui s'effiloche. Mais quand mon nom reparaissait dans les journaux, Michel se manifestait à nouveau. Prudemment pour ne pas se compromettre, assez cependant, pensait-il, pour me reprendre. Je crus qu'il était amoureux de la notoriété au point de se laisser dicter par elle ses sentiments, tout en calculant précautionneusement quelle profondeur il fallait qu'il leur donne.

Je l'ai méprisé. Je l'ai, oubliant tout ce que j'avais découvert de lui, accusé de mesquinerie, de cette veulerie des médiocres qui est avec l'hypocrisie ce que je hais le plus. Je relus, pour me convaincre de l'irrémédiable dégradation de sa personnalité, son premier roman, *L'Acte rouge*.

Je l'avais acheté au moment où Cécile Devun m'avait appris que Lasnoy allait transmettre à Farges mon manuscrit. Je voulais connaître mon juge. La lecture de *L'Acte rouge* avait provoqué en moi un curieux effet de dédoublement. Dire qu'elle m'avait bouleversée dissimulerait cette sensation inhabituelle d'adhésion à la pensée et au sentiment d'un autre qui vous expulse, par le simple usage des mots, hors de votre monde. Durant plusieurs jours, j'avais accompli les actes de la vie quotidienne sans voir les rues, les élèves, mes collègues, tout entière habitée par le récit de Michel Farges, son personnage, ce Marc Foulier qui refusait la part de mensonge que contient la vie. Inadapté, insupportable, pitoyable, se croyant persécuté, Foulier considérait chaque chose, chaque être comme une façade dissimulant le vide ou le mensonge. L'existence n'était qu'une insupportable traversée que les hommes s'employaient à dissimuler. Foulier rejetait ces chimères et ne trouvait la vérité des choses que dans la mutilation de soi. La douleur physique était l'acte rouge qui rendait présente la vie.

Je ne perçus pas d'abord la banalité philosophique du roman. Il correspondait trop à ce que j'éprouvais parfois, cette sensation d'être encerclée par le vide, cette désarticulation du monde en petits fragments creux. Je ne retrouvais l'unité que face à la mer et je n'avais écrit après la mort de mon père que pour échapper à cet univers brisé.

J'avais lu *L'Acte rouge* comme la confession de Farges d'autant plus évidente qu'il avait donné à son héros ses initiales, M. F.

Lorsque je m'étais rendue à mon premier rendez-vous avec Farges, j'avais imaginé rencontrer un homme dont le physique trahirait le malaise, dont le discours aurait la sécheresse et l'acuité d'un texte lapidaire. Et j'avais eu devant moi un auteur replet qui fumait avec délectation des havanes, m'enveloppait de mots et de fumée, m'entraînait à une réception chez Claroux, à un dîner avec Alberti ou Mesnard. Il semblait estimer ces hommes que Marc Foulier, dans sa démesure de misanthrope, aurait haïs et que je détestai moi aussi immédiatement, tel ce Jean Mesnard dont les costumes blancs, les foulards bleus à pois, le regard trop doux m'exaspéraient.

Mesnard se prétendait critique d'art, poète et révolutionnaire. Je l'avais appelé crûment gigolo tant son attitude à l'égard des femmes m'avait paru d'une servilité intéressée. Je savais par Michel lui-même qu'il vivait aux dépens de l'actrice Carla Cavalieri, qu'il était de ces courtisans qui fréquentent les vrais créateurs pour en être éclairés, ramasser les miettes, se faire gloire de ces relations. J'avais – était-ce la jalousie ou l'intuition ? – dit que Mesnard était un double masculin de Betty Vanier.

Michel m'avait répondu calmement. Ce mode de vie, expliquait-il, était une création difficile qui exigeait intelligence et invention. Vittorio Morini et Carla Cavalieri ne se contentaient pas d'apparences. Il fallait leur donner la réplique et l'illusion de l'égalité. Tout le monde n'était pas capable d'être un interlocuteur intéressant. Je m'étais obstinée, réaffirmant mon mépris, accusant Mesnard que j'avais écouté tout au long du dîner – somptueux faut-il le dire ? – nous parler avec indignation de la misère du tiers monde. « Vieille critique de droite, avait rétorqué Michel qui tout à coup s'était enflammé. Tu es conne, parfois, d'un conservatisme impossible, d'un conformisme petit-bourgeois. »

Il fit, avec une violence qui masquait peut-être ses opinions profondes, l'apologie de Jean Mesnard, de ceux qui méprisaient les conventions et atteignaient la zone où l'on est libre parce qu'on a refusé les préjugés, les lois, qu'on se place ailleurs, là où rien de ce que les autres admettent n'a cours. Mesnard était vrai, à l'entendre, parce qu'il se goinfrait de caviar, utilisait l'argent des femmes, les idées et les domiciles des autres, tout en restant lui-même, sans être dépendant. La preuve, il était révolutionnaire.

Nous rentrions ce soir-là de chez Carla Cavalieri, avenue de l'Observatoire, un appartement d'où l'on dominait le jardin du Luxembourg et Paris. Là vivait Mesnard. Etais-je envieuse de leur luxe et de leur liberté ? Je ressentais comme un double jeu cette vie qui digérait tout, l'argent, le décor, les mots, les idées, les révoltes, l'art et le monde. C'est comme si Mesnard ou Robert Portal, un autre révolutionnaire, s'achetaient aussi ma pauvreté et celle de mon père, nous en dépossédaient donc, pour en faire parade comme le luxe des luxes. J'ai insulté Michel.

Il tentait de reprendre mon bras, je me souviens, mais je hâtai le pas, me mettant à courir sur le boulevard désert. Quand il m'eut rejointe, je l'avais accusé lui et ses amis, Mesnard, Alberti, Portal – je criai : « Les autres aussi, vous vous ressemblez tous » –, de tout s'autoriser, de transformer même la souffrance en jouissance et en mots, d'en faire commerce, vanité, tout en se protégeant.

« Petite moraliste », m'avait dit Farges.

Il se moquait de moi, essayait de m'entraîner, mais je m'obstinais, assise contre les grilles du jardin du Luxembourg, lourde de rancune contre eux qui détenaient le pouvoir des mots et des idées et qui l'utilisaient pour se justifier ou se glorifier, profiteurs et hypocrites. J'avais lancé : « Vous êtes des proxénètes. »

Et tout à coup, nous nous étions l'un et l'autre mis à rire aux éclats.

8

Ce rire partagé, la nuit, nous réconciliait. Nous nous désirions avec fougue. Michel me prenait la taille, me collant contre lui, faisant glisser ses doigts, sa paume, de ma hanche vers mon sexe et je ne voulais pas me souvenir du tableau où l'homme-oiseau enlaçait ainsi la femme et la guidait.

Je me laissais mener par ces rues étroites qui descendent vers la Seine, par cette rue des Carmes où plus tard...

Je voudrais oublier l'événement, le maintenir hors de cette page, comme si je pouvais prolonger le rire de Michel tout au long de cette rue des Carmes au bout de laquelle il habitait, au cinquième étage de l'immeuble qui fait l'angle avec le boulevard Saint-Germain.

Nous revenions donc de chez Carla Cavalieri avec qui vivait ce Jean Mesnard qui se disait poète, critique d'art, révolutionnaire. Maniéré, soucieux à chaque instant de sa coiffure, lissant ses cheveux longs et blancs, Mesnard avait une expression douce, presque humble, une onction dans les gestes et le regard que démentaient pourtant des propos enflammés sur l'art ou la politique mondiale. Mesnard méprisait ceux qui n'appartenaient pas à la petite secte de ses amis. « Nous autres poètes », disait-il et que l'on se proclame ainsi propriétaire de la poésie m'indignait. Il nous montrait les toiles qu'il avait conseillé à Carla d'acheter. « N'est-ce pas, Carla ? » Elle l'écoutait un peu moqueuse, répondait d'un murmure : « Va, va », tout en hochant la tête les yeux mi-clos. Mesnard nous avait alors conduits de chambre en chambre, le visage gourmand, passant, il me semblait, la langue entre ses lèvres minces, s'arrêtant longuement devant chaque tableau, devançant nos réactions par un commentaire enthousiaste qu'il soulignait d'un mouvement de tête, approuvant ce qu'il disait. Je reconnus dans la chambre de Carla la facture d'une grande toile qui représentait une femme masquée seule sur une terrasse au fond de laquelle, immobiles dans un paysage de ruines antiques, se tenaient des oiseaux juchés sur des fûts de colonnes tronquées. « Monica Sundberg », ai-je dit. Mesnard parut étonné de ma perspicacité.

« Le regard de Monica, dit-il, saisit le sens de notre décadence. »

Quand il eut terminé sa prétentieuse interprétation du tableau, il se tourna vers Michel :

« Une femme d'exception, reprit-il en m'ignorant. La passion, n'est-ce pas, Farges ? Borowski l'utilise mais le désir de liberté sera plus fort. »

Il se mit à rire.

« Elle lui explosera au visage, comme un volcan à Pompéi. »

Notre rire dans la rue des Carmes effaçait le souvenir de Mesnard. Michel me décrivait notre vie future. Il disait « nous », m'assurait qu'il allait « dès demain » – il riait plus fort de sa promesse ou de la surprise qu'il s'apprêtait, disait-il, à provoquer, qui sait ? – leur « foutre sa démission à *Présent* ». Il imaginait sa rencontre avec Lasnoy, composait le dialogue. Puis il vendrait son appartement et nous nous retirerions. « Une ferme. » Il riait encore tant l'aventure était déjà devenue banale comme un dépliant publicitaire. « Plus de bagnole, j'achète une moto. » Il crevait, affirmait-il, du manque d'horizon, il avait besoin d'espace, d'arbres et de falaises.

« Je dois me renouveler, disait-il. Ici, j'ai fait le tour. »

J'écoutais Michel avec une attention fervente. J'aimais cette fable. J'ouvrais et fermais les yeux, accrochée à son bras, dépendante, ne me rendant même pas compte que nous avions traversé la place du Panthéon, apercevant tout à coup, du haut de la rue Valette que prolonge la rue des Carmes, les tours de Notre-Dame dans la lueur d'albâtre des projecteurs. Nous fîmes quelques dizaines de mètres. J'étais à nouveau aveugle mais quand je rouvris les yeux, les tours avaient disparu, comme si elles s'étaient enfoncées ou bien comme si l'illusion optique qui les avait fait naître avait cessé, ne laissant au-dessus des toits qu'une flèche dentelée, frêle et un ciel plus clair. Ce changement de point de vue dû à la pente raide de la rue m'oppressa comme un réveil brusque qui interrompt le cours d'un rêve. Je n'osais plus fermer les yeux.

Michel, lui, continuait de parler. Il s'engageait, disait-il, à n'écrire que des œuvres essentielles. « Vitales », insistait-il. Peut-être même ne publierait-il plus rien. Il échapperait à la prolifération des livres, « ces petits paquets qu'on vend dans les supermarchés, Sylvie ». Au milieu de la cacophonie, il serait le silence, « la seule manière d'exister dans le bruit ».

Il ralentissait son pas, s'arrêtait. Maintenant, m'expliquait-il, il éprouvait quand il écrivait le sentiment de son inutilité, une sorte de nausée comme s'il avait abusé des mots, des idées et de soi. Il avait tout dit de lui en vingt ans. Il s'accusait d'être devenu un « professionnel ». « Je suis capable d'écrire n'importe quoi », ajoutait-il. Il répétait qu'il ne pouvait plus continuer ainsi, qu'il n'écrirait plus désormais que les livres qu'il était le seul à pouvoir entreprendre.

Là-bas, dans ce futur qu'il imaginait, il retrouvait l'élan. « J'aurai la naïveté de ton père », dit-il. Et il me serra avec une tendresse qui me bouleversa. Il sentit mon émotion, se pencha. « Si je suis avec toi, murmura-t-il, je peux recommencer, faire un enfant, balayer — il eut un geste violent — ce que j'ai écrit, ce que je suis, ce qui m'entoure. »

Il parlait comme Marc Foulier, redevenait le personnage de *L'Acte rouge* et brusquement j'avais peur. Il allait plus loin que moi, trop loin, sarcastique, dénonçant la comédie de Mesnard dont le poing fermé n'était pas un geste politique comme ce faux poète le prétendait, mais une façon de ne pas laisser échapper les aumônes qu'il recevait. Il accusait Portal de prêcher la révolte et de se retrouver chez Borowski avec les hommes du pouvoir, Baynac et Lacroix. Le rire devenait fiel. « Je te raconterai, continuait Michel, tu n'imagines pas, la baise, le fric et les mots, des combinaisons, des magouilles qui finiront mal et les cons applaudissent. »

J'essayai maintenant de le retenir. Il exagérait, tout entier jeté aux extrêmes, brûlant ce Mesnard qu'il avait défendu contre moi, quelques minutes plus tôt. Je m'écartai de lui qui d'ailleurs avait besoin de ses deux bras pour ponctuer ses phrases, son réquisitoire contre ce qu'il appelait « ce petit monde, ce petit milieu ». Il déshabillait en quelques mots Betty Vanier, « une pute, je te jure, Sylvie, pire qu'une pute ». Il fustigeait Alberti, « cet arriviste », Claroux, « un pauvre con », Morini, « un obsédé ». Borowski, le pire, peut-être un agent, un pourrisseur sur ordre. « Tu ne crois pas aux manipulations? » Michel se moquait. J'étais naïve, angélique. Borowski s'approchait, disait-il, de tous ceux qui détenaient une parcelle de pouvoir. « Ami ami, d'abord, puis... » Il les compromettait tous, Baynac, Rougerie, Lacroix, Portal. Tous. « Et moi aussi. » Il se servait de Monica Sundberg, d'autres femmes. Et derrière lui, qui sait? le guidant, un service d'espionnage étranger.

Il s'aperçut que je me tenais éloignée, immobile, haussant les épaules, incrédule, l'écoutant avec une sorte de dégoût comme si je l'avais vu patauger dans la fange et s'y complaire. Il s'interrompit, tenta de sourire, me demanda si je comprenais pourquoi je devais éviter « ces gens », pourquoi il devait rompre avec eux.

« Je veux une vie authentique, conclut-il. Authentique. »

Je n'avais même plus envie de rire de ce mot sur lequel il butait comme un auteur sans inspiration qui reprend indéfiniment le même thème.

Nous étions au bout de la rue des Carmes.

Là, on a tué Michel Farges, le dimanche 1er juin 1980, vers deux heures du matin.

9

L'AGONIE de Michel commença pour moi après sa mort. Il me semblait le voir couché dans une salle commune, découvert sous les regards, souffrant de cette dissection à laquelle on procédait et qui dévoilait ses blessures, ce trou noir à la tempe gauche, cette petite rosace bistre sur la poitrine au-dessus du cœur.

Je lisais chaque jour plusieurs journaux. Ils répétaient que l'une ou l'autre des balles qui avaient frappé Michel était mortelle mais qu'on ne pouvait conclure à l'action de tueurs professionnels. Il est des crimes de hasard accomplis par des truands novices, téméraires et joueurs à l'affût d'un coup facile ou d'un pari cruel, qui ont la netteté des meurtres prémédités. Ces commentaires m'indisposaient. Les journalistes avaient l'indifférence et la prétention des médecins. Ils fouillaient sans retenue dans la vie de Michel. Avait-il été victime de la jalousie d'un mari trompé ou de la vengeance d'une femme abandonnée ? Ou bien sa mort relevait-elle de la banalité des circonstances, d'une rencontre d'occasion comme il en survenait souvent dans les romans qu'il avait écrits ? Certains évoquaient pour les écarter le crime politique ou l'affaire crapuleuse. Il leur fallait, je le savais, un diagnostic rapide et rassurant qui fasse entrer Michel Farges dans une catégorie connue afin que sa mort cesse d'être un scandale.

Je revivais l'agonie de mon père qui s'était prolongée plusieurs mois. Mais j'avais pu arracher mon père à l'hôpital, l'enfermer chez moi, en moi. Michel restait en plein vent, avec ces portes battantes, ces gens qui parlaient de lui. On avait interrogé ses proches. Betty Vanier, « l'amie de toujours, la confidente », affirmait qu'elle ne comprenait pas, que Michel n'avait pas d'ennemis. Elle était photographiée dans deux hebdomadaires, les mains croisées sur le genou droit, la gravité peinte sur le visage et le regard joyeux. Elle racontait « la patiente et exemplaire ascension de Michel, un témoignage d'obstination et de talent ». Je l'ai aidé, comme je l'ai pu, aussi longtemps qu'il a voulu. » Modeste, admirable Betty Vanier ! Je l'aurais prise aux cheveux, secouée jusqu'à ce qu'elle avoue : « Je mens, voilà ce que j'ai fait. »

J'ignorais presque tout d'elle mais à son attitude et à sa voix dont le timbre aigu m'avait frappée, je ne pouvais croire ce qu'elle disait. Elle avait été peut-être l'un des états de la maladie de Michel.

Je commençai à découper les articles qui le concernaient et plus tard, quand, après la fouille de mon appartement, je cherchai le dossier que j'avais ainsi constitué, je découvris qu'il avait disparu avec les lettres de Michel. Je rassemblais et confrontais les témoignages. Michel, disait-on, revenait d'une soirée chez son éditeur Laurent Claroux. Il était rentré à pied de la rue du Cherche-Midi à la rue des Carmes. Je pouvais imaginer l'itinéraire pour l'avoir parcouru avec lui.

J'avais participé à la réception rituelle qu'avaient donnée les Claroux l'année précédente.

Michel m'avait fait remarquer la sobre beauté de la façade de leur hôtel particulier devant laquelle il s'arrêtait chaque fois, disait-il. Puis il avait franchi le porche, pénétré dans le jardin à la française qui entourait d'anciennes écuries transformées en appartements. Danielle Claroux, l'épouse de l'éditeur, avait dû l'accueillir avec ce sourire de connivence qu'elle destinait à chacun de ses invités. « Ah ! vous voilà enfin, je vous attendais », semblait-elle dire. Elle m'en avait aussi gratifiée, moi qu'elle n'avait jamais vue. C'était une femme grande, d'une cinquantaine d'années, au visage d'une perfection de traits étonnante. Je m'étais troublée en la regardant, comme si, ayant reconnu un portrait classique, j'étais incapable d'en désigner l'auteur. Elle nous avait montré d'un geste presque timide le buffet qu'éclairaient cinq hauts chandeliers et les petites tables dispersées sur la pelouse.

Tout avait dû être semblable, ce soir du dimanche 1er juin, mais Farges n'était plus accompagné par cette petite institutrice, Sylvie Mertens, dont il s'était l'année dernière entiché, on se demande bien pourquoi; elle avait écrit un roman mélo mais, suggérait-on, Farges ne s'était pas débarrassé de son côté provincial, de son attirance pour ce qui est appuyé. Son goût demeurait finalement très populaire.

Je reconstituais les propos qu'ils échangeaient à voix basse, autour du corps. J'imaginais – les journaux rapportaient le fait – Michel arrivant chez les Claroux avec Monica Sundberg dont le metteur en scène et couturier, Jerzy Borowski, devait faire la vedette de son prochain film. « Michel était mon ami, avait confié Monica. Il écrivait un texte sur ma peinture. Pourquoi ? Pourquoi cette mort si brutale ? » poursuivait-elle, baissant la tête, un mouchoir sur ses lèvres.

Mon père était mort d'un brusque arrêt du cœur, mais ce n'était qu'apparence. Il avait été lentement rongé par une tache brune qu'il cachait sous son torse maigre et qui s'était élargie, auréole après auréole, comme ces plaques qu'on voit apparaître dans le coin d'un mur et qui peu à peu s'étendent et le désagrègent. Michel, comme lui, ne pouvait être mort seulement de ces deux balles qui à les entendre tous l'avaient atteint par hasard. Alberti, Claroux, Lasnoy dénonçaient le climat d'insécurité des grandes métropoles, ce qui d'une certaine manière rendait le meurtre de Farges insignifiant. Même Robert Portal, qui avait, à propos de l'assassinat de Pierre Goldman, craint la naissance d'un terrorisme visant les intellectuels, se montrait évasif. Michel Farges n'était pas un écrivain politique, remarquait-il. Et Martin Hassneri renchérissait : Farges s'était tenu à l'écart des polémiques et de la chose publique, « pour creuser en solitaire le sillon de son œuvre littéraire ».

Je rejetais leurs explications et leurs poses. Ils oubliaient les rencontres chez Borowski dont Michel m'avait parlé. Ils se plaçaient au centre de leurs commentaires comme si l'assassinat de Michel n'avait été qu'un prétexte leur permettant des confidences. Ils n'évoquaient jamais le chaos et la violence de *L'Acte rouge*. Cette attirance pour la souffrance, ce désordre que Michel portait en lui avaient suscité le hasard, j'en étais sûre.

Quand le commissaire Jeannin, puis l'inspecteur – s'il s'agit d'un inspecteur – Leyris se présentèrent, je ne fus donc pas surprise. Leur présence, la filature à laquelle ils me soumettaient, la fouille de mon appartement confirmaient mon intuition. Mais curieusement, ils apparaissaient au moment où la presse avait cessé de s'intéresser à Michel Farges. Son meurtre n'était pas devenu pour les journalistes l'un de ces crimes dont les lueurs éclairent les mœurs d'une époque. Il n'était qu'un fait divers qui devait son éclat passager à la notoriété de la victime, un écrivain dont on avait déjà, quelques jours après l'assassinat, oublié les livres et sans doute le nom.

10

Je ne laisserai pas oublier Michel Farges. J'écris sa vie dans le village de Sauvan, perché dans la très haute vallée du Bergo, au-delà du lac de barrage et du village de Bracco-le-Neuf. J'ai franchi au début de l'automne les cluses, les gorges taillées dans les roches rouges, roulant lentement sur cette route étroite qui surplombe la rivière de près de deux cents mètres. Après les zones pierreuses et les flancs d'éboulis, j'ai rencontré enfin les arbres et la sérénité de la montagne, cet absolu qui, comme celui de la mer, m'apaise.

J'écris au premier étage de l'école communale de Sauvan. Je ne redescendrai pas à Lourciez avant d'avoir achevé ce récit.

Dès le lendemain de la mort de Michel, j'ai éprouvé à son égard un sentiment qui m'a étonnée. Je devais lui faire rendre justice. J'étais révoltée par la manière dont on lui volait sa mort spectaculaire, en réduisant le crime à un banal croisement de trajectoires que rien, sinon la malchance, n'expliquait. Michel, toute sa vie, avait recherché un acte exceptionnel, un chemin qui lui permettrait d'échapper au sort commun. Il m'avait répété avec une passion qu'il atténuait d'un rire qu'il préférait « crever plutôt que de n'être qu'un de ces moutons qui... ». Je contestais son orgueil. J'étais scandalisée par sa volonté d'appartenir au petit nombre des élus qui s'imaginent être différents. « Tu es un drôle de démocrate », lui avais-je répondu plusieurs fois. Il riait à nouveau un peu contraint, m'expliquait laborieusement qu'il n'établissait aucun rapport entre ses sentiments et ses convictions politiques, mais, parfois, s'emportant, le visage tout à coup crispé, les mains ouvertes, une expression de mépris déformant sa bouche, il gueulait que les cons n'avaient qu'à se révolter et, puisqu'ils choisissaient de subir, alors il fallait être avec les loups. Il parlait à nouveau du génie de Jerzy Borowski, des rencontres de Saint-Cloud, des affaires qui s'y montaient, du fric, du fric, du rôle de Monica Sundberg. L'amertume et le cynisme le vieillissaient. La violence de ses gestes, l'énergie noire – cette couleur me paraissait envelopper tout son être – qui émanait de lui m'effrayaient. Il avançait les lèvres, la bouche pincée, les yeux plissés, le nez plus court. Il ressemblait à un rapace tendu vers sa proie, insensible à tout ce qui n'était pas son désir.

J'affirmais pour me défendre que la générosité est la source des grandes œuvres, qu'à mépriser on s'assèche, qu'il n'écrirait plus ou rien qui mériterait d'être lu. Il se laissait tomber dans un fauteuil, il croisait les mains derrière sa nuque, il haussait les épaules :

« Et après ? demandait-il, quelle importance ? »

Mais je l'avais atteint. Il demeurait longuement silencieux, proférait quelques sentences excessives, puis il recommençait à douter et je préférais l'oscillation de ses pensées qui lui donnait un visage rêveur et juvénile encore, aux convictions qui le déformaient.

Sa mort venue, j'ai voulu comprendre quel sens elle donnait à sa vie.

J'ose cet exemple : sans la crucifixion la vie du Christ n'est que celle d'un agitateur, peut-être d'un imposteur. J'ai imaginé que si le meurtre de Michel avait une signification, si la rencontre de la victime et des assassins n'était pas une coïncidence malheureuse, alors toute sa vie s'enveloppait d'une majesté sombre.

Ce fut dès le début ma certitude. Trois tueurs n'avaient pas guetté un homme devant chez lui par hasard, ils n'avaient pas pris tant de risques seulement par défi. Ils étaient à l'affût. Michel était leur cible et ceux qui, tels Claroux ou Alberti, transformaient sa mort en un vulgaire accident de voirie, refusaient l'évidence. A moins qu'ils ne cherchent à dissimuler un bourbier que Michel était prêt à révéler, ou encore qu'ils ne veuillent le priver d'une disparition exemplaire afin de contenir sa vie dans les limites du dérisoire. Je les connaissais peu mais je les savais capables d'étendre leur jalousie au-delà de la mort. Leurs éloges résonnaient comme des poignées de terre jetées hâtivement sur un cercueil qu'ils voulaient vide. « J'ai favorisé le travail de Michel Farges autant que je l'ai pu, prétendait Claroux. Le rôle d'un éditeur est d'aider ses auteurs à s'épanouir. »

Alberti déclarait qu'il avait soutenu Farges à ses débuts quand personne ne comprenait sa volonté d'être, « pesons les mots, un écrivain authentique ».

Je cite de mémoire. Mais tel était le sens de leurs propos et, contre eux, je voulais utiliser de vrais mots, rendre à Farges une vie, une mort, qu'ils mutilaient.

J'ai donc quitté Lourciez et l'appartement de mon père. Depuis qu'il avait été fouillé, je ne pouvais y rester seule sans avoir peur. Je m'y sentais sale comme si chaque objet avait été imprégné d'une substance gluante. Les livres que je saisissais me paraissaient poisseux. Je les reniflais afin d'y déceler une odeur étrangère. Je laissais les fenêtres ouvertes. Je me tenais dans la cuisine. J'appelais Pierre Mithois qui me conseillait de déménager.

J'ai finalement demandé et obtenu ma mutation dans ce village de Sauvan qui, à quatre heures de Lourciez, est l'un de ces lieux perdus où n'enseignent que de jeunes auxiliaires. Ils abandonnent après quelques semaines la vie austère de la montagne et quittent la classe unique qu'on maintient pour des raisons électorales.

On rejeta d'abord ma demande. On me soupçonnait de solliciter le poste de Sauvan pour continuer dans la vallée l'agitation contre l'ouverture des mines d'uranium. J'ai abdiqué tout orgueil, imploré, invoqué des impératifs médicaux. A la fin, j'ai téléphoné à Cécile. Elle me traita d'ingrate et de sauvageonne :

« As-tu pensé à Pierre? Il est très bien ce garçon. »

Je ne disais qu'un seul mot : « Ecrire, écrire, écrire. » J'étais l'étrange, l'égoïste, la curieuse Sylvie. Mais il ne déplaisait pas à Cécile que son amie choisisse un couvent de montagne. Si une œuvre y naissait, elle serait celle qui l'avait rendue possible. Si j'échouais elle m'aurait avertie, aînée pleine de sagesse qui se persuaderait qu'elle vivait comme on le devait. Quelques jours plus tard, elle me téléphonait, pleine d'enthousiasme.

« Tu connais l'efficacité de mon mari. Claude dit... Claude a... Claude... Claude... »

Elle était superbe dans son rôle et je remerciai d'une voix si fluette que Cécile s'éleva jusqu'au pathétique :

« Jure-moi que si, tu n'hésiteras pas... »

Je la dispensai de sa bonne conscience qu'elle déverse à profusion.

Je suis sévère avec Cécile. Mon caractère ombrageux prête aux autres des desseins sordides et j'ai le goût malsain des explications tortueuses. Je ne le regrette pas. Sans ce penchant, je ne me serais pas attachée à la vie de Michel, je me serais contentée des conclusions convergentes que donnaient la police et la presse.

Au début de l'été, alors que je venais d'être avertie de ma nomination à Sauvan, policiers et journalistes avaient mis un terme à l'affaire Michel Farges. Depuis la fouille de mon appartement, je n'étais plus suivie. Jeannin et Leyris n'avaient plus tenté de m'interroger. Leurs soupçons et leurs menaces, si explicites pourtant, semblaient s'être dissipés. Pierre me rassurait. La police n'avait fait pour une fois que son métier. Je m'étais laissée aller, disait-il, à un délire de persécution, naturel chez les femmes et redoublé chez l'écrivain : « Mais oui, ma douce, tu bâtis à chaque instant des romans dans ta tête, je les entends, je les vois là. » Pierre touchait ma tempe d'un geste affectueux et plaçait sa main sur mes yeux.

Il m'apporta le numéro de *Présent* qui publiait l'enquête de Jacques Sabra sur l'assassinat de Michel.

Michel connaissait et estimait Sabra pour son obstination, son flair et sa probité. Or, Sabra affirmait lui aussi que Michel Farges avait été la cible du hasard. De jeunes meurtriers rôdaient souvent, la nuit, à la recherche d'un acte violent. Il suffisait d'une injure ou d'une bousculade pour qu'ils tuent. Un ancien ministre avait été, comme Farges, victime des mêmes circonstances malheureuses. « *Ainsi,* concluait Sabra, *disparaît, dans cette jungle que parfois les villes deviennent, un écrivain authentique.* »

Je devenais folle. J'enrageais. Ils se passaient les mots de l'un à l'autre, de Farges à Alberti, d'Alberti à Sabra, comme s'ils avaient été incapables d'inventer leur propre langue. « *Ecrivain authentique* » : l'expression dont Michel avait tant usé le frappait à son tour, vaine. On le réduisait à une convention de la mode, à une apparence.

Je refuse ces faux-semblants. Je refuse ce vocabulaire de l'illusion. Je veux atteindre et dire la vérité des hommes et de leurs actes. Je suis naïve et démodée.

Chaque matin, depuis plusieurs semaines maintenant, je me lève à l'aube. J'ai deux ou trois heures devant moi, c'est selon. J'entrouvre la fenêtre. La nuit est intense. J'écoute la rumeur du torrent vers les gorges, l'aboiement d'un chien sur les alpages et surtout le vent.

La page est blanche comme l'une des cimes qui dominent Sauvan.

J'entreprends de la gravir. Je marque mon pas d'un coup sec. Un mot, un autre mot. Quelqu'un pourra suivre ma trace.

Le sommet atteint, j'aurai devant moi les vallées, les plateaux, l'ubac et ses ombres, l'adret rocheux dans sa lumière grise, le paysage comme un tableau.

11

Tableau : ce dernier mot m'oblige à renouer avec le cours des choses, ce qu'on appelle l'ordre naturel du temps.

J'avais donc appris l'assassinat de Michel Farges, le dimanche 1er juin. La police m'avait interrogée et suivie. On – la police encore car qui d'autre pouvait s'intéresser à mes relations avec Michel ? – avait fouillé mon appartement. Je me croyais traquée, menacée puis la mer était redevenue lisse sous la brume huileuse qui, l'été, recouvre la baie de Lourciez. On avait oublié Farges, tué par hasard, disait-on. Je tentais d'être calme et sortais chaque soir avec Pierre Mithois pour échapper à l'appartement qui m'oppressait. J'hésitai à quitter Lourciez pour Sauvan. Je ne m'étais pas encore chargée de ce que, pompeusement, j'appellerai la résurrection de Michel Farges et plus modestement sa réhabilitation car il est des éloges qui dénaturent une vie. Je sentais la nécessité de cette œuvre. Que j'emploie ce mot qui vaut pour un livre est un aveu. Je ne cherchais peut-être qu'un nouveau sujet de récit, à mon tour atteinte par cette maladie d'écrire que je condamnais. Mais quelle que fût la force de mon désir et son ambiguïté, je n'en possédais pas les moyens. Je n'avais pas subi cette poussée – cet élan –

que donne un événement qui, tout à coup, contraint à agir.

Or, un matin de la fin juin, peut-être le 29, rentrant chez moi après avoir passé la nuit chez Pierre Mithois, j'aperçus, collé sur ma boîte aux lettres, le papillon bleu annonçant un télégramme. Entre l'instant où je le vis et celui où, ayant ouvert la porte de la boîte, je saisis ce télégramme, je retrouvai le rêve que je n'avais pu raconter à Pierre. Chaque fois que j'avais commencé à lui parler, les images que j'avais cru revoir s'étaient dérobées. J'avais seulement dit : « Ce n'était pas un cauchemar et pourtant j'ai eu très peur. » Pierre avait caressé mon bras, m'avait versé une nouvelle tasse de café. « J'ignore les rêves, avait-il dit, ma tête est un gros caillou. » Il la secouait, les yeux tout ronds, décidé à me faire rire et il y était parvenu. Mais voici qu'en quelques secondes les figures de la nuit se mettaient en place. Mon père était en train de peindre comme il l'avait fait tous les soirs rentrant de ses chantiers, la toile tenue en équilibre sur la table de la cuisine par deux tas de briques. J'étais assise à côté de lui, mes livres et mes cahiers devant moi. Nous ne parlions pas mais nous étions ensemble. Il fumait de petits cigares noirs qu'il laissait s'éteindre. Il les rallumait régulièrement, s'écartant de la table, sa chaise inclinée, prenant du recul afin de regarder sa toile. Je levais la tête à ces moments-là, comparais le tracé et les couleurs sur la toile à la carte postale que mon père plaçait à sa droite, appuyée à sa boîte de cigares. Le tableau révélait toujours une vérité que la carte ne réussissait pas à exprimer. Quand il avait peint le port, les barques, au lieu d'être amarrées aux quais comme sur la photographie, voguaient au milieu des bassins et les cordes qui les retenaient s'étaient démesurément allongées, lignes blanches composant, à la surface de l'eau, un entrecroisement de sillages suggérant les départs, le large et l'horizon qui, dans la peinture de mon père, était toujours traversé par des oiseaux.

Il les peignait, dans mon rêve, et j'étais attentive à ses gestes quand une voix, celle de Michel Farges, m'avait-il semblé, m'avait appelée. J'avais couru, passant directement, avec cette fulgurance des songes, de notre cuisine à Lourciez au bureau de Michel dans son appartement de la rue des Carmes, des années plus tard. Je cherchais Michel. Des oiseaux frappaient de leurs becs courts à la porte-fenêtre qui donne sur le balcon. J'ouvrais, me protégeant les cheveux de mes avant-bras et me penchant, je voyais le corps de Michel étendu entre deux voitures, cependant que trois hommes à tête d'oiseau s'enfuyaient, remontant la rue des Carmes, se retournant vers moi. Je m'élançais dans le couloir retrouvant notre cuisine. Mon père avait disparu mais sa toile était achevée. C'était un tableau composite, dans les teintes vives qu'il aimait. Mais le sujet était identique à celui de Monica Sundberg. Pourtant, en le détaillant, j'avais reconnu le visage de la femme nue. Ma mère, si jeune, si belle et près d'elle, démasqué, Michel Farges qui la tenait enlacée. Ils allaient me parler quand j'avais senti contre moi le plumage d'un oiseau que je savais mort et sur lequel couraient de petits poux d'un vert clair. Ils disparaissaient sous les ailes puis surgissaient, glissant sur mon corps. J'avais hurlé et sans doute m'étais-je réveillée à cet instant, incapable de reconstituer ce que je venais de vivre, mais le retrouvant alors que, le télégramme à la main, je restais immobile devant ma boîte aux lettres ouverte.

Le texte du télégramme était bref. On me

demandait d'appeler le numéro de téléphone de Michel à Paris. Je montai l'escalier en courant sans lire la fin du texte et la signature, l'esprit tout entier occupé par mon rêve et ces chiffres qui prenaient une valeur incantatoire. Je ne fermai même pas ma porte, jetai mon sac et ma veste sur le sol; les chiffres sur le cadran entraînaient mon doigt. Je ne pris conscience de la réalité de mon appel, de sa situation dans le temps par rapport à la mort de Michel et à mon rêve qu'à l'instant où l'on me répondit.

La voix était celle de la nuit, jeune, avec ces traces d'accent du Sud qu'avait parfois Michel quand il était sincère et qu'à force de parler il atteignait le fond, les mots les plus denses, ceux de ses origines. Je crus une fraction de seconde qu'il était là-bas, assis dans le fauteuil de cuir noir, les jambes allongées, les pieds nus sur le coffre de noyer. J'avais rêvé sa mort et il m'en écartait. Mais c'était son fils, Gilles Farges, qui me parlait.

L'émotion que je ressentis à l'écouter m'empêcha de répondre à ses questions.

D'ailleurs, il ne m'en donna pas le temps et je n'étais pas assez maîtresse de moi pour l'interrompre. Son exaltation et ses reproches me paralysaient. Il me rendit coupable de tous les abandons de son père et cette injustice m'accabla d'autant plus que j'avais vécu une situation semblable à la sienne, mais inversée, quittée par ma mère, vivant seule avec mon père.

Il répéta, alors que le ton de sa voix démentait ses propos, que la vie privée de Michel Farges ne l'intéressait pas, qu'il ne voulait rien savoir de Michel Farges, qu'il avait rompu avec Michel Farges.

L'affectation qu'il mit à nommer son père comme s'il s'était agi d'un étranger était puérile et touchante.

« Votre père... » ai-je commencé.

Il ne me laissa pas poursuivre.

« Vous avez vécu avec Michel Farges, l'année dernière, n'est-ce pas ? L'été dernier, seulement quelques semaines ? »

Avais-je à lui expliquer que notre liaison s'était poursuivie ? Que j'avais revu Michel dans ces chambres d'hôtel qui sont comme des îles au milieu de la vie ?

Gilles chargeait sa voix de mépris mais son désarroi était si présent dans les inflexions et le ton aigu que prenaient certains mots que je ne pouvais lui en vouloir. Je savais qu'il avait mon âge mais je me sentais mère, comme si le fait d'avoir eu son père pour amant m'eût fait devancer les années. Parfois, comme il arrive quand on essaie de capter les émissions lointaines, la voix de Gilles Farges était recouverte par celle de mon père ou de Michel ou bien, plus inattendue, celle de ma mère dont je croyais avoir perdu le souvenir. Je ne savais plus ce que je vivais. Les épisodes de mon rêve se mêlaient à la réalité, puis une interrogation plus dure de Gilles m'obligeait à reprendre conscience.

Michel Farges, m'annonçait son fils, avait laissé des instructions à son notaire me concernant. L'irruption de ce mot de notaire, de ce qu'il évoquait, le sarcasme qu'il me semblait percevoir dans l'intonation de Gilles m'humiliaient comme une obscénité indigne dont on voulait m'accabler. J'eus réellement envie de vomir. Je criai que l'on me foute la paix. Je me révoltai. Je crois même que je dis que je ne voulais plus être emmerdée par Michel Farges, que ça suffisait comme ça, la police, mon appartement mis à sac et maintenant le notaire, le fils après le père, merde, qu'est-ce que j'ai fait à ce type pour qu'il m'emmerde comme ça même après sa mort ? J'ai dû sangloter, puis accepter quand Gilles Farges me précisa d'un ton presque calme, comme si ma colère l'avait tout à coup apaisé, qu'il désirait me voir, qu'il arriverait à Lourciez le surlendemain, qu'il passerait chez moi, si je voulais bien.

Oui, oui, oui, qu'il vienne, que je parle encore de Michel, que je le retrouve dans son fils !

Oui, je l'avais aimé, Michel Farges !

12

DÈS que j'eus ouvert à Gilles Farges, je cherchai ce qui le rendait si différent de son père sans pourtant qu'on puisse douter de leur ressemblance. Ils avaient la même taille, presque la même voix et Gilles comme son père jeune, tel que je l'avais vu sur les photographies, prises au temps où il écrivait *L'Acte rouge,* avait les joues pleines, le visage rond. Ce n'étaient ni les cheveux plus abondants et bouclés, ni le corps plus osseux qui séparaient le père du fils et aucun autre trait physique mais bien ce qui émanait du corps de Gilles, ce que je pourrais appeler le maintien si ce mot n'évoquait une attitude, alors que les gestes de Gilles, sa façon de soulever légèrement les épaules en parlant, le mouvement de ses mains vers sa bouche étaient aussi ceux de son père. Et pourtant, son corps, son regard exprimaient une détermination, une volonté de refus, la décision de rejeter, de s'opposer que je n'avais senties chez Michel que par éclats, comme s'il avait passé sa vie à s'arrondir. Il n'y était pas parvenu et, brutalement, les apparences lisses comme des fonds sableux qui s'ouvrent laissaient surgir des colères, des sarcasmes, un caractère anguleux. Mais ce n'était là qu'un mouvement d'instinct, une poussée que Michel jugeait malheureuse et maladroite, peut-être dangereuse et qu'il enfouissait, se moquant de lui-même pour en atténuer l'effet, faisant croire qu'il avait joué à l'intransigeance mais qu'en fait il était modéré, sans aspérités, aimable et anodin, comme il faut être, « conformiste avec panache, voilà mon choix », m'avait-il expliqué un jour d'amertume et de regret.

Gilles avait choisi tout naturellement d'être à l'antipode de son père. Je devinais son effort pour demeurer farouche. Il brisait ses phrases afin de les rendre plus violentes qu'elles ne l'étaient. Il se voulait agressif et m'observait, les sourcils froncés, les bras croisés, procureur incorruptible qui ne se laisserait pas attendrir. Il refusait d'entrer : « Je n'en ai que pour une minute », puis une fois dans mon bureau, il tardait à s'asseoir comme je l'y avais invité; ayant pris place en face de moi, il repoussait d'un geste brusque la tasse de café que je lui proposais et l'ayant bue il n'en acceptait pas une seconde. Gilles refoulait ce goût du compromis que son père avait exalté. Ils étaient comme les deux pièces d'un assemblage qui s'encastraient parfaitement l'une dans l'autre mais qui s'étaient désunies, et j'avais mal pour eux de cette séparation maintenant devenue irrémédiable.

En même temps, les premières minutes de curiosité passées, l'attitude de Gilles Farges m'irritait. Il me dévisageait comme un inquisiteur avec une morgue de façade sans doute, mais qui suffisait à me dresser contre lui. Il détaillait ostensiblement mon bureau qui servait aussi de salon, cherchant à lire les titres des livres cependant que je lui versais une seconde tasse de café. Il fixait trop longuement à mon gré, et j'y voyais de l'ironie, le portrait que mon père avait peint de moi, petite fille avec une blouse jaune, un grand chapeau de paille rouge cachant les yeux, et tenant un bouquet d'œillets sur les genoux. Que voulait-il à la fin avec ses regards à la dérobée qui me jaugeaient ? Je sentais monter en moi l'envie de le choquer, de renverser d'un seul coup cette supériorité accusatrice qu'il manifestait et que rien ne justifiait. Je m'imaginais déboutonnant mon chemisier, lui montrant mes seins, lui proposant de faire l'amour; ainsi il saurait – puisque je croyais que tel était le but de sa visite – qui son père avait eu pour maîtresse, un an avant d'être assassiné.

C'était vrai : on avait assassiné Michel. Je m'en voulus de l'avoir, à partir du moment où la police avait cessé de me harceler et où la presse ne mentionnait plus l'affaire, à ce point oublié moi aussi, toute pleine de ma propre vie. Pour être fidèle à un mort, se souvenir de lui, il fallait sans cesse fouiller en soi, remettre à vif, ciseler, exprimer, écrire quoi, comme ces maniaques ou ces croyants qui n'en finissent pas de remuer leurs petits objets, les grains de leurs chapelets, ânonnant leurs prières et leurs débris de mémoire ou de croyance.

Je dis : « Vous savez quelque chose ? »

Il secoua tout le haut de son corps comme pour se débarrasser brutalement de ma question et il marmonna les dents serrées :

« Je ne veux rien savoir, ma mère et moi nous n'avions plus rien en commun avec lui. »

Il parlait en baissant la tête, comme s'il avait été honteux de ce qu'il disait et qu'il n'osait pas l'assumer en affrontant mon regard.

« Il avait choisi, dit-il – il redressait la tête dans un mouvement de défi – il avait choisi, reprit-il, sa vie contre ma mère et contre moi. »

Je fis un geste pour l'interrompre.

« Moi, je sais, fit-il rapidement pour m'empêcher de contester ce qu'il disait. Nous le gênions. Il lui fallait être libre. Plus simple, plus facile pour lui dans son nouveau milieu, pour son ambition, ses aventures. »

Il se tut, me nargua d'un regard insolent.

« On l'a assassiné », ai-je dit.

Je n'avais plus le désir de lutter. Gilles était enfermé dans sa peine. Je ne pouvais pas encore lui en montrer le sens. Peut-être un jour si j'écrivais sur Michel Farges, si je réussissais à retracer sa vie, alors je l'aiderais. Mais pas avant.

« C'est comme un accident de voiture, ce meurtre », dit Gilles.

Il se leva et sa vivacité me surprit. Il se pencha, prenant le paquet enveloppé de papier bistre qu'il portait avec lui et que j'avais à peine remarqué, attentive seulement à lui-même et à sa manière d'être.

« Mon père », commença-t-il.

Il se reprit, mal à l'aise comme s'il avait proféré une grossièreté.

« Michel Farges, dit-il d'une voix qu'il voulait assurée, a laissé ce tableau pour vous. »

Il posa le paquet sur ma table de travail. Je reconnaissais les proportions de la toile de Monica Sundberg, le tableau de la femme enlacée.

« Il y avait un testament chez son notaire », continua Gilles.

Il était ému, et poussait le paquet vers moi, puis il ouvrit sa sacoche, en tira une grosse enveloppe sur laquelle je lus mon nom écrit de la main de Michel.

« Chez le notaire aussi. »

Gilles me tendit l'enveloppe que j'hésitai à prendre, le laissant ainsi le bras tendu au-dessus du tableau.

« Que je devais vous remettre en main propre. »

Il avança encore la main vers moi.

« Ce que je fais, dit-il.

– Vous deviez ?

– Moi », dit Gilles.

Il eut à nouveau ce mouvement du haut du corps.

« Il m'avait désigné comme intermédiaire », murmura-t-il.

Je pris l'enveloppe. Je sentis sous le papier épais un classeur, des feuilles dont je devinais le bord.

« Une mort qu'il attendait donc », ai-je conclu.

Gilles Farges refermait sa sacoche d'un geste nerveux, comme s'il n'avait pas entendu ma remarque.

Au moment de me saluer, il griffonna son adresse qu'il me donna après un instant d'hésitation, regrettant, semblait-il, le mouvement de confiance auquel il venait de céder.

« On ne sait jamais, n'est-ce pas, ai-je dit encore – je voulais me venger de son comportement –. Votre père – j'ai insisté, répétant délibérément ce mot dont il avait peur –, votre père a voulu que nous nous rencontrions et vous lui obéissez. Vous êtes un bon fils, en somme. »

Gilles me regarda avec une sorte d'effroi, se secoua à nouveau et je l'entendis qui descendait l'escalier en courant.

13

J'ai laissé ces deux paquets sur la table, n'osant les toucher comme si je savais déjà qu'ils contenaient de quoi faire exploser ma vie. Je me souviens des tours et des détours de ce jour-là où je ne fus jamais aussi insouciante, téléphonant à Pierre Mithois, l'invitant à dîner pour le soir même, décidant de voir dans l'après-midi, ce qui était contraire à toutes mes habitudes, l'un des films du cycle Fritz Lang, qu'on projetait au cinéma d'art de la place aux Herbes. Puis j'ai marché du casino de la jetée au port, sans aucune préoccupation, heureuse de la brise et du ressac, des lavis rouges du crépuscule derrière l'île de Saint-Axès. J'avais ce calme que confère l'obligation à laquelle on ne peut échapper, cet apaisement qu'apporte la décision inéluctable. J'étais fière, je peux qualifier ainsi ce sentiment qui paraîtra curieux, orgueilleuse que Michel Farges m'ait désignée, choisie et qu'il réponde ainsi à mon désir. Il me donnait l'élan. Il me disait : « Va, risque, défends-moi » et même, pensai-je avec excès : « Sauve-moi, continue ce que j'ai entrepris. »

On pourra mettre en doute ce que j'écris, affirmer que j'invente mes sentiments, qu'à la manière de ces chroniqueurs qui prêtent à leurs héros les visions précises d'un avenir qu'ils connaissent, je m'attribue des pensées que je ne pouvais pas avoir, ignorante encore des intentions de Michel. Je m'obstine à répéter qu'à l'instant même où Gilles Farges posait sur la table ces deux paquets, le tableau et l'enveloppe, je compris que Michel me donnait les moyens de parler de lui. Qu'il l'avait voulu et que j'obéirais à sa volonté, que j'y étais déjà soumise, n'attendant que le signal, cette visite de son fils, ces paquets qu'il me remettait.

Pierre Mithois peut témoigner de ma résolution.

Nous avons dîné dans l'un des restaurants du port qui nous était familier. Le vent avait balayé la baie de Lourciez et les lumières du front de mer clignotaient, se mêlant aux reflets que les vagues multipliaient. J'ai expliqué à Pierre, avec une détermination qui le laissait pantois, que je quittais Lourciez pour Sauvan, qu'avant l'automne j'aurais rassemblé des témoignages, qu'après les avoir complétés avec des documents que je possédais, je commencerais à écrire la vie de Michel Farges, cette destinée exemplaire d'un écrivain qu'on assassine : « Pourquoi lui, Pierre ? Je saurai et dirait pourquoi. »

Je connaissais cette joie fébrile qu'on ressent quand on tient enfin les clefs, qu'on voit, clairement, le projet. Je l'avais éprouvée au centre même du cyclone qu'avait été la mort de mon père quand j'avais *vu* le livre que j'allais lui consacrer, quand j'en avais conçu le déroulement, arrêté le titre. Et je me souvenais de la manière dont mon père, certains soirs, devant la toile nue encore, se frottait les mains, son cigare éteint au coin des lèvres. Il me clignait de l'œil : « Ça y est, petit ange, ça y est, je l'ai, bien, tout entière, finie, finie, ange, la toile est finie. »

Je devais paraître aussi stupéfaite que l'était alors Pierre Mithois. Ma mutation dans le village de Sauvan ? Des témoignages ? Des documents ? Michel Farges exemplaire ? La surprise passée, Pierre discuta chacun de ces points, me montra les obstacles, tenta de m'opposer ce que j'avais dit, quelques jours auparavant, mon angoisse quand la police m'avait interrogée, les ambiguïtés de Farges, ce meurtre sans mobiles, même Jacques Sabra dans *Présent* concluait au hasard.

« Et toi, toi seule ! » disait Pierre.

Il contestait ma prétention avec cette assurance masculine qui s'impatiente. J'essayai de le convaincre que l'orgueil ne m'aveuglait pas mais qu'il fallait de l'innocence pour agir. Car les chemins semblent toujours balisés et les routes des impasses. Pierre m'écoutait avec des yeux chargés de doute et de commisération. Il tenta de m'inquiéter. J'étais déjà fichée, suivie, espionnée. Si je devenais une menace, on m'abattrait aussi.

« Je n'aurai qu'un regard de femme », ai-je dit ironique, lui prenant la main, baissant la tête avec affectation.

Il retira ses doigts, frappa la table du poing, m'insulta.

« Ton Farges... »

Il m'accusa de m'intéresser à un arriviste qui n'avait eu d'autre souci que sa propre carrière et qui s'était imprudemment mêlé, sans doute, à une sordide affaire. Comment aurais-je pu le contredire avec assurance ? Michel lui-même n'avait-il pas suggéré que Borowski était l'un de ces hommes troubles dont la mission était peut-être de compromettre ceux qui l'approchaient ?

« Ton Farges... » reprenait Pierre.

Je sentis son désarroi et sa jalousie. A la fin, il se tut.

Je lui ai pris la taille. Je l'ai rassuré. J'ai chuchoté qu'un jour, plus tard, j'aimerais qu'il me fît un enfant.

C'était un soir de confiance comme on en vit heureusement quelques-uns.

14

Il a suffi d'une nuit pour que ma confiance soit flétrie, mais Pierre Mithois, le matin, m'observait et je suis orgueilleuse. Je n'ai donc pas cédé à la tentation d'abandonner, de lui dire en m'accrochant à son cou : « Partons, deux ou trois mois, protège-moi », si puissant ce désir, féminin peut-être, que je n'osais regarder Pierre, toucher ses épaules ou sa poitrine. A trois reprises, comme il s'approchait de moi, je me suis écartée vivement et il s'étonnait de ma nervosité. J'ai profité de son absence de quelques instants pour lui crier que je sortais, qu'on se téléphonerait, que j'étais en retard et je claquai la porte derrière moi. Il criait mon nom de sa fenêtre et je m'efforçais de sourire en secouant mon bras, salut, Pierre, salut, tout va bien, ne t'inquiète pas.

On s'habitude si vite à l'autre et la lâcheté est si naturelle, il est si simple de se laisser porter par les habitudes de la tendresse, qu'à se retrouver seule on se demande si l'on n'est pas folle de préférer à la voix d'un homme vivant, chaleureuse, ce balbutiement à peine audible de la mémoire, ce murmure informe des mots qu'on assemble afin de dire quoi, l'amour ? Et c'est précisément ce à quoi l'on vient de renoncer.

J'étais folle. Je maudissais Michel Farges, Gilles, mon père, cet appartement aux volets clos où je me retrouvais, seule, espérant que Pierre Mithois en enfoncerait la porte, me saisirait les poignets, crierait : « Tu vas cesser de faire la conne, obéis, viens avec moi, ça suffit. » Et je l'imaginais qui m'entraînait. Mais il était trop respectueux de mes décisions et moi trop obstinée dans mes choix. Il me fallait donc être folle.

J'avais si peu de courage cependant, ce premier matin, que je n'ai pas osé regarder à nouveau le tableau de Monica Sundberg. Je l'ai placé, sans même déchirer le papier qui l'enveloppait, au milieu des toiles de mon père, ces œuvres maladroites qui s'entassaient dans un placard, couchées l'une sur l'autre et qui représentaient l'effort quotidien, maintenu toute une vie, pour échapper à la boue des jours, à la banalité du travail, à la peine après que ma mère nous eut quittés. Il était juste que ses toiles laborieuses enlacent cette femme et emprisonnent ces oiseaux qui la guettaient.

Le placard refermé, je pus décacheter l'enveloppe.

Elle contenait un gros classeur bleu, quatre dossiers – rouge, vert, jaune, violet – et une feuille de papier blanc au centre de laquelle Michel avait écrit : « *De tout cela, Sylvie, fais un livre...* » Les points de suspension invitaient à retourner la feuille. Un seul mot, suivi d'une exclamation, était calligraphié au verso en caractères d'imprimerie : « AUTHENTIQUE. »

Je retrouvais la lucidité sarcastique de Michel, ce clin d'œil qu'il m'adressait, complice, comme une critique un peu complaisante de lui-même.

Je commençai à lire mais je ne livrerai ici, pour l'instant, que la description de ce que m'avait légué Michel.

Ce que j'écris à son sujet ne sera donc pas un

collage constitué à partir de ses romans ou de ses fiches, mais un livre de moi. Ce que Michel me laisse n'est qu'un ensemble de couleurs que je vais mélanger à ma guise.

En voici l'inventaire.

Le classeur bleu contenait deux courts romans inédits de Michel. *Jeunesse amère* racontait les années d'adolescence dans un style plein de larmes, de soupirs et de désirs. *Comme moi, comme vous* tentait d'exprimer les angoisses d'un jeune professeur déchiré entre l'ambition et la fidélité à ses révoltes et à sa jeunesse.

Je lus avidement ces textes dans la journée. Ils étaient d'une impudeur gênante, écrits à la première personne. Ils annonçaient *L'Acte rouge* et traçaient de Michel un autoportrait cruel.

Ces deux romans, qui ont la vigueur et la maladresse des témoignages, mériteraient d'être publiés.

Le dossier rouge qui comportait une dizaine de pages dactylographiées était intitulé : *Les Identités de Jerzy Borowski.*

Le dossier vert – une trentaine de pages – était consacré à Monica Sundberg sous le titre : *Tableau d'une femme.*

Je parcourus ces pages en moins d'une heure.

Le dossier jaune, le plus épais, composé d'une cinquantaine de feuillets retint plus longtemps mon attention. Chaque feuillet consacré à une personnalité du monde des lettres, de la presse ou de la politique, mêlait des éléments biographiques, des citations, des dialogues pris sur le vif et des portraits. Le tout était appelé *La Ville lumière* et dédié à Lucien de Rubempré, Eugène de Rastignac et Vautrin.

Je me souvins que Michel avait évoqué quelquefois le projet d'un roman aussi ambitieux que *Les Illusions perdues* et dans lequel il peindrait à la manière de Balzac la société parisienne. Je n'avais pas cru à la réalité de cette intention et j'avais douté de la possibilité qu'avait Michel de la mener à bien. Ces notes montraient qu'il n'avait pas renoncé et avait même commencé un travail préparatoire.

Le dossier violet regroupait sous la rubrique *Réquisitoires* des textes courts, que je pris d'abord pour des sortes de manifestes ou de tracts et que je négligeai donc.

J'avais achevé la lecture de ces documents au milieu de la nuit. Je ne m'étais pas trompée : ils pouvaient faire exploser ma vie.

Incapable de m'endormir, je sortis, pris ma voiture et roulai lentement au bord de mer d'abord puis sur les routes des collines, vers Saint-Gaumat. De là, la vue embrasse toute la baie de Lourciez.

J'avais besoin de cette immobilité du paysage et de son silence.

Ma voiture arrêtée sous les oliviers, tous feux éteints, les portières bloquées, je me recroquevillai, les poings sur ma bouche, les coudes sur mes genoux, comme une plongeuse qui s'apprête à bondir.

DEUXIÈME PARTIE

15

Je rencontrai d'abord Colette Bussi, la première femme de Michel Farges.

J'avais imaginé qu'elle habitait toujours Chambéry, leur ville natale. Ils s'étaient rencontrés là, peut-être sous les arcades. Gilles, leur fils, était né dans le chalet qu'ils occupaient alors, sur les premières pentes, au nord-est de la ville, dans la direction de Genève. Michel avait enseigné près de dix ans au collège technique de Chambéry qu'on appelle aujourd'hui un lycée professionnel mais seule la dénomination a changé. Je n'ai eu aucune peine à en reconnaître les bâtiments qui, au centre de la ville, ressemblent encore à ceux d'une caserne ou d'un couvent vétuste. Michel les décrivait dans ses deux romans, *Jeunesse amère* et *Comme moi, comme vous,* les situant dans une ville qu'il désignait seulement par C... Le mystère n'était pas difficile à percer. G..., l'autre ville, la grande cité qui attirait Michel, dont il fréquentait la faculté des lettres, les bibliothèques, un bar et quelques prostituées, était, bien sûr, Grenoble où demeurait aujourd'hui Gilles Farges.

Je lui avais téléphoné, exposant brutalement mes intentions : écrire après avoir rassemblé différents témoignages un livre sur son père qui ne serait ni une biographie ni une œuvre d'imagination mais un essai pour expliquer l'itinéraire d'un homme et les causes de sa mort. Michel, insistai-je, avait voulu que j'entreprenne ce travail. L'enveloppe qu'il m'avait fait remettre – « par vous, répétai-je, par vous » – contenait des indications, des documents et ouvrait des pistes. Je parlai, je parlai. Le silence de Gilles était trop absolu pour ne pas être hostile.

« Vous, vous ne m'intéressez pas, ai-je dit tout à coup, ne craignez rien, votre témoignage je peux l'écrire sans même vous avoir entendu, mais votre mère... »

Il me répondit par une injure tout en demeurant à l'appareil.

« Vous ne lui laissez pas le droit de décider seule ce qu'elle doit faire ? »

Il bougonnait que je devais « leur foutre la paix ».

Je m'accrochai à lui comme un roquet. N'était-il pas responsable de ma démarche, n'ayant pas eu le courage d'ignorer le testament de son père ? Qu'il ne s'étonne pas si, maintenant, je voulais en respecter les termes. Il m'avait remis cette enveloppe « par curiosité, pour savoir avec qui votre père avait pu coucher, n'est-ce pas ? ».

Ce fut long, entrecoupé de silences et de grossièretés.

« De toute façon, dit-il, je m'en fous, il vous suffirait de l'annuaire. »

Il me donna le numéro de téléphone de Colette Bussi, à Chambéry.

« Avertissez-la, bien sûr, ai-je conclu, ordonnez-lui de ne pas me recevoir. C'est bien votre intention, non ? »

Un dernier juron.

Avait-il prévenu sa mère de mon appel ? Elle ne

parut pas surprise de m'entendre, hésita quelques secondes à m'accorder ce rendez-vous.

« Michel », commença-t-elle.

A la manière dont elle prononça ce prénom, le prolongeant comme si elle ne parvenait pas à interrompre le son qu'il faisait naître, je sus qu'elle avait aimé Michel Farges, qu'il battait encore dans sa mémoire quand le temps lui était laissé de se souvenir. Mais elle s'accordait si peu de loisirs, cette femme qui portait si bien sa quarantaine !

Elle me reçut un soir après dîner, affable, chuchotant parce que sa fille dormait. Elle me souriait, heureuse d'affirmer ainsi qu'elle avait, comme elle le précisait, « refait sa vie ». Je devinais qu'elle en tenait ferme les rênes, qu'elle ne se laisserait plus jamais entraîner par l'un de ces êtres fantasques, ces ambitieux, ces fous qui prétendent à l'originalité et qui saccagent ceux qui ont la malchance de les côtoyer.

« Mon ami, disait-elle, n'est pas là cette nuit. »

Elle m'expliqua longuement avec une fierté appliquée, comme si elle voulait me démontrer qu'elle avait choisi délibérément un travailleur manuel, que son ami – « Antoine est au courant de votre visite, bien sûr » – était ouvrier des lignes. Un métier dangereux. Elle égrena une série de mots, pylônes, haute tension, voltage, câbles, rupture de charges, qui évoquaient le monde périlleux et viril de la technique, une réalité visible qui traversait le paysage, s'accrochait aux versants des montagnes et brûlait les hommes imprudents.

« Antoine – le mot claquait, elle en effaçait la dernière syllabe – adore sa fille, c'est un père... »

Elle continuait de parler à voix basse bien

qu'elle eût fermé la porte du salon. Je l'observais, attendant qu'elle cessât de se protéger de son passé, du souvenir de Michel par cette accumulation de certitudes rassurantes. Ses cheveux coupés court, très noirs, teints, coiffés lisse, encadraient un visage rond, un peu bouffi. Elle était d'ailleurs potelée et moulée dans une robe de toile blanche qui mettait en valeur sa peau mate. Elle avait le charme épanoui de la maturité, en femme qui a accepté son corps et sait en utiliser les défauts et les grâces. Je vis, placée sur une table longue, une machine à écrire électrique et de nombreux dossiers.

« Vous travaillez ? » ai-je demandé.

Elle sursauta comme si je l'avais insultée. Elle avait toujours travaillé, répondait-elle d'une voix assurée, gagné sa vie, refusant de ressembler à l'une de ces intellectuelles – elle manifestait son mépris en insistant sur les *l*, en brisant le mot – qui ont des héritages ou qui « se font entretenir ». Elle répéta avec une moue de dégoût cette expression.

« Je travaille aussi. »

Je l'avais interrompue. Elle me dévisagea, sur ses gardes. Un maquillage vert soulignait la couleur de ses yeux faits avec soin, les cils très longs, peut-être faux. Elle voulait plaire. Qui sait si elle n'avait pas choisi Antoine par angoisse de perdre une deuxième fois et parce qu'elle imaginait qu'un ouvrier aime plus longtemps ? Qui sait ?

« Il y a travail et travail », murmura-t-elle, encore hostile.

Que je fusse institutrice la rassura. J'appartenais à son univers familier. Nous parlâmes des enfants, de leur scolarité. De Gilles : « Vous le connaissez, je crois ? »

Son fils avait choisi d'exercer « alors qu'il réus-

sissait si bien ses études » un métier manuel, « électricien comme Antoine », insistait-elle avec une satisfaction qui me parut trop marquée.
« Bien sûr, Michel », reprit-elle.

16

Elle parla de Michel la plus grande partie de la nuit, sans calcul ni prudence, avec la franchise désordonnée de ceux qui ont accumulé trop longtemps les souvenirs, et qui, tout à coup, parce qu'un mot est venu les surprendre et briser le barrage, s'abandonnent sans retenue.

« Vous comprenez, mademoiselle ? » disait Colette penchée vers moi, pour reprendre son souffle et j'avais envie de saisir ses mains, de murmurer : « Je sais, je comprends. »

Mais elle ne me laissait pas le temps d'exprimer ma compassion se contentant de mon regard. Elle poursuivait :

« Alors Michel... »

Elle avait dû se raconter si souvent sa propre histoire, ces années de vie avec Michel, sans pouvoir jamais se confier ni à son fils ni à Antoine dont parfois dans son récit elle citait le nom comme pour tenter de se raccrocher au présent, d'éviter que la crue ne la pousse trop loin.

« Antoine, bien sûr, murmurait-elle, sait que vous êtes là, il voudrait que je lui parle de Michel. »

Elle esquissait un sourire contraint, haussait les épaules, frottait ses mains, les écrasait plutôt, l'une contre l'autre.

« Il est si étranger à tout ça, et j'ai ma fille maintenant, alors pourquoi ? »

Elle se sentait pourtant coupable de ne pas faire entendre à Antoine cette rumeur en elle du passé dont la continuelle présence la gênait comme un remords. Elle s'étonnait :

« On croit qu'avec le temps on ne se souvient plus, mais – elle niait d'un mouvement de tête, d'un geste de la main – vous verrez, tout reste, tout revient et surtout si... »

Michel Farges continuait de faire irruption dans sa vie et en dérangeait l'ordonnance, empêchait l'oubli. Gilles ressemblait à son père. Colette, quand elle était en face de lui, se troublait au point, quelquefois, de l'appeler Michel comme si la vie recommençait. Elle riait pour dissimuler son émotion, tentant de se justifier.

« Tu as, commençait-elle à expliquer à Gilles, tu as en commun avec ton père... »

Gilles l'avait toujours interrompue : « Rien, disait-il, je ne veux rien, ne m'en parle jamais. »

Puis, par hasard, semblait-il, et cela donnait encore plus de force à l'événement, le visage de Michel apparaissait sur l'écran de télévision, sa voix emplissait la pièce, rendait sensible le silence d'Antoine. Colette incapable de bouger éprouvait ce qu'elle imaginait être l'envie de mourir, un mélange de honte et de désespoir; le sentiment d'une faute et d'une injustice. Elle profitait d'un changement de plan, d'une intervention du journaliste – ce Christian Longin que j'avais rencontré chez les Claroux – pour quitter le salon ou changer de programme. Antoine ne commentait que rarement l'émission ou sa décision de l'interrompre, murmurant parfois : « Il a l'air honnête, sincère, ce Farges. »

Durs à subir ces moments-là.

Colette les racontait aussi parce que Michel

n'avait pas cessé de faire partie de sa vie et que je découvrais en écoutant cette femme qui ne l'avait pas revu depuis plus de dix ans que plusieurs vies se superposent et se mêlent dans la mémoire.

Le temps d'une nuit, Colette renonçait aux apparences pour donner existence à ce rêve prolongé qu'on appelle les souvenirs.

« Je fais du café », avait-elle dit, la tête baissée, parlant pour elle-même, longtemps après mon arrivée, quand elle savait déjà devoir aller jusqu'au terme de sa mémoire. Elle manifestait sa résolution par cette petite phrase qu'elle répétait – « je fais du café » –, et par la manière dont elle quittait le salon, sans plus voir, j'en étais persuadée, les meubles, sa vie avec Antoine, sans même plus se souvenir – de cela aussi qui peut paraître excessif, je suis sûre – que sa fille dormait dans la pièce voisine. La nuit se prête à de tels oublis.

J'avais suivi Colette. La cuisine ouvrait sur un étroit balcon d'où l'on apercevait la masse triangulaire et sombre d'un sommet. Il s'enfonçait dans la nuit comme un coin et cette présence rocheuse, proche, m'oppressa. J'en ressentais la pesanteur et presque le mystère. Colette vint près de moi s'accouder, me donnant une tasse de café et nous bûmes côte à côte, elle chuchotant, moi les yeux rivés à ce volume noir qui m'écrasait.

Brusquement, Colette se tut. Puis elle serra mon poignet de sa main gauche, m'attirant vers elle, me questionnant d'une voix d'abord angoissée :

« Vous avez aimé Michel, n'est-ce pas ? »

Comme je n'osais lui répondre, incertaine dès lors que je devais avouer un sentiment, elle affirma avec une ferveur sourde que je l'avais aimé, qu'elle en était certaine, que cela se sentait, voilà pourquoi elle me parlait.

« S'il vous avait connue plus tôt, on ne l'aurait pas tué, ajouta-t-elle avec une émotion que tout à coup je partageais comme si ce qui nous séparait, les années, les expériences, était aboli et que nous communiions par l'amour du même homme.

« Vous savez, disait-elle, je l'ai beaucoup aimé. »

Je craignais qu'elle ne s'appuie à moi, qu'elle ne sanglote. J'avais les préjugés ou les timidités d'une jeune femme d'aujourd'hui qui ne pleure pas pour l'amour d'un homme. Je craignais le ridicule et j'avais pourtant envie de sentir Colette contre moi, de pleurer avec elle, ma sœur, ma mère.

Elle continuait de chuchoter ces confidences que la nuit accueille.

« On ne pouvait rien pour lui, disait-elle, il cherchait à se faire mal, lui-même. »

Elle avait essayé de l'aider, elle ne s'était pas résignée.

« Quand on aime quelqu'un, on ne peut pas accepter. »

Elle disait qu'il voulait trop, tout. Peu à peu, elle se reprenait, rentrait dans la cuisine, revenait plus calme.

« Quand je l'ai connu », commençait-elle.

Je l'écoutais avec avidité. Je voyais peu à peu apparaître la silhouette d'un adolescent dont Colette décrivait le corps avec une impudeur inattendue qui me gênait. Elle répétait qu'il était beau, « plus beau que Gilles ». Elle décrivait ses avant-bras, son torse. « Je le connaissais depuis toujours », disait-elle. Leurs familles sortaient ensemble, le dimanche; leurs pères, tous deux menuisiers dans une petite fabrique de meubles de la banlieue de Chambéry, sur la route de Grenoble, croyaient aux mêmes idées. « On était tous communistes, précisait Colette, ça comptait beaucoup à ce moment-là. »

Elle hésitait comme si elle se trouvait à l'embranchement de deux routes puis, presque avec gourmandise, elle reprenait :

« L'été, on se baignait dans les rivières, et un jour, je vous l'ai dit, je connaissais Michel depuis toujours, je l'ai vu comme pour la première fois devant moi. »

Elle s'interrompait. Elle voyait encore cet adolescent qui courait sur la berge, dans l'herbe haute et qui criait les bras levés, le torse étiré, la taille marquée par une nuance plus blanche de la peau. Et elle avait eu envie de faire l'amour, tout de suite, à quelques mètres de l'eau, dans l'ombre et le silence qui naissent des arbres.

Il n'était pas nécessaire qu'elle raconte la scène. Michel l'avait peinte avec minutie dans les deux manuscrits qu'il m'avait envoyés et il la reprenait plus sobrement dans *L'Acte rouge*. J'étais honteuse de ce que je savais comme si Michel m'avait livré les secrets de cette femme qui, maintenant, plus calme, m'expliquait qu'elle avait deux ans de moins que Michel, « mais les filles sont plus vite mûres », qu'elle travaillait déjà comme secrétaire alors qu'il continuait ses études au lycée puis à la faculté. Je l'imaginais, jeune fille de dix-huit ans, passant sous les arcades, chaque matin, pour se rendre chez l'assureur qui l'employait. Elle portait les cheveux frisés, une jupe longue et large, un chemisier blanc, très ample. Avec ses moyens – « On n'était pas vraiment pauvres, disait-elle, mon père avait un bon salaire », elle ajoutait plus bas, timidement, « pour un ouvrier » –, elle suivait la mode guindée des années 50. Elle était ce qu'on appelle une « jolie brune » avec ce que l'expression souligne de banalité et de précarité dans le charme.

Elle insistait : « Il faisait des études, vous comprenez. »

Mais, au lieu de l'écouter avec attention, je me souvenais de la description de Michel.

Colette – il la nommait Charlotte dans ses livres, incapable même de dissimuler la première lettre de son prénom – avait donc suggéré cette promenade à l'écart, dans la forêt qui, à quelques mètres de la rivière, commence et s'élève. Le désir qu'il sentait chez elle, cette résolution qu'elle mettait à le devancer, l'entraînant par la main, ne se retournant pas, l'inquiétait. Le moment était donc venu. Elle lui avait fait face, le saisissant par le cou, et elle s'était accroupie, l'obligeant à l'imiter. « Viens, viens », murmurait-elle. Elle tremblait, de désir, de quelque chose de plus intense même. La certitude qu'elle était pour lui la première femme, et cela l'exaltait, lui donnait un sentiment qu'elle n'avait jamais éprouvé, tendresse et assurance mêlées. Devant ses maladresses, elle s'était obstinée. Elle voulait. Et les gestes vinrent, naturels. Enfin il avait ri, le visage caché dans ses cheveux, le corps humide de sueur. Puis il avait commencé à parler, assis près d'elle, la main sur l'un de ses seins. Elle avait fermé les yeux, lasse, indifférente à ce qu'il racontait, attendant qu'il eût encore envie d'elle. Et il était revenu, plus sûr de lui déjà, joyeux, étonné de ce qu'il faisait.

« Avant Michel », ai-je commencé, l'interrompant.

Elle haussait les épaules d'un mouvement qui me rappelait celui de son fils secouant tout le haut de son corps comme pour se débarrasser d'une charge.

« Je vous ai dit, les filles sont plus mûres, vous le savez bien. »

Elle ne cachait pas son irritation. Je l'obligeai à se souvenir du malaise de Michel, de ses reproches insidieux et silencieux dont il l'avait accablée des années durant. Il n'admettait pas qu'elle l'eût initié et possédât le privilège d'avoir connu, avant lui, par un autre que lui, ce que Michel se refusait même à nommer : le plaisir, l'amour.

Si je n'avais pas lu les romans de Michel, aurais-je compris cette gangrène qui inexorablement avait désagrégé leur couple ? Colette répétait simplement, le menton baissé, obstinée dans son refus de me répondre complètement : « Nous étions trop jeunes, lui comme moi. » Puis elle reprenait, vive, son récit, murmurait en évoquant la mère de Michel : « pauvre femme », mais elle ajoutait aussitôt : « Une femme cruelle à force d'être égoïste. »

Elle me racontait leur mariage, le vent violent ce jour-là qui faisait voler les chapeaux tout au long de cette rue en pente, la pluie diluvienne à la sortie de la chapelle, et la mère de Michel dont les sanglots remplissaient le chœur comme pour un service funèbre. Elle s'interrompait afin de m'observer, de savoir si j'avais oublié l'amant qu'elle avait eu, avant Michel, cette avance qu'elle avait prise et qu'il n'acceptait pas. J'attendais, la dévisageant, l'empêchant de se dérober. De ma voix la plus basse, lui suggérant que connaissant les hommes, je devinais le comportement de Michel Farges, si traditionnel lui aussi, je demandai :

« Michel, comment acceptait-il ?...

– Il vous a dit ? »

Je la rassurai. D'un mouvement du menton alors, elle montrait le décor autour d'elle, laissait entendre que les choses, les mœurs et même les hommes avaient changé, qu'eux s'étaient aimés dans les années 50, quand on tombait enceinte comme ça, presque sans savoir et qu'on ne trouvait personne pour vous aider, qu'il fallait bien se marier, qu'en ce temps-là, trente ans passent si vite mais ce sont trente ans, « les gens étaient timides ».

Je répétais cette expression maladroite et Colette s'emportait comme si je m'étais moquée d'elle. Elle m'accusait de vivre une époque facile « où tout est permis, vous ne vous rendez pas compte ».

Elle avait la rancœur de ceux qui croient les autres libres et n'imaginent pas que la contrainte a seulement pris un autre masque.

« Nous, disait-elle, nous, nous ne savions rien, ni Michel ni moi. »

Je les imaginais tous deux surpris de se trouver enfermés dans ce piège d'une existence commune, Gilles qui naissait, le logement à trouver, Michel qui s'obstinait à poursuivre ses études contre tous, les familles, l'assureur qui employait Colette et proposait un portefeuille à Michel, des gains faciles, « l'avenir assuré ».

Colette avait dû être tentée. Ne pas comprendre pourquoi cette formule affolait Michel. « L'avenir assuré ? » Il hurlait, coléreux, m'avouait-elle, sans expliquer les causes de son comportement. Mais il était si simple de deviner qu'il se débattait comme un jeune loup qu'on veut attacher. Elle voulait le tenir – le retenir – tout en l'aimant trop pour le contraindre à renoncer. Elle était fière aussi qu'il soit différent d'elle et elle ajoutait la voix encore chargée d'orgueil : « Michel était étudiant, il était brillant, il pouvait tout entreprendre. »

Je suis consciente de la naïveté du tableau que je trace. Un fils d'ouvrier qui se marie trop vite parce qu'il a engrossé une secrétaire, son amie d'enfance. Ce maladroit, ce malchanceux qui a de l'ambition, qui est travailleur comme on l'est quand on est fils de pauvre, pauvre soi-même, et qu'on prend l'instruction puis la culture d'assaut, comme d'autres volent. L'épouse dévouée, admirative et humble, qui vénère son héros, veille sur lui. Le matin, quand il se lève, son café est chaud dans le thermos et le pull-over qu'elle a tricoté est plié sur le dossier de la chaise. Le fils dort dans la pièce voisine avec la mère qui le berce, le père lit et écrit dans la cuisine. Il fait froid. Il neige. L'épouse se lève et sur la pointe des pieds vient entrouvrir la porte pour demander si Michel n'a besoin de rien. Et il voudrait l'insulter car le piège pour lui, c'est elle. Elle lui rogne les ailes. Et dès qu'elle est partie il arrache avec encore plus de hargne les mots au dictionnaire. Chaque examen réussi est un mètre gagné sous le mur du cachot où ils – elle, Gilles, les autres – l'ont enfermé.

Ce tableau, naïf et outré, qu'on me pardonne, mais il est vrai. Je sais que la vérité n'est jamais une excuse et qu'il n'est pas de bon ton, dans les milieux que plus tard Michel Farges fit siens, de peindre ces heures sans gloire, sans drame autre que celui de l'obstination et de l'ambition modestes, qui suffisent pourtant à diviser un couple. Car j'ajoute ce trait, à nouveau réaliste : dans ce ménage – le mot faisait frémir Michel – on se dépeçait. Je ne dirai pas que Michel était le bourreau et Colette la proie. Bien sûr, elle avait, semblait-il, la plus mauvaise part. Elle restait secrétaire, vouée à recopier, à sourire niaisement, à répondre des : « Oui, monsieur, ici le cabinet

Blaise, assureur. » Autre précision réaliste, vériste même, elle souffrait de n'être que cela alors que Michel partait trois fois par semaine à Grenoble pour suivre des cours, qu'il commençait à enseigner et que les murs de la chambre se remplissaient de livres que Colette ne lirait jamais.

Ah ! que n'a-t-on dit du malheur de ces femmes dont les maris réussissent, de ces servantes qui ont permis à leur compagnon de devenir patron et sont un jour abandonnées ! Elles ont cessé d'être utiles. Elles ont vieilli et n'ont pas assez d'esprit. Il faut un joyau brillant, tout neuf, à cette couronne qu'elles ont aidé leur époux à poser sur sa tête. Voilà le sort de Colette. Mais elle avait malgré tout Michel dans son lit. Elle pouvait le matin, au cabinet Blaise, enfler la voix pour dire : « mon mari, mon fils ». Qui ne pressent que la bonne conscience est un atout maître ?

Michel, au contraire, bénéficiaire si l'on s'en tient aux apparences, accumulant les réussites, croupissait dans le remords.

J'ai lu, relu, je l'ai dit, *Jeunesse amère, Comme moi, comme vous* et le premier roman publié de Michel Farges, cet *Acte rouge* qui m'avait tant bouleversée.

Rarement des œuvres m'ont paru à ce point marquées par le sentiment de culpabilité.

Hier, je relisais le roman d'Eugène Fromentin, *Dominique.* J'ai noté une phrase qui s'applique parfaitement à Michel Farges, peut-être à moi, et peut-être à tous ceux qui tentent d'écrire. « *Le mal était fait,* dit Dominique, *si l'on peut appeler un mal le don cruel d'assister à sa vie comme à un spectacle donné par un autre, et j'entrai dans la vie sans la haïr quoiqu'elle m'ait fait beaucoup pâtir, avec un ennemi inséparable, bien intime et positivement mortel : c'était moi-même.* »

La minutie avec laquelle, dans ses romans, Michel Farges s'est observé, a guetté le visage et les humeurs de Colette relève, je crois, de cette maladie qui est aussi un don.

Michel se prend pour cible, pour sujet de vivisection afin que, par cet examen incessant, il ressente une intense et irremplaçable douleur, aiguë comme un plaisir.

Quand il est couché sur Colette, qu'elle ferme les yeux, s'oublie, lui l'épie et refuse le mouvement instinctif qui vient. Il s'oblige à la lucidité et confie dans *L'Acte rouge* – qu'il soit répété que je prends les romans de Michel pour des aveux déguisés, que Charlotte est Colette et Marc Foulier Michel Farges – qu'il craint l'impuissance. Il ne satisfait pas Colette, affirme-t-il d'ailleurs, il ne la désire plus, se contraignant à l'amour par devoir conjugal.

Tout cela est banal mais c'est une vie!

Si Michel trompe sa femme, il est bourrelé d'inquiétude et attend le châtiment. Il se sent souillé par la prostituée qu'il rencontre cinq ou six fois par an, jeune femme sympathique qu'il met en scène dans *L'Acte rouge* et qui se moque de lui. Il la retrouve à Grenoble puis, après l'avoir quittée, il s'arrête sur la route de Chambéry, s'enfonce dans un chemin isolé et là sous les arbres il se désinfecte. Cette scène, l'une des plus crues de *L'Acte rouge* – un acte rouge par la douleur qu'elle provoque, les cris du héros, cette douleur-plaisir qui l'oblige à se recroqueviller –, Michel s'y attarde. Il raconte comment il versait sur son sexe, à vif, de l'alcool pur. Il suffoquait de douleur, tombait parfois sur le sol, le membre et les parties brûlants, mais rassuré puisqu'il s'était lavé, châtié, presque châtré.

Je déteste cette description. Elle est d'un voyeur qui assiste sans intervenir à des sévices, et que Michel les commette sur lui-même, que son héros – à la fin de *L'Acte rouge* – se mutile, ne provoque pas chez moi la sympathie. La lucidité et l'intelligence sont trop vives chez Michel pour que je lui pardonne. Et je le peux d'autant moins que je connais maintenant Colette. Michel a dû lui paraître étrange. Elle a dû souffrir de se sentir désaccordée, ne sachant pas briser par un sarcasme, un mot de dérision, le supplice auquel il se soumettait en l'y entraînant.

J'ai compris en observant Colette pourquoi Michel aimait ce tableau de Monica Sundberg. Il me l'avait légué comme s'il avait voulu m'entraîner par-delà sa disparition dans ce jeu où les deux partenaires sont vaincus.

Pourtant, quand j'avais fait l'amour avec lui, son habileté, son obstination généreuse, sa joie m'avaient séduite. Elles ne ressemblaient pas aux comportements qu'il évoquait dans ses romans. Etais-je dupe d'une création littéraire, de cette amplification que donne l'écriture qui se démarque toujours de la réalité ?

J'aurais voulu que Colette m'expliquât.

Nous étions dans la pleine nuit, assises dans la cuisine, les portes-fenêtres ouvertes, avec ces bruissements d'insectes qui peuplent l'été.

« Mais vous vous entendiez bien ? » demandai-je timidement.

Mon hésitation lui fit découvrir, sous l'innocence des mots que j'employais, mon indiscrétion. Je voulais parler de l'harmonie des corps, de ce plaisir qu'ils trouvent à se mêler comme font ceux des félins.

« Nous avons vécu ensemble près de quinze ans », répondit Colette.

Elle se protégeait de mon regard avec cette

pudeur qu'aujourd'hui les femmes n'ont plus entre elles. J'aurais voulu pouvoir lui décrire comment Michel – homme de la cinquantaine – faisait l'amour, comment il racontait son histoire sexuelle avec ironie et indifférence, citant ses propres romans comme des extraits de journal intime. Il m'avait, avec une froideur qui m'avait choquée, parlé du corps de Colette, de ses seins trop lourds, de son immobilité paysanne durant la nuit, du refus qu'elle opposait à toute invention, faisant de la passivité une sorte de vertu. Il n'avait connu l'orgasme, et non pas la courte et brutale puissance, m'expliquait-il, et découvert la complexité du sexe d'une femme et des émotions qu'il peut susciter, que bien après la trentaine, avec Betty Vanier, « une petite experte ».

Je l'avais écouté pour me déprendre de lui. Je me sentais proche et solidaire de ces femmes, Colette, Betty, tant d'autres, laissait-il entendre, qu'il avait utilisées, corps tremplins, pour s'épanouir, lui.

Mais j'étais fascinée aussi par la distance que Michel réussissait à maintenir – à creuser – entre l'expérience qu'il vivait et subissait et la compréhension qu'il en avait. Cet intervalle, source de douleur et cause d'inaccomplissement, en même temps suscitait l'intelligence et provoquait la création.

Pouvais-je sans la faire souffrir davantage confier à Colette Bussi ce que je savais ? Elle répétait, se rendant compte que, égarée dans mes souvenirs, je ne l'avais pas entendue :

« Vous savez, Michel est le père de Gilles. »

Elle se rengorgeait après avoir avancé cette preuve qui ne démontrait rien sinon qu'ils s'étaient couchés l'un sur l'autre plusieurs fois ! Peut-être elle aussi avait-elle découvert avec Antoine un plaisir qu'elle n'avait pas éprouvé avec

Michel tout en n'osant pas reconnaître sa déception.

Elle essayait pourtant d'être sincère, me donnant, en même temps qu'elle sauvait la face, des indices de leurs désaccords.

« Vous savez », répétait-elle.

Elle revenait sur l'acharnement au travail de Michel, son ambition, cette dizaine de manuscrits qu'il avait écrits avant d'en voir un retenu, la politique aussi qui rongeait les miettes de temps restantes. Car j'allais oublier dans cette fresque aux teintes sombres la couleur rouge, qui sied bien au réalisme. Colette sur ce point se livrait, reconstituant l'atmosphère des années 50, la violence des manifestations de rues, les enthousiasmes de Michel, son courage, la fidélité à son père, l'un des premiers communistes de Savoie.

Je la questionnai parce que, Colette avait raison, les femmes ont changé et que pour moi, le « Parti », comme elle disait avec un reste d'emphase, d'affection et de nostalgie, n'est qu'un agglomérat de gens ennuyeux et bavards, bouffis de prétention et de suffisance.

J'ai côtoyé les communistes à la faculté et à l'Ecole normale puis au syndicat. Ils étaient l'image médiocre, inversée, une version doublée — comme l'est un film — des autorités en place. J'étais sur ce point aussi l'héritière de mon père, ouvrier anarchiste qui avait toujours refusé de se laisser « embrigader », selon son expression. « Marcher avec les camarades, oui, insistait-il, mais jamais au pas, fillette, jamais. »

Les compagnons de chantier qu'il accueillait, carreleurs, charpentiers, plâtriers, appartenaient à la même tradition, fière, individualiste. Mon père peignait, tel autre ciselait de petits bijoux, tous lisaient et discutaient avec passion sans jamais conclure à autre chose qu'à la dure beauté de la vie et à la nécessité de la solidarité entre travailleurs.

Michel et Colette relevaient d'une autre école. Leurs pères croyaient que le monde était divisé en deux camps. Et ils avaient choisi le bon côté, celui du Bien contre celui du Mal. Colette me racontait ces réunions dont Michel rentrait épuisé, ces ventes de journaux à la criée, les gaz lacrymogènes qui glissaient au ras du sol dans les rues de Grenoble. Son visage tout à coup s'éclaira de fierté. Elle se leva, me faisant signe d'attendre, revint avec un livre qu'elle me tendit.

« *Beau masque* », dit-elle.

J'ignorais ce roman de Roger Vailland et je vis qu'elle en ressentait un surplus d'orgueil.

« Michel me l'a fait lire, ce sont des militants, comme il l'était. L'histoire se passe non loin d'ici, dans le Jura. »

Je feuilletai le livre et plus tard, l'ayant lu, je compris mieux Michel, le climat de guerre dans lequel il avait grandi, avec comme souvenirs d'enfance les rumeurs de bataille dans le Vercors, les pendaisons, les tortures, les exécutions sommaires, les déportations. Tout ce sang, ces chairs creusées et crevées n'étaient pour moi que vagues lectures, mais pour Michel et Colette, leurs terreurs enfantines. Les années 50 avaient prolongé cette époque et ces divisions. Là peut-être était l'origine de cette dualité de Michel qui m'avait frappée. Il avait parfois la mentalité d'un héros téméraire qui recherche le martyre, s'avance poitrine nue, et la prudence ou la duplicité du clandestin qui dissimule ses convictions, espion parachuté dans le camp adverse, ce territoire occupé où il doit survivre et qu'il lui faut affaiblir. Je me demande même si les romans de Michel qui font si rarement allusion à des convictions politiques ne sont pas le reflet de cette prudence d'un temps de guerre, comme si Michel s'était, presque malgré lui, identifié à l'un de ces personnages placés au cœur du dispositif ennemi, donnant des gages afin de mieux tromper son entourage mais fidèle malgré tout à son camp d'origine, un peu agent double avec ce que cela signifie de tourment, de petites trahisons, d'ambiguïté.

Je prononçai devant Colette ces mots de trahison et de fidélité. Je la sentis surprise, hésitant à les commenter, puis comme si elle se décidait à livrer un secret, parlant plus vite pour ne pas en avoir conscience, elle me dit que Michel, à un moment donné, avait rompu avec ses amis, son père, le Parti, qu'elle se souvenait bien du moment, dans le train qui les ramenait de Grenoble, un soir, après qu'ils avaient vu un film dont le titre lui échappait, une histoire de guerre où Marlon Brando interprétait le rôle d'un officier allemand. Michel avait parlé tout au long du trajet dans le compartiment où ils étaient les deux seuls voyageurs, se tenant en face d'elle, soliloquant sur la révolution impossible, la connerie des gens, les choix qu'il fallait faire, vivre pour soi, que le temps des rêves et du bavardage s'achevait pour lui, qu'il allait balayer tout ça, se servir du monde tel qu'il était.

La banalité de ce propos, une fois encore, m'accabla. Les romans sont pleins de ces révoltes individuelles, de ces ruptures avec des convictions de jeunesse, un peu trop absolues, un peu trop généreuses et souvent naïves.

Cependant que Colette continuait de me raconter ce voyage dans le dernier train omnibus Grenoble-Chambéry, qu'elle s'exclamait retrouvant le titre du film, *Le Bal des maudits* répétait-elle, qu'elle se taisait alors, peut-être impressionnée, parce que l'assassinat de Michel, près de trente ans plus tard, donnait à ces images, à ce titre, au discours de Michel dans la nuit la force d'une vraie malédiction, je pensai tout à coup à l'un des dossiers qu'il m'avait transmis, le jaune, celui qu'il intitulait *La Ville lumière*, ce projet de roman qu'il dédiait à Rubempré, Rastignac et Vautrin.

L'histoire de Michel Farges n'était-elle donc que la reproduction triviale, dans une époque sans faste ni poésie, des *Illusions perdues*? A moins qu'elle ne fût, dans cette cité de Grenoble, que la version banale et terne de la naissance et de l'échec d'une ambition, Michel Farges double falot de Julien Sorel?

Je n'évite pas les références littéraires les plus classiques, Balzac et Stendhal, mais comment y renoncer si l'ambition est l'autre face de la culpabilité, si plus que les ressorts du romanesque ces deux faces liées expriment la vie de Michel?

« Vous m'écoutez, n'est-ce pas? » murmurait Colette.

Elle avait senti que j'étais distraite et d'une voix changée, insistante et presque suppliante elle reprenait son récit, ce voyage qui n'en finissait plus, Michel dont la dureté et la résolution ne paraissaient pas feintes. Debout dans le compartiment vide, il s'exaltait de son propre discours, s'insultait, reniait ce qu'il avait été, annonçait qu'il quitterait Chambéry, qu'il ne s'y laisserait pas étouffer, et s'approchant de Colette, il hurlait : « Plutôt crever! »

Je pouvais reconstituer le propos, le ton mélodramatique, la scène ridicule à décrire, et cependant Michel s'y était essayé dans le dernier chapitre de *Jeunesse amère*, quand le héros abandonne sa ville natale après avoir frappé son père qui s'y opposait.

Les années 50 baignaient-elles à ce point dans un tel climat de « néo-réalisme », que certains jeunes gens pauvres y jouaient à pleine voix avec conviction le rôle de celui qui doit choisir entre sa famille et sa carrière ?

J'avais de la peine à le croire tant me paraissait excessive cette manière de vivre les situations. Pourtant, moi aussi, vingt ans plus tard, j'avais été confrontée à un dilemme semblable. A l'université de Lourciez où je m'étais inscrite, j'avais découvert, moi, fille d'un ouvrier du bâtiment qui rentrait les mains blanchies et crevassées par le plâtre et le ciment, que j'étais l'une des rares à ne pas être issue d'une famille d'employés ou de cadres. A poursuivre des études je me serais naturalisée, changeant définitivement de monde. Je ne l'avais pas voulu, mais sans drame et sans tourment. J'avais choisi ce qui me convenait, simplement. Que d'autres empruntent des routes différentes m'importait peu. Avais-je renoncé à l'ambition par fidélité au milieu social de mon père ? Je ne m'étais jamais interrogée de cette manière. Je n'avais pas le sentiment d'avoir été héroïque et je ne me serais pas imaginée trahir mon père si j'avais décidé de coudre des galons sur ma robe. Que d'autres le fassent. Que des filles, comme Cécile Devun, agitent leur réussite devant moi, et que d'autres défilent en uniforme ne m'incitait pas à les imiter. Je ne vivais pas ma condition avec révolte. Je ne me sentais pas opprimée. Peut-être appartenais-je déjà à une société où les classes sociales s'étaient trop mêlées pour que leurs limites soient en moi des cicatrices. J'étais humiliée quand un homme posait, comme l'avait fait Michel, sa main sur ma nuque et affichait l'intention de me guider ou de me croquer à son heure. J'étais révoltée par la mort de mon père, l'impuissance de mon amour à le sauver. Je m'insurgeais contre le silence qui si vite avait effacé de la mémoire l'assassinat de Michel Farges. Je luttais pour qu'on ne dénature pas la vallée du Bergo. Je rêvais à une vie autre, et non à la révolution. Je voulais que naissent entre moi et Pierre, moi et les hommes que j'aimerais, des sentiments vrais.

Vrai : je ne savais pas très bien ce que ce mot signifiait.

Je voulais, voilà quel était pour moi le sens du mot vrai, que les mots correspondent à des actes, à des douleurs ou à des enthousiasmes. Qu'ils aient le poids de la vie et ne soient pas seulement un peu de bruit qu'on fait avec la gorge et les lèvres ou quelques lignes qu'on trace, par habitude et conformisme.

Colette, comme moi, et peut-être la plupart des femmes, celles en tout cas qui ne s'étaient pas grimées afin de mieux tenir l'emploi des hommes, essayait de parler vrai. Elle devinait que Michel, en même temps qu'il rejetait ce qui avait été sa jeunesse, la rejetait.

Je ne m'étonnai pas. Puisque j'ai cité mes classiques, on sait que pour Rastignac, Rubempré et Julien Sorel, le choix de l'ambition est aussi le choix d'une femme, ou d'une nouvelle façon de vivre les relations avec elle.

« J'ai compris, ce soir-là, murmurait Colette, que j'étais déjà le passé de Michel, moi et Gilles, il nous abandonnerait. »

On croirait que j'écris, je ne l'ignore pas, un drame néo-réaliste. Peut-être les pauvres – et Michel et Colette l'étaient, leurs pères, ouvriers menuisiers, sentaient la colle et le bois – sont-ils toujours ridicules quand, assis au banquet de la culture, on évoque leurs sentiments. Ils ne savent que pleurnicher, pareils à ces ignorants qui parlent la bouche pleine en s'essuyant les lèvres du revers de la main. Pourquoi les inviter dès lors à s'asseoir à table ? Dans un livre, il n'y a place que pour les personnages qui ont de bonnes manières et de la retenue, des sentiments exquis, qu'ils tiennent du bout des doigts, connaissant les usages et l'étiquette, la littérature, quoi.

« J'ai pleuré, reprenait Colette. Il me parlait de politique, des livres qu'il allait écrire, de son père, un raté, criait-il, un pauvre con de raté. Il ne m'accusait pas, moi, mais je pleurais, j'avais compris. »

Elle avait découvert que dans la tête, le cœur, le corps d'un homme rien ne peut être séparé. La politique, le plaisir, le sexe, la fidélité, la jouissance, l'ambition sont les grains d'une même peau. Michel Farges baisait dans les années 50 comme il vivait la politique, sèchement et bêtement, sans savoir que le sexe de sa femme pouvait devenir aussi pulpeux et aussi juteux qu'un fruit mûr. Militant du temps de Staline et puritain comme un benêt confit en dévotion, voilà Michel Farges. Mais son sexe le gênait, lourd, raidi le matin sans qu'il pût, qu'il sût le briser et le désir demeurait en lui de laisser jaillir un cri de plaisir.

Dans *L'Acte rouge*, Michel Farges exprimait cette tension de sa jeunesse. J'avais été choquée par la violence de certaines scènes qui, tout en me bouleversant, me semblaient aux limites du mauvais goût et du grotesque. Le héros du roman, un homme solitaire, tentait vainement d'achever « le » chef-d'œuvre qui ferait de lui l'égal des plus grands. Enfermé dans son délire, monologuant sans fin, il errait dans les villes de

C... et de G..., obsédé par son désir de création et son rêve de notoriété, se comparant sans cesse à Hemingway. Les prostituées de G... par dérision l'avaient surnommé Ernest. Peu à peu, son obsession littéraire s'était réduite à une frénésie sexuelle et Ernest n'était plus que le nom qu'il donnait à son sexe. A la fin du livre, Marc Foulier se châtrait d'un coup de rasoir tranchant ses rêves de gloire et sa virilité.

La force du roman avait emporté les réticences que le thème et ses excès avaient fait naître en moi.

Si j'osais parler crûment de notre amour à Michel et à moi, je dirais longuement pourquoi j'affirme que Michel Farges n'a inventé dans *L'Acte rouge* que la mutilation. Mais il en avait vécu la peur comme un cauchemar.

Il avait, tel Marc Foulier, nommé son sexe. Et cela m'avait paru naturel.

Le sexe d'un homme qu'on aime est vivant d'une existence séparée de son corps.

Les femmes savent que je ne mens pas.

17

J'ai, presque aussitôt après ces réflexions qui me rendaient distraite, quitté Colette Bussi.

Elle fut surprise de ma hâte inattendue. Elle demeura assise alors que, déjà debout, je la remerciais; puis à regret elle me raccompagna, me proposant encore du café. Elle aurait pu me parler durant des jours et des jours et mon départ la laissait seule à se débattre, à retenir, comme on s'appuie à une porte pour l'empêcher de s'ouvrir, ce flot que j'avais fait surgir, tant d'années passées avec un homme, et dont elle devait faire à nouveau comme s'il ne restait rien.

Je m'excusais. Je prétextais l'heure et la fatigue, son ami qui allait rentrer avec le matin. Elle n'était pas dupe de mes raisons.

« Vous en savez plus que moi », disait-elle en ne manifestant ni hargne ni regret.

Elle s'était confiée et je n'avais rien avoué de ce Michel Farges qu'elle n'avait pas connu, celui qui riait en faisant l'amour, qui savait prendre la nuque d'une femme dans sa paume gauche, plaçant la main droite dans son dos, la serrant contre lui avec une autorité, une force et une liberté que Colette n'avait même pas soupçonnées. Elle n'avait vécu avec lui que les temps d'inquiétude, cette période si longue qu'il faut à certains adolescents pour devenir des hommes. D'autres femmes, Betty Vanier, moi un si court moment, nous avions profité de lui, de ce qu'il avait appris avec elle, contre elle.

Injustice?

Mais il était mort et elle vivait. Mais elle était la seule à avoir porté un enfant de lui, à pouvoir le retrouver dans ce fils, Gilles, dont j'avais l'âge.

« Vous partez », répétait-elle.

Elle s'était, peut-être avec l'intention de m'empêcher de sortir, placée devant la porte. Nous avions la même taille et je la regardais comme si elle m'annonçait ce que je serais, si j'avais la chance avec moi car son allure était encore juvénile et son maintien fier.

« Vous allez écrire un livre sur lui? » me demanda-t-elle, intimidée tout à coup.

Je répondis que l'on ne savait jamais rien de personne ni même de soi. Que j'essaierais de dire simplement ce que j'avais ressenti avec Michel, puis en rencontrant ceux qui l'avaient connu. Que son assassinat me faisait un devoir de ne pas l'oublier.

« Pourquoi, murmura-t-elle, pourquoi? Vous êtes jeune, débarrassez-vous de tout ça, puisque... »

Elle n'osait achever, atteindre le mot mort, comme une parente pleine d'expérience et d'une sagesse un peu lâche.

Elle me prenait par les avant-bras, m'attirait contre elle, m'embrassait sur les deux joues, me retenait alors que par un mouvement instinctif de pudeur et de timidité, je voulais me dégager ou peut-être ne pas entendre qu'elle me disait de rester sur mes gardes, d'être prudente, de me souvenir de la manière dont on avait tué Michel. Elle ajoutait, ne pouvant cesser de l'évoquer, que Michel était naïf – « honnête, vous savez, je le connais » – et elle affirmait qu'il était mort à cause de cela.

Elle s'appuyait à moi et je me sentais faiblir. Je craignais d'éclater en sanglots, comme si Colette Bussi avait été cette mère qui nous avait quittés, mon père et moi, et que je retrouvais enfin. Mais ce fut Colette qui se mit à pleurer, s'excusant et s'écartant.

« Tout ce passé, expliquait-elle, comme ça, Michel qui est... »

A nouveau, la même crainte de dire la mort.

Elle m'ouvrit la porte, me poussa tendrement.

« Il faut bien que vous partiez, ajouta-t-elle, on ne peut plus rien changer. »

Nous restâmes encore quelques secondes de part et d'autre du seuil. Je dis en une phrase maladroite que Colette était, en fin de compte, la seule femme que Michel eût aimée. Etait-ce remerciement, consolation que je donnais ou bien conviction ? Je ne peux répondre. Puis, je me tus, gênée et étonnée de ce que j'avais affirmé, un peu honteuse comme d'une flagornerie.

Colette secouait la tête, sans colère ni mépris. Elle essuyait à petits coups de mouchoir, qu'elle tenait serré dans sa main, ses yeux, ce maquillage vert qui avait coulé. Elle commençait à m'expliquer que Michel était trop préoccupé de lui-même pour aimer une femme, qu'il aimait l'amour qu'elle lui portait, mais elle s'interrompit.

« Est-ce qu'on sait ? » dit-elle.

Elle se redressa, s'appuyant à la porte :

« Moi, je crois que je l'ai aimé. Et ce n'était pas facile, croyez-moi. »

Elle me parut apaisée, m'indiqua qu'elle quittait Chambéry pour la période des vacances, me fit promettre de lui envoyer le livre si je l'écrivais.

Nous avions retrouvé le ton des conversations.

Je demandai l'adresse des parents de Michel.

Elle hésita, avança sur le palier tout en tenant sa porte. Le père de Michel était mort, chuchota-t-elle, il y avait un an. Michel n'avait pas assisté aux obsèques. La mère, qui approchait des quatre-vingts ans, avait été placée dans une maison – elle disait seulement maison comme si le mot suffisait à soi seul.

« Vous voulez ? Vous êtes sûre ? » répétait-elle.

Elle entra, revint, me tendit une feuille de papier.

« Gilles, commença-t-elle, chaque mois... »

Elle m'observa, brusquement silencieuse, les yeux écarquillés comme si elle me voyait pour la première fois.

« Vous êtes courageuse ou folle », dit-elle en fermant la porte.

J'ai marché longuement dans les rues. Je n'aime pas ce moment de la nuit, son creux de silence, quand le vent est tombé, qu'une immobilité humide colle aux objets et aux lieux et redouble l'obscurité.

18

La maison était belle comme une tombe de marbre blanc et les mélèzes l'entouraient telles de hautes plantes sauvages, courbées par le vent qui balayait le plateau. Là, Clémentine Farges, la mère de Michel Farges, achevait sa vie.

Le parc, immense, donnait sur une falaise qui m'attirait. Du rebord qu'aucune barrière ne signalait, j'aperçus la vallée, les rives du lac, le lacis des routes et même au loin, à demi masquée par les brouillards, la banlieue de Chambéry. Des oiseaux voletaient avec des cris brefs avant de s'élever en spirales de plus en plus lentes puis de se perdre dans les nuages bas. Le temps était maussade, à la pluie. J'avais cette excitation que donne pour quelques heures l'insomnie, n'ayant pas dormi après avoir quitté Colette Bussi, mais écrit jusqu'à ce que le jour, insidieusement, m'accable. Il s'était glissé autour de moi, sur les tapis de la chambre d'hôtel où je m'étais installée, rendant leur laideur aux murs et aux meubles, faisant jaillir des bruits, me contraignant à m'interrompre. J'avais alors décidé de rencontrer Clémentine Farges et j'étais aussitôt partie, roulant sur des routes en surplomb, longeant des forêts, entrant dans le parc de la maison de repos, me dirigeant vers cet abîme rocheux qui le limitait au nord et où nichaient des oiseaux.

C'est alors que, me retournant, je vis ce couple, de dos d'abord, qui traversait le parc. Elle, une femme âgée, grande et forte, était vêtue d'une robe bleue, lui, un homme jeune, la soutenait, le bras autour de sa taille. La femme avançait lentement, les jambes raides, le corps ankylosé. Pourtant son maintien n'exprimait pas comme chez certains vieillards l'impuissance mais le refus, l'affirmation d'une volonté et d'une dignité. Cette femme me plut et sans doute m'avait-elle aperçue puisqu'elle s'arrêtait, me faisait face, contraignant l'homme à imiter son mouvement. Ses cheveux blancs soigneusement coiffés couvraient le haut de son front dont la peau mate était lisse de courtes bouclettes aux reflets violets. Elle me sourit avec une expression d'innocence mais en même temps d'ironie. Les deux termes peuvent apparaître contradictoires mais le visage de cette femme, mobile, était espiègle comme celui des enfants joueurs.

Je n'identifiai pas l'homme immédiatement. Il me fit penser à Michel avec cependant quelque chose de vulgaire dans l'attitude, dans les mains, larges, la gauche aux doigts entrouverts, posée sur la hanche de la vieille dame. Je trouvais à ce couple disparate quelque chose d'équivoque. La vieille était élégante. Sa robe laissait le cou dégagé. Une chaîne en or que terminait un bijou représentant un oiseau ajoutait une touche de coquetterie. L'homme au contraire portait un costume de toile grise, tenue de chantier plus que de ville, qui me rappelait les vêtements de mon père.

A cet instant, nous nous reconnûmes. Je dis : « Vous êtes Gilles Farges », et il s'arrêta, retenant la vieille dame, Clémentine Farges, sans aucun doute. Mais elle continuait de se diriger vers moi et Gilles dut l'accompagner car seule elle n'eût pu marcher. J'étais tout à coup frappée par la ressemblance entre la mère et le souvenir que j'avais de son fils.

Ils avaient la même forme de visage, les yeux allongés, les sourcils droits, la bouche petite soulignée par une lèvre inférieure renflée qui dessinait une moue de déception, de lassitude et presque de dépit. Mais, malgré ce trait, le visage de Clémentine Farges gardait une candeur étonnante, gênante comme le maquillage excessif de certaines vieilles. Chez la mère et le fils, je devinais, à cause de cette bouderie enfantine, la sensation d'inaccomplissement de la vie que l'âge n'atténue pas. Si Farges était devenu écrivain, je pensais, en voyant sa mère, qu'il le devait à cette femme altière et naïve, belle et sans personnalité, ambitieuse et déçue.

« Qu'est-ce que vous foutez ici ? dit Gilles Farges à mi-voix. Vous cherchez quoi ? »

Sa grossièreté et sa brutalité l'enlaidissaient. Il ne possédait ni la puissance expressive de Michel, ni la fierté de sa grand-mère, ni le charme populaire de sa mère. Il n'avait aucune unité et je le trouvai disgracieux, avec des cheveux très noirs, le teint rougeaud; son corps robuste me parut noueux, comme ces bois rudes affaiblis par des verrues brunes. J'expliquai à Gilles Farges que Colette Bussi — « votre mère » — m'avait donné l'adresse de la maison, que je voulais rencontrer Clémentine Farges, évoquer avec elle la personnalité de Michel. Je le vis qui serrait les mâchoires, faisait un pas vers moi.

« Allez-y, dit-il, prenez-la, parlez-lui, amusez-vous. »

Il poussait vers moi Clémentine Farges qui, désemparée, nous regardait l'un après l'autre, le menton tremblant, les yeux d'où toute vivacité avait disparu ne laissant plus apparaître qu'une peur instinctive. Gilles l'embrassait rapidement, marmonnait qu'après tout elle n'était que sa grand-mère paternelle, qu'il était bien assez généreux de lui rendre visite quand il le pouvait, que c'était Michel Farges, la belle conscience, qui « avait foutu sa mère dans cette maison ». Une maison de luxe bien sûr, pension payée jusqu'à la mort. Avec le fric, on se débarrasse même du remords. Il parlait de plus en plus haut avec une insupportable violence et Clémentine Farges s'accrochait à moi. Je la pris par la taille, je la conduisis, Gilles près de moi continuant à nous invectiver, moi, son père, ces intellectuels qui faisaient avec la vie des autres des livres, « parce que ça se vend bien ». Il m'accusait. Je m'immobilisai et de ma main droite qui était libre je le giflai durement, mes doigts heurtant sa joue puis ses lèvres. Il se tut. Je crus qu'il allait me frapper de ses poings qu'il brandissait déjà, mais il dit seulement : « Plus tard, je vous aurai. »

Quand il fut parvenu à l'extrémité du parc, il cria quelques mots encore que j'entendis mal. Peut-être m'insultait-il. Je l'avais mérité. Je regrettais mon geste, cette colère subite qui m'avait enflammée comme une révolte longtemps refoulée. Je fis quelques pas dans la direction de Gilles avec l'intention de m'excuser mais Clémentine Farges me retenait, s'appuyant de tout son poids à mon épaule, murmurant sans que je réussisse à comprendre ce qu'elle disait. Je renonçai à rejoindre Gilles qui disparaissait derrière les mélèzes et soutenant Clémentine de mon bras j'avançai vers l'entrée de la maison de repos.

Des vieux étaient assis, les jambes enveloppées d'une couverture, une veste de laine posée sur leurs épaules, immobiles. Presque tous portaient un chapeau qui dissimulait le haut de leur visage ne laissant voir que le nez, la bouche, le menton, profils décharnés et acérés qui me firent penser à des becs d'oiseaux. Ils paraissaient nous guetter et Clémentine me dit en les voyant :

« Méfiez-vous. »

Elle baissa la voix.

« Les hommes, Michel comme les autres, si j'avais su ! »

Elle se mit à pleurer silencieusement.

« Mon destin, murmura-t-elle, mon destin... »

Elle emplissait sa bouche de ce mot. Elle me mettait en garde avec cette obstination des vieillards. « Méfiez-vous. » Elle regardait autour d'elle, se serrait contre moi plus nous nous approchions des vieux. Elle n'était qu'une vieille femme dont la logique s'émiette mais je me sentais déjà sa complice.

Je partageais instinctivement sa défiance, je lui donnais raison contre l'infirmière qui la menaçait du doigt, l'accusait de faire une nouvelle fois des « caprices ». Elle ne me paraissait pas dérisoire mais pathétique par l'effort qu'elle faisait pour rassembler les éléments épars de sa vie afin de la juger. Il n'y avait aucune sagesse dans cette volonté de raconter son destin, de regretter les choix qu'elle s'était laissé imposer, de dire, alors qu'il était si tard : « Si j'avais su. »

Elle aurait dû, comme les autres, s'asseoir au soleil, devant l'entrée de la maison, se presser quand la cloche annonçait l'heure du repas, puis somnoler devant le poste de télévision. Mais elle refusait cette soumission à la loi de l'âge. Elle me disait :

« La nuit, j'essaie de comprendre, qu'est-ce qu'on fait sur terre, à quoi ça sert, puisqu'on disparaît ? Michel... »

Quand elle nommait son fils, elle s'arrêtait de

parler quelques secondes, pour se donner la joie de répéter :

« Michel, lui... »

Il avait tracé d'elle dans ses romans un portrait cruel. Elle était l'ombre qui pèse sur les personnages masculins. Avide, dévoreuse, elle n'aimait que pour posséder le fils ou le mari. J'en voulus d'abord à Michel Farges de cette caricature commode et conformiste. Il me semblait qu'il avait refusé de voir sa mère telle qu'elle était, Clémentine Farges, une femme que je découvrais, sensible et inquiète, vieille qui s'entêtait à vivre et à aimer. Je l'écoutais, je la regardais poser devant moi ses souvenirs dans le désordre. Sa mémoire refusait d'accepter la ligne droite du temps, le début et la fin. Elle allait, selon ses humeurs, de sa jeunesse à l'instant que nous vivions, mêlant les années, refusant d'admettre – peut-être le lui avait-on caché – que Michel était mort, parlant de lui comme s'il était derrière la porte, et qu'il allait l'ouvrir. Elle chuchotait pour qu'il ne la surprenne pas. « Il se met en colère quand je dis que... »

J'étais venue pour qu'elle me parle de lui mais je n'avais plus aucune hâte.

Nous étions dans sa chambre, d'abord. Puis, à l'heure du déjeuner je l'invitai au restaurant du village qui se trouve à quelques kilomètres de la maison. Elle riait, buvait avec une gourmandise mutine.

« Si j'étais Michel, je vous épouserais – vous. »

Elle faisait non avec le doigt, chuchotait.

« Ne vous laissez pas épouser, vous n'en avez pas besoin, les hommes, ils nous transforment en marionnettes, – elle riait encore – ils tirent les ficelles, moi je devais obéir. »

D'un mouvement de tête, elle indiquait la direction du plateau, la maison de repos.

« Maintenant, Michel m'a mise là-haut, dans la boîte à chagrin. »

Elle commençait à pleurer comme on respire, calmement, profondément.

« Mon destin », disait-elle à nouveau.

Elle soupirait.

« Michel, quand il est né... »

19

Je ne décrirai pas la naissance de Michel dans une maison à un étage du vieux Chambéry. Pourtant, Clémentine Farges m'a raconté son attente durant cette nuit du 16 mai 1930 et je connais les mots qu'elle a employés. Les femmes les échangent entre elles comme les stances d'un rituel. Clémentine les répétait avec ravissement, les yeux mi-clos, la tête penchée, la bouche entrouverte et je pouvais imaginer son souffle court quand les pertes, les contractions, les douleurs, le travail avaient commencé. Mais je ne suis pas encore initiée. Il faudrait que j'invente la douleur et la sensation de vide, après, la joie peut-être indicible quand la sage-femme a annoncé que l'enfant était un garçon.

« Elle m'a dit, murmurait Clémentine, d'être fière. »

Déjà, elle revivait pour moi les premiers pas de Michel, ses audaces, sa force, cette violence qu'il mettait à dire, en roulant les yeux, et Clémentine riait se souvenant de la surprise et de la peur des autres enfants : « Je te mange, toi, je te mange. » Michel, ce dévoreur, était mort et elle parlait de lui comme s'il était encore un bébé qui tétait goulûment. Elle posait sa paume sur son sein gauche. Elle avançait ses lèvres, elle disait avec une complaisance gourmande qu'elle avait eu beaucoup de lait, qu'elle avait donné le sein à Michel jusqu'à dix-huit mois. Puis elle revenait à l'accouchement qui m'apparaissait comme une cérémonie barbare, primitive, avec ces bassines d'eau bouillante que Maurice Farges, le mari, portait à bout de bras, et la sage-femme se lavait les mains au savon sur le rebord de la fenêtre. Les gestes étaient simples, les précautions et les instruments rudimentaires, peut-être aussi les émotions.

Je pourrais, partant de ces premiers moments, tracer un récit linéaire, depuis la naissance de Michel jusqu'au geste des tueurs, rue des Carmes, le dimanche 1er juin 1980.

J'accumulerais les détails vrais. Maurice Farges qui partait pour la fabrique de meubles, Michel assis sur le cadre de la bicyclette et Clémentine qui les suivait du regard, penchée à la fenêtre. Elle criait qu'il faisait froid ou bien que le sol de la rue était verglacé.

Touches réalistes pour donner l'illusion de la vérité.

Je pourrais écrire les cortèges et les chants révolutionnaires, Michel à califourchon sur les épaules de son père au moment du Front populaire.

Je pourrais écrire la guerre, les mains de Michel crevassées d'engelures. Ecrire le froid et la faim, même si ces termes font sourire avec commisération les lecteurs distingués.

Je pourrais placer Michel et les siens dans cette gangue que l'on nomme l'Histoire et donner à voir un demi-siècle d'existence.

Mais la vie est faite de trous, de silence et d'ignorance. Qui peut savoir ce qui pèse vraiment sur une destinée? On fouille, on exhume, on s'imagine comprendre, on est fier des pépites que l'on a mises au jour, on les décape, on les polit, on les montre. Et tout cela est pacotille. L'or est ailleurs. Il faut crever la gangue.

Michel s'y était essayé dans ses différents romans, m'expliquant avec une suffisance irritante que l'écriture permettait d'atteindre le fond obscur et primordial du moi. Mais peut-on jamais se connaître ? Je le soupçonnais d'avoir joué avec sa mémoire, trié ses souvenirs de manière à les rendre conformes à ce qu'il imaginait être les modes du temps.

Ses audaces étaient peut-être calculées, ses aveux des mystifications.

Dans *L'Acte rouge,* il racontait des scènes brutales qu'il avait surprises étant enfant. Son père nu, sortant de la chambre de sa mère; celle-ci accroupie, un linge sanglant entre les jambes. Je me persuadais qu'il ne s'agissait que de leurres, comme en inventent les coupables qui veulent égarer les enquêteurs. Mais j'avais retrouvé le principal témoin, Clémentine qui, me parlant d'elle, me parlait de son fils.

Elle se confiait sans ordre, récitait le texte de la première lettre d'amour qu'elle avait reçue, puis évoquait son enfance, ce père qui l'adorait et la payait pour qu'elle sortît avec lui, fier d'elle, de sa beauté, des confusions qui parfois se produisaient et que souvent il provoquait.

« Les hommes, commentait Clémentine, même les pères, ils se servent de nous. Le mien voulait qu'on me prenne pour sa jeune femme. »

Elle riait avec des coquetteries de petite fille puis, ambiguë, elle ajoutait que Michel ressemblait à ce grand-père qu'il n'avait pas connu.

« Mon père, murmurait-elle, séduisait toutes les femmes, comme Michel. »

J'étais sur mes gardes. Elle voulait m'atteindre. Elle avait dû griffer Colette Bussi chaque jour, jalouse, possessive et si touchante pourtant, si confuse dans ses sentiments, si aveugle sur elle-même.

« Et votre mari ? » ai-je demandé.

J'avais été étonnée du peu de place qu'il tenait dans son récit, comme si elle avait conçu Michel Farges toute seule. J'étais surprise aussi que Michel, il y a un an, ne m'eût pas avertie du décès de son père. Maurice Farges m'apparaissait ainsi comme celui qu'on cache, figure falote dont peut-être on a honte ou bien au contraire ombre si pesante qu'on craint de la nommer. Je répétai ma question :

« Votre mari, Maurice Farges ?

– Celui-là. »

Clémentine semblait ignorer sa mort comme elle ignorait l'assassinat de Michel. Elle dit à nouveau méprisante, vulgaire pour la première fois :

« Celui-là. »

Michel n'avait jamais fait état devant moi de la mésentente de ses parents. Il parlait de l'un et de l'autre avec affection sans les associer comme s'il s'agissait de deux personnes qui tout en ayant vécu côte à côte n'avaient jamais constitué un couple. Je prenais conscience de cette séparation en écoutant Clémentine Farges et je me souvenais que les romans de Michel avaient pour héros des solitaires qui rejetaient la famille et en avaient la nostalgie. Là était une ligne de fracture.

« Pour Michel, disait Clémentine, je l'ai supporté cet homme.

Elle se penchait vers moi, répétait encore :

« Si j'avais su ! »

J'étais émue de la déception qu'elle exprimait,

sa vie, cette partie perdue qu'elle ne pouvait plus rejouer. Je lui parlais de la joie que lui avait donnée Michel, de l'enfant qu'il avait été et dont, il y a quelques minutes encore, elle me vantait la beauté et l'intelligence, de ce garçon orgueilleux qui lui ressemblait tant. Elle m'approuvait, distraite, presque indifférente tout à coup, les yeux ailleurs.

« Sans Michel, commençait-elle puis elle se ravisait, reprenant après quelques secondes : les hommes m'ont toujours courtisée, j'aurais pu... »

Elle s'interrompit encore.

« J'aime ce qui est beau », disait-elle en se redressant.

Mais lui, son mari, « un ouvrier, les goûts d'un ouvrier, pas d'ambition, rester ce qu'on est ».

Elle parlait avec hargne, le visage imprégné de colère et de regret.

« Sans Michel, ce ne sont pas les occasions qui m'ont manqué. »

Elle avait dit cela très vite pour avouer et se faire comprendre, avec la crainte cependant que je n'entende.

« Heureusement, ajouta-t-elle, Michel n'a rien hérité de lui, mais de moi, tout. »

Impérieuse, elle me fixait d'un air de défi.

20

CLÉMENTINE FARGES voulait son fils sans partage. Elle était de ces mères qui ne se séparent jamais du corps de leur enfant. Il devient cette part d'elles-mêmes qui s'aventure, qu'elles laissent parfois s'éloigner, aimer quelque temps une autre femme, mais qu'à la fin elles reprennent contre elles, l'enveloppant de leurs ailes noires.

Je donne cette couleur noire à leur amour car la passion de Clémentine Farges pour Michel m'avait effrayée. J'excusais maintenant Michel d'avoir mis cette femme en accusation dans ses livres, même si le portrait qu'il en avait tracé était tremblé, comme s'il avait craint la malédiction, peintre qui dénonce avec une violence furieuse puis se rétracte. Je comprends son inquiétude et son hésitation. La mort elle-même reculait devant Clémentine Farges.

Elle m'avait dit, au moment où je la quittais :

« Vous n'attendez pas Michel ? Il vient chaque soir. »

Son assurance et sa certitude ne paraissaient pas feintes. J'oubliais à l'écouter que, le jour même de l'assassinat de son fils, elle avait basculé dans un univers différent, dont elle connaissait seule les lois et les repères. Curieuse amnésie qui ensevelissait la mort du mari et celle du fils, mais laissait des îlots de raison et de souvenirs, faisait reparaître, dans une imprévisible succession de flux et de reflux, des détails ou des noms, des regrets, des précisions inattendues et maintenait, entre ces éléments dispersés d'un continent englouti, des relations logiques, toute une trame de causes et de conséquences qui permettait à Clémentine Farges de dialoguer et même – là était sa puissance inquiétante – d'entraîner son interlocuteur dans son monde, de le contraindre à en accepter les mirages, à douter de la réalité.

« Michel vient chaque soir, je vous jure, répétait Clémentine penchée vers moi, tournant son visage de droite à gauche pour ne pas être surprise par une infirmière. Mais ils ne doivent pas le savoir, ajoutait-elle. Il est en danger, je le sais. »

Elle portait la main à sa bouche, terrorisée.

« Mon Dieu, pourvu qu'il ne lui arrive rien ! »

Comment ne pas la rassurer, subir son jeu qui n'était peut-être que l'une de ces duplicités de vieillards qui établissent leur pouvoir sur des mensonges, dont ils sont, tout au moins au début, conscients, mais devant lesquels ils obligent les autres à s'agenouiller ? Sait-on jamais quels détours empruntent le désir de survivre et le goût du pouvoir ?

Je répétais qu'il me fallait partir, j'avais hâte de m'enfuir et j'étais sûre que Michel Farges avait quitté Chambéry non seulement pour satisfaire les ambitions de sa mère, tenter par sa réussite de combler ce gouffre de nostalgie et de regrets qu'elle portait en elle, mais aussi pour s'éloigner d'elle, ne plus entendre ce battement d'ailes au-dessus de lui, cet appel interminable qui avait commencé par le halètement de l'accouchement.

« Michel sera fâché », lança-t-elle.

Elle regardait du côté de la falaise, vers l'extrémité nord du parc.

« Il vient toujours quand les oiseaux regagnent leur nid, murmura-t-elle. Ils rentrent, vous le voyez ? Il ne va pas tarder. »

Une infirmière prenant son bras, je m'écartai à reculons, esquissant un geste de la main cependant que Clémentine me lançait :

« Vous voulez que je lui dise quelque chose ? Je lui dirai si vous me dites. »

Qu'elle l'embrasse pour moi.

Je me hâtai entre les mélèzes vers la voiture. On ne pouvait s'arracher à cette passion que dans un mouvement violent de fuite dont on gardait la cicatrice.

Le corps de Michel, à la base du cou, portait, couvrant une large partie de l'omoplate droite, une cicatrice que je n'avais découverte qu'à la fin de notre liaison. Elle était étrange, plaque de peau boursouflée, plus blanche, rugueuse, différente de l'épiderme de Michel, dont j'aimais la couleur mate, le grain, l'odeur et même la sueur.

J'avais interrogé Michel, éclairé avec la lampe de chevet cette zone mystérieuse, mais irrité, il s'était mis sur le dos et je n'avais pas réussi à le retourner. Nous avions lutté puis nous nous étions aimés.

Apaisés l'un et l'autre, je l'avais à nouveau questionné. Il m'avait répondu, avec l'indifférence de qui évoque un épisode sans importance, qu'il s'agissait d'une brûlure, d'un de ces accidents de l'enfance dont on garde la trace sans qu'ils laissent pourtant de souvenir. J'avais accepté cette explication raisonnable.

Je savais désormais qu'elle était partielle puisque Clémentine avec insolence m'avait révélé les conditions de l'accident.

« Après tout, avait-elle dit, il n'y a pas de mal et vous avez vu Michel nu, non ? »

Elle se vantait de ce qu'elle avait osé et risqué, fière d'avoir inscrit sur le corps de Michel le sceau de sa passion, pour lui faire porter toute sa vie ce signe, sa marque.

Un jour, racontait-elle, Michel devait avoir un peu moins de deux ans, il marchait, il était grand, il allait et venait dans l'appartement; un jour donc, elle avait accepté de l'homme qui depuis des mois la suivait, la harcelait, « un bel homme, très chic, un avocat, plus très jeune mais beau, distingué », un rendez-vous. Une amie serait venue garder Michel cependant que Clémentine aurait roulé avec l'avocat vers Grenoble.

J'imaginais que ce devait être la fin de l'hiver puisque Michel était né en mai.

« Une promenade, continuait Clémentine, seulement une promenade, mais Michel ce jour-là était insupportable. »

Les gestes de Clémentine avaient été plus nerveux, son attention distraite. Elle craignait déjà, alors qu'elle n'avait rien accompli encore, le châtiment.

Elle avait tourné la tête et le hurlement de Michel avait fait éclater tout son corps. Voilà la punition.

Michel avait saisi le manche d'une casserole et l'eau bouillante ruisselait sur son visage, imbibait le pull-over à la hauteur de la nuque et de l'omoplate.

Ces cris du fils et de la mère, je les entends. Je vois les voisines, le médecin, la police même qui doit s'assurer qu'il s'agit bien d'un accident. Mais il suffit d'apercevoir Clémentine, les yeux égarés, prostrée ou fébrile, pour écarter toute autre hypothèse.

On a été chercher Maurice Farges à la fabrique. Maintenant, c'est lui qui méprise, lui qui insulte, lui qui s'empare du bon droit.

On croit Michel défiguré. Durant des mois, il restera les mains attachées aux montants de son lit afin qu'il n'arrache pas les gazes huileuses qu'on place sur son visage. Mais ne persistera, miracle, que cette cicatrice sur la nuque et l'omoplate, comme en gardaient, dit-on, les bagnards, jadis, quand ils avaient voulu faire disparaître par une brûlure la fleur de lis de l'infamie.

« Vous l'avez vue, sa cicatrice? » m'avait demandé Clémentine avec une sorte de jubilation.

A cet instant, je m'étais levée pour la quitter. J'avais peur d'elle comme Michel avait dû craindre l'amour qu'elle lui portait.

Avait-il ignoré les causes réelles de l'accident? Les jeunes héros de ses romans conservaient de leur enfance une trace, blessure à la tempe ou long sillon sur la jambe, mais jamais Michel n'avait donné une explication de ces cicatrices comme si leur origine lui échappait, s'il refusait de rechercher le sens de ces blessures, de sa brûlure qui avait la beauté inquiétante d'un sacrifice.

Pouvait-il se souvenir de ce qui s'était produit avant le début de sa mémoire, dans la préhistoire des premières années? Du pacte secret conclu avec sa mère? Elle qui abandonnait ses ambitions et ses désirs au prix de la douleur?

Je connaissais l'intuition diabolique des enfants, leur perception aiguë et je pouvais imaginer que Michel avait voulu, sentant sa mère lointaine, la ramener à lui par un geste violent, provocateur, une mutilation dont l'écho se retrouvait dans *L'Acte rouge.*

Les années étaient passées, Michel était mort et Clémentine revendiquait l'accident comme un acte glorieux.

« Depuis, m'avait-elle dit, je n'ai plus jamais quitté Michel des yeux, et même quand il est loin, je le vois et je sais qu'il me voit. »

Entre eux ce lien de douleur qui associe le bourreau et sa victime et ils avaient sans doute plusieurs fois échangé leurs rôles.

« Si vous saviez, avait-elle ajouté, ce qu'il m'a fait souffrir. »

Ces confidences m'obsédaient alors que je m'éloignais vite de la maison de repos, des mélèzes du parc et des oiseaux nichés dans la falaise. Mais m'enfonçant dans l'ombre de la vallée, traversant à nouveau les forêts, il me semblait que j'entrais dans la chambre d'enfant de Michel, si obscure.

Il était noué à son lit par des sangles. Une odeur un peu sucrée de désinfectant imprégnait les draps. J'imaginais l'anxiété et la culpabilité de Clémentine Farges, son murmure qui, jour après jour, pendant les longs mois de la maladie enveloppait Michel. Il ne pouvait la fuir. Elle l'embrassait mille fois, masquait la lumière en se penchant au-dessus de lui, priant pour qu'il puisse enfin courir et souffrant déjà de ne plus le tenir à sa merci, dans ce lit qu'elle avait placé tout contre le sien.

Michel ne possédait aucun mot pour se défendre. Il n'était que cris et pleurs. Mais il avait dû apprendre à rêver et à maudire pour s'évader de la chambre et nier la présence obsédante de sa mère.

J'essayais de me glisser dans son corps, dans l'esprit élémentaire de l'enfant. Je retrouvais mes propres émotions, mes révoltes, mon sentiment d'impuissance, mon amour et ma haine pour ce couple divisé qui m'avait enfantée. Là était pour moi l'origine de ce désir de dire, après la mort de mon père, ce que j'avais éprouvé. Et Michel sans doute comme moi.

Comme moi, comme vous était le titre de l'un des manuscrits qu'il m'avait légués. Il avait perçu qu'entre nous s'établiraient des correspondances, que nous étions l'un et l'autre enfants de la désunion. Voilà ce qu'il avait aimé dans mon livre, pourquoi, malgré l'emploi des mots les plus convenus, j'avais été sensible à ce qu'il en avait écrit. Nous étions des jumeaux séparés par les décennies, des figures semblables et opposées comme on en voit sur certaines cartes à jouer.

Emportée par cette succession rapide d'idées que le déroulement du paysage favorisait, je conduisais distraitement, m'égarant sur des chemins forestiers qui s'achevaient en pistes étroites et boueuses barrées de rochers. Je devais alors reculer en évitant des troncs abattus, maladroite et inquiète, car le vent se levait faisant trembler la cime des arbres.

Ce labyrinthe, ces boucles que je traçais artificiellement dans la forêt comme si j'avais voulu me perdre retardaient le moment où je serais confrontée à mes souvenirs, non plus la chambre où avait souffert Michel, mais celle où avait agonisé mon père. Je me reprocherais alors d'avoir été incapable de retenir ma mère, de garder sa femme à mon père.

Michel avait réussi là où j'avais échoué. Il avait protégé de son corps ce père humilié dont il ne parlait jamais, dont il avait même dissimulé, il y a un an, le décès.

Mais, j'en était sûre, la mort de Maurice Farges avait été pour Michel une seconde et profonde brûlure.

21

J'ai voulu retrouver Maurice Farges, ouvrier menuisier, né le 31 juillet 1893 à Chambéry, mort dans la même ville, le 24 septembre 1979, quelques mois seulement avant l'assassinat de son fils.

J'ai rencontré son vieux camarade, Joseph Bussi, le père de Colette. J'ai pris le regard et les rides de son visage, l'hésitation de ses gestes, sa manière douloureuse de se mouvoir, les mains sur les reins, ce moment de déséquilibre quand il se levait; j'ai volé à Joseph Bussi cette peur de la mort qu'il cherchait dignement à dissimuler. Peu m'importait qu'il refusât de me parler, qu'il répétât obstinément en réponse à mes questions : « Maurice, comme mon frère, on ne dit rien des morts » et qu'il ajoutât avec une tristesse un peu méprisante parce que j'insistais : « Vous devriez comprendre ça, vous qui êtes instruite. »

J'approuvais sa pudeur, mais je tournais autour de lui comme un de ces petits rapaces obstinés qui donnent un coup de bec ici et là. Je voulais emporter l'odeur du tabac froid, des cigarettes qu'on rallume et qu'on éteint après quelques bouffées. Je voulais ces chaussures de toile, ces vêtements usés, cette parcimonie si perceptible dans chaque détail de l'habillement et même du corps, ces cheveux gris un peu trop longs, cette barbe qui laissait un voile blanc sur une peau fripée.

Voilà ce que Joseph Bussi m'apprenait de Maurice Farges.

Il me suffisait alors de confronter ses aveux aux déclamations arrogantes et fantasques de Clémentine, pour voir s'avancer l'un de ces couples que l'on dit mal assortis comme deux pièces de vêtements qui jurent.

Je connaissais cela si bien.

Mon père était carreleur. Ma mère rêvait à des miroirs autour d'elle. Elle nous a laissés pour un salon de coiffure et un homme qui sentait le parfum et non le plâtre. Il faudrait rire, si des vies, les leurs, la mienne, celle de Michel, ne retombaient dans ces pièges rudimentaires.

Je n'accuse personne et je n'ai trouvé sous la plume de Michel aucun réquisitoire mais comprendre et excuser n'empêche pas de souffrir et d'être écartelé. Il y a tant d'injustice à voir deux êtres qui se frôlent et se manquent qu'un enfant, telle est mon expérience, en meurt s'il ne s'empare pas de ce désaccord pour en faire la matière même de sa vie. Michel avait écrit et je suivais la même voie. Cela suffit-il ? Il faut tenir chacun des siens par une main, la mère à gauche, le père à droite, ne jamais lâcher l'un pour l'autre, être l'axe sinon l'on roule avec l'un, si loin de l'autre qu'on en meurt aussi. Mais à rester debout les bras ouverts on se fend.

La mort de Michel, la voilà.

Il n'avait eu ni ma sagesse ni ma lâcheté, à moins que ce ne fût ma chance. J'étais restée seule avec mon père. Je n'avais pas eu à choisir alors que Clémentine et Maurice Farges avaient dessiné autour de lui le ballet incessant de la séduction.

« Tu l'as entendu », disait l'un parlant de l'autre.

« Tu as vu ce qu'il m'a fait, tu comprends maintenant », murmurait l'autre.

Il était juge, témoin, vengeur, fils que chacun d'eux à tour de rôle s'appropriait.

« Tu me ressembles, tu sais, lui disait Clémentine. Regarde, nous avons la même peau, les mêmes yeux. »

Et Maurice de répondre que Michel pensait comme lui, qu'il était – l'expression archaïque est de leur temps – « avec nous, du côté des ouvriers ».

Les hommes sont contraints, s'imaginent-ils, d'agir et donc de choisir. Michel avait accepté ce rôle traditionnel du mâle. Il était allé de sa mère à son père avec une fougue que chacun des moments de sa vie exprimait. Il avait voulu être l'un puis l'autre, oubliant qu'il était leur fils à l'un et à l'autre et qu'il ne pouvait vivre qu'en étant lui-même.

Je sais que je sépare arbitrairement des moments. Que j'introduis de la clarté là où il n'y a que pénombre, que les choix d'une vie ne peuvent jamais être réduits à des causes simples. Mais après ma rencontre avec Joseph Bussi, j'en étais à l'étape des esquisses, quand on brosse à grands traits les lignes de force. Et l'existence de Michel m'apparaissait alors comme une suite de séquences opposées. L'étudiant révolté, aux engagements politiques extrêmes, penchait vers le père; l'intellectuel ambitieux, tenté par la notoriété, vers la mère. Mais ni Clémentine ni Maurice Farges n'avaient dû le laisser en paix et se contenter des concessions qu'il leur faisait. L'un et l'autre continuaient à se servir de lui, à le harceler, à l'accabler de leurs déceptions.

« Ta mère... » disait Maurice.

« Ton père... » murmurait Clémentine.
Ils tiraient à hue et à dia.
Comment Michel aurait-il pu dès lors se satisfaire d'une réussite qui ne changeait rien ? Qui même, ressentait-il, avait aggravé ce qu'il croyait guérir.
Clémentine avec la rancœur des femmes vieilles, dont la vie s'est effritée sans même qu'elles sachent qu'elles la vivaient, avait sûrement répété, chaque jour à son mari, qu'heureusement Michel était semblable à elle. « De ma race », ajoutait-elle pour bien marquer la netteté des différences. Elle aurait dû – « mais oui, mais oui » – rencontrer et épouser un homme tel que lui. D'ailleurs elle l'aurait pu, mais pour Michel précisément, elle y avait renoncé.
La haine est habile et les regrets sont un poison.
Qui sait si à la mort de son père, Michel ne s'était pas pris pour le traître qui a permis le guet-apens ?
Mais il était trop tard pour empêcher le meurtre. Il ne restait qu'à se faire tuer.
La mort de Michel, la voilà.
Dans l'un de ses derniers romans, un homme – ivre et ridicule il est vrai – s'en va répétant qu'il est Judas.

Je ne suis pas dupe de ces rapprochements et je n'ignore pas que mes conclusions sont prématurées. Si je les reproduis c'est que, parvenue à cette étape de mon enquête, je les avais établies avec une conviction malsaine et naïve.
Je m'identifiais à Michel Farges. J'oubliais que le destin brise chaque moule et qu'il n'est pas deux vies semblables.
La prétention de l'écrivain qui prend les lois de

la grammaire et de la composition de son récit pour celles de la vie m'aveuglait. J'enfermais Michel Farges dans des paragraphes alternés. Je réduisais son existence à ses mouvements chaotiques entre deux pôles, le père et la mère. Je le crucifiais en quelques phrases, puis, ma besogne faite, je croyais en avoir fini avec lui, comme si le monde était aboli.

J'allais apprendre qu'il n'en était rien.

22

Les événements que je vais relater se sont déroulés en des lieux différents et à des dates différentes. Le soir, dans le hall et la chambre de l'hôtel que j'habitais à Chambéry; la nuit, dans mon appartement de Lourciez et une autre nuit, dans le parc proche de la bibliothèque municipale à Chambéry encore.

Mais le premier s'est produit alors que je quittais la maison de Joseph Bussi, tirant avec difficulté le portail qui en fermait le jardin. J'ai fait quelques pas dans la rue et j'ai tout de suite reconnu Gilles Farges qui paraissait me guetter, bras croisés, la bouche comme renflée par une expression de colère. Je m'attendais à des cris et à des coups. Ce fut différent de ce que j'imaginais. Quand je suis passée près de lui, il a avancé sa tête vers moi dans un mouvement qui me parut étrange, allongeant son cou, sa bouche, je le voyais et j'étais calme, me répétant qu'il allait me frapper, et qu'après tout c'était justice. Il me frappa à sa manière d'un mot, « salope », d'un crachat que je reçus sur la joue, non loin de mes lèvres et qui me donna un hoquet de dégoût. Puis il me saisit par les bras et me secoua, si fort que j'eus l'impression que mes dents, mes os même s'entrechoquaient. Il ne hurlait pas, me fixait avec mépris et, quand il me lâcha, je faillis tomber parce qu'il m'avait en fait repoussée, lancée presque et à ce moment-là seulement il cria :

« Vous en avez fini avec les vieux, oui, vous leur foutez la paix ? »

Je me mis à marcher mais il me suivit, proférant des menaces.

« Si vous revenez nous emmerder, j'ai été trop con avec vous... »

Brusquement, il s'arrêta et après quelques pas je m'immobilisai à mon tour. Je me retournai alors. Il était au milieu du trottoir, la tête baissée, les épaules tombantes, comme s'il recevait la pluie sans pouvoir s'en protéger. Sa violence et sa grossièreté montraient son désarroi. Je m'approchai. Je sentais que sa colère avait disparu.

« C'est idiot tout ça », ai-je dit.

Il ne bougea pas. Je crois que j'ajoutai que j'avais beaucoup aimé Michel Farges. Je ne mentais pas puisque je ne sais encore quels sentiments il m'a réellement inspirés. Si je ne l'avais pas aimé, aurais-je entrepris d'écrire ce récit ? A moins, je l'ai craint déjà, que sa mort ne soit pour moi qu'un thème que j'exploite afin d'écrire mon second livre.

« Un inspecteur est venu », me dit Gilles.

Il leva la tête, ajouta qu'il fallait excuser ses gestes et ses insultes. Mais la mort de son père l'avait, même s'il s'en défendait, bouleversé.

« L'inspecteur », reprit-il.

A la description que Gilles Farges fit du policier, je reconnus Bernard Leyris, sa courtoisie narquoise et sa désinvolture inquiétante.

« Il vous appelle Sylvie, dit Gilles, Sylvie. »

Cette familiarité qui avait surpris Gilles m'étonna et m'angoissa. Je tentai de plaisanter. Le comportement de la police était toujours inattendu. Je voulais me rassurer et convaincre Gilles que je ne connaissais pas Leyris.

« Je m'en fous, vous savez », dit Gilles d'une voix lasse.

Leyris lui avait demandé d'indiquer avec précision ce que Michel Farges m'avait légué, tableau, manuscrits, dossiers. Il avait pris des notes, s'était renseigné sur les questions que j'avais posées à Colette Bussi puis à Clémentine Farges. Gilles avait été bref.

« Je m'en fous après tout, répéta-t-il et puis les flics. Un drôle de flic, celui-là... »

Je reconnus son mouvement d'épaules qui entraînait le torse. Il ajouta :

« Je voulais vous prévenir, avec eux on ne sait jamais, seulement – il eut un sourire, le premier que je voyais – la colère m'a pris. »

D'une pirouette de la main, il conclut que ça n'avait guère d'importance. Je m'excusai à mon tour de l'avoir giflé. Tout en redevenant grave, il bougonna que nous étions quittes et que « moins on se verrait maintenant et mieux cela vaudrait ». Alors il s'éloigna.

Il avait la démarche souple et rapide de son père et sans doute est-ce pour cela que, sans même penser à ce que je faisais, je l'ai rappelé, lançant son prénom seul, plusieurs fois avant qu'il se retourne vers moi. Je ne sus que murmurer l'espoir que nous serions amis, en souvenir de Michel Farges. Il m'observa et me tendit la main.

Je fus presque heureuse ce soir-là, oubliant l'enquête que l'inspecteur Bernard Leyris continuait.

Mais je rencontrai Leyris et ce fut le deuxième événement.

Je ne cherche même pas à le situer par rapport au premier. Ces faits, qui m'ont rappelé que les autres existent en dehors de moi et des mots par lesquels j'essaie de les soumettre à mes analyses, forment un grumeau protubérant que je suis incapable de dissocier. Pas d'intervalle de temps ou d'espace entre chacun d'eux. J'ai l'impression qu'il y a eu concomitance, superposition, que mon appartement de Lourciez communique avec le hall ou ma chambre de l'hôtel de Chambéry et que la rue où habite Joseph Bussi et le parc proche de la bibliothèque municipale donnent sur la baie de Lourciez.

J'écris donc simplement que Leyris m'attendait un soir dans le hall de l'hôtel à Chambéry.

Je retrouve à tenter d'évoquer la scène cette timidité, presque une paralysie qui m'avait empêchée de me détourner, de retirer mon bras quand Leyris l'avait saisi. Je me reproche encore d'avoir accepté de subir, assise avec lui au bar de l'hôtel, ses questions et ses commentaires ironiques.

« Dangereux ce que vous avez entrepris, Sylvie, disait-il. Et si vous tombiez sur les tueurs ? »

Gouailleur, il menaçait comme par mégarde, habile, fort de son autorité, de cette puissance policière qu'il incarnait ce soir-là, en face de moi.

« Il faudra nous raconter, n'est-ce pas? La police, c'est moi, pas vous, Sylvie, pas vous. Vous... »

Son silence tout à coup, son regard insistant, cette manière de répéter « vous » m'humiliaient. Il s'assurait l'avantage. Il avait le pouvoir et le moyen de tout connaître de ma vie, de fouiller en elle. Il me voyait nue.

J'avais refusé de choisir une consommation mais il m'avait fait servir un café, il me semble, et machinalement, j'avais pris la tasse posée devant moi. Au moment où je la portais à mes lèvres, il avait murmuré avec un sourire de satisfaction :

« Vous voyez, il faut seulement savoir s'y prendre avec vous. »

Que n'ai-je jeté cette tasse à son visage et laissé ainsi s'exprimer ma révolte et mon mépris ? J'ai simplement voulu me lever mais il a posé ses doigts sur ma main, sans les appuyer et son attitude a changé. Il secouait la tête à la manière dont les maîtres commandent à leurs chiens. Il se présentait tout à coup sans masque, les dents serrées, le visage contracté, le corps lui-même raidi comme s'il s'apprêtait à bondir.

J'exagère peut-être mais Leyris appartenait, quoi qu'il dît, quoi qu'il fît, à l'ordre de ceux qui répriment et ont pouvoir de tuer. Je ne pouvais l'oublier. Je lui obéissais tout en le méprisant, éprouvant à son égard malgré sa politesse, sa jeunesse aussi et son intelligence un sentiment instinctif de répulsion. Ces réactions sont sans doute héritées de mon père pour qui la police était toujours dans l'autre camp.

Leyris dut comprendre ce que je ressentais. Ce fut lui qui se leva, jetant bruyamment la monnaie sur le comptoir.

« Vous ne nous aimez pas, dit-il, en ramenant ses cheveux blonds en arrière. Et vous avez tort. »

Il fit quelques pas, revint vers moi, affirma – il avait retrouvé son calme – que j'aurais besoin de lui. La police n'était pas ce que j'imaginais.

« Quand ils vous auront descendue », poursuivit-il.

Il eut un geste familier pour me rassurer.

« Pas tout de suite, ajouta-t-il. Pour l'instant, ils cherchent Monica Sundberg. Si vous la rencontrez... »

Ma surprise fut si manifeste qu'il eut un soupir de lassitude, me conseillant de lire les journaux et, comme il dit, « de retourner enseigner l'orthographe aux bambins ».

Je m'éloignai mais il me rejoignit devant l'ascenseur, grave tout à coup.

« Je ne plaisante pas, Sylvie, si vous rencontrez Monica Sundberg, conseillez-lui de se placer sous notre protection. »

Ainsi se termina le deuxième événement.

J'attendis la dernière édition du journal télévisé dans un état d'angoisse qui transformait la chambre de l'hôtel en une boîte blanche dont les murs se rapprochaient lentement, m'étouffant peu à peu. Si j'avais été privée, ce soir-là, de la possibilité d'écrire, de me servir des phrases comme d'étais, j'aurais fait basculer le cadre de la fenêtre afin de m'élancer dans l'air libre et d'échapper à cette asphyxie, fût-ce par l'éclatement de mon corps.

J'ai compris alors la fureur d'écrire de Michel Farges. On lui avait reproché, à plusieurs reprises, de multiplier les livres avec une frénésie injustifiée. Que recherchait-il encore, cet avide? Un peu plus de notoriété? Un peu plus d'argent? J'imagine qu'il s'obstinaît comme ces ensevelis qui n'en finissent pas de frapper contre les parois, espérant jusqu'au bout : encore un appel, encore un mot, encore un livre.

J'écrivais donc, recroquevillée sur le lit, la télévision déroulant ses images, bleuissant la pièce. J'avais coupé le son et de temps à autre je regardais, puis je revenais à mes phrases, cette façon de me protéger, de tenir à distance la peur. Je manquai ainsi le début du commentaire, voyant d'abord, avant d'entendre, cette femme que je reconnaissais, Monica Sundberg, photographiée devant l'une de ses toiles. La caméra, glissant du visage au sujet du tableau, s'arrêtait sur l'un des oiseaux du premier plan, dont les yeux et le bec envahissaient l'écran. Je ne pus écouter que cette fin de phrase : « *... le journaliste assassiné dans des conditions qui demeurent mystérieuses* ».

Je la complétai plus tard. Monica Sundberg avait disparu depuis plusieurs jours, et Jerzy Borowski, étonné de ne pas la retrouver sur les lieux de tournage et de n'obtenir aucune nouvelle, avait prévenu la police. L'appartement de Monica Sundberg avait été saccagé sans qu'on pût pourtant y déceler des traces de lutte. Aucun message n'était d'ailleurs parvenu à la presse, mais l'inquiétude était vive. On avait rattaché cette disparition au meurtre de Michel Farges puisque Monica Sundberg, comme l'écrivaient pudiquement les journaux, était « *une proche amie de l'écrivain assassiné* ».

Fugue, mise en scène pour se soustraire à la justice, crime, enlèvement? Les articles étaient décevants. Les journaux traitaient l'affaire avec désinvolture, presque de l'ironie, du bout des mots. Je m'étonnais de cette discrétion alors que tous les éléments d'un scandale ou d'une enquête passionnante me paraissaient réunis. Monica Sundberg n'était-elle pas l'intime de Lacroix et de Baynac, des personnalités gouvernementales, que rencontrait aussi chez Borowski Michel Farges? Seul un hebdomadaire satirique osait formuler des hypothèses qu'aucun autre journal ne reprit. L'article intitulé *Film noir ou film d'espionnage chez le couturier metteur en scène* comportait des informations qui me rappelaient les allusions de Michel. On ne citait aucun nom mais il était facile d'identifier Borowski, Farges, Lacroix et Baynac. Les activités « artistiques » de Borowski couvraient, disait-on, avec la complicité de certains milieux proches du pouvoir, des affaires en tout genre, aux lisières de la politique internationale. On vendait à tel Etat, par l'intermédiaire de Borowski, ce qu'il était impossible de céder au grand jour. Naturellement, les négociateurs retenaient au passage d'importantes commissions pour leur usage personnel ou celui du parti auquel ils appartenaient. Pratiques courantes, affirmait l'hebdomadaire. On se retrouvait à Saint-Cloud, dans la villa de Borowski. L'accueil était chaleureux, les femmes belles et compréhensives, les invités du meilleur monde parisien. Les écrivains y côtoyaient les directeurs de journaux et les ministres. Tout allait donc bien. Mais qu'un bavard professionnel se glisse dans la bande, qu'il obtienne quelques documents, que telle ou telle femme soit décidée à témoigner, quel beau scandale, n'est-ce pas ? « A moins que... »

Personne n'a commenté cet article.

Personne ne l'a démenti.

Et comme cela s'était produit pour l'assassinat de Michel Farges, la presse oublia Monica Sundberg.

Alors survint le troisième événement.

Il fut bref et violent tel l'un de ces actes rouges dont parle Michel Farges. Je traversais le parc proche de la bibliothèque municipale de Chambéry. Il est vaste, offert au vent qui était vif après une journée lourde et humide comme il s'en produit souvent l'été dans les vallées. Peut-être étais-je inquiète de ce que m'avait dit Leyris mais je m'efforçais de marcher lentement, me tenant au milieu de ces larges allées blanches qui sinuent entre les mélèzes et les épicéas. J'avais décidé de regagner Lourciez le lendemain matin et ma promenade nocturne était l'adieu à Chambéry, à l'enfance et à la jeunesse de Michel Farges, à Joseph et à Colette Bussi. J'avais voulu une dernière fois revoir les lieux où Michel avait rêvé, qui avaient nourri sa révolte, comme s'ils avaient incarné la médiocrité tranquille d'une vie qu'il refusait. Il avait, si j'en crois ses romans, soliloqué dans ce parc, maudissant cette ville de C... dont il voulait écarter les murailles, ces massifs dont l'ombre s'étendait jusqu'ici, au milieu de ce parc.

Je n'ai rien entendu.

Un homme plus grand que moi me saisissait par la taille de son bras gauche, me serrait au point de m'étouffer, me soulevant presque de terre. De sa main droite, il me bâillonnait et je sentais sa respiration haletante contre mon oreille, dans mes cheveux. Mon effroi fut tel que je demeurai figée et muette quelques secondes, et jamais l'expression « mon sang se glace » ne me parut plus juste. J'étais devenue un sac inerte qu'il traînait, guidait vers les fourrés. Ils sont hauts et touffus. Dans la nuit, leurs branches, soulevées par le vent, battent comme des ailes d'oiseaux.

L'homme crut-il que j'étais consentante? Tout en continuant à me tenir enlacée, il abandonna un instant ma bouche et il passa sa main droite sur ma poitrine puis déchirant mon chemisier, touchant mes seins, il les écrasa brutalement. Sa main gauche glissait de ma hanche vers mon sexe. Tout son corps pesait sur moi, me contraignant à me baisser. Je ressentis un tel dégoût, la vulgarité banale de ses gestes sordides m'atteignit si fort, que je hurlai et me cabrai.

Je suis sûre d'avoir appelé Michel comme s'il avait marché avec moi dans le parc, me racontant sa vie, m'expliquant pourquoi il avait créé ce personnage de Marc Foulier, qui, dans *L'Acte rouge,* se mutile, de crainte aussi que son désir ne l'entraîne à se jeter sur des femmes inconnues, la nuit, à les violer, peut-être à les tuer.

Je hurlai le nom de Michel tout en me débattant avec rage. Je suis vigoureuse et je frappais du coude et des talons. Je sentis une hésitation. L'homme me serra à la gorge avec la saignée de son bras droit en même temps que de son poing gauche il me donnait un coup violent dans le bas-ventre. Je hurlai plus fort encore, la peur, la révolte et la douleur portant mon cri, appelant Michel, comme s'il allait surgir de derrière ces fourrés, chassant ces oiseaux et cet homme qui m'enlaçait.

Tout à coup, il me lâcha et je tombai ne le voyant même pas disparaître. J'étais seule dans l'allée. Je m'élançai et courus jusqu'à l'hôtel.

Aujourd'hui encore, je ne sais si je dois attribuer cet événement au hasard, à l'action d'un rôdeur, un double de Marc Foulier dont la vie hésitait entre la norme ou la folie ou bien s'il s'agissait d'une agression réfléchie, destinée à m'intimider.

J'acceptais selon les moments l'une ou l'autre de ces explications, imaginant un homme qui succombait à sa sauvagerie et qui, maladroit dans sa violence, retrouvait sa raison. Mais je dessinais aussi la silhouette d'un professionnel méthodique, qui se tenait avec sang-froid dans les limites qu'on lui avait indiquées, me faisant comprendre qu'il eût pu me tuer à sa guise, mais que le moment n'étant pas venu, on me laissait le choix de mon avenir.

Cependant, quelle que fût sa cause, je ressentis l'incident comme un avertissement. Le monde me devint hostile et je découvris le lendemain entre

Chambéry et Lourciez les signes de cette disposition contraire des choses.

Peu après Grenoble, il me sembla qu'une voiture, du modèle de celle qui, durant plusieurs jours, m'avait suivie à Lourciez, roulait derrière moi puis, me doublant, se rabattait trop vite avant de s'éloigner rapidement parce que j'étais restée maîtresse de mon véhicule. Plus loin dans un embouteillage, un motocycliste railleur, que je vis menaçant, se tint à ma hauteur. J'avais bloqué mes portières. Il m'observait attentivement derrière sa visière et je m'attendais à ce que brusquement il me vise et m'abatte. Je fus sauvée, imaginai-je, par des gendarmes qui lui intimèrent l'ordre de rentrer dans la file, de rouler à droite. Il ne reparut plus, mais ce fut alors l'orage, des trombes d'eau et des rafales de vent, les caravanes qui tanguaient devant moi, des pierres qui se détachaient de la paroi, les camions qui m'aveuglaient de leurs phares, couvrant le pare-brise d'une eau visqueuse.

Quand la pluie s'atténua, peu avant Lourciez, à la hauteur de Saint-Gaumat, je retrouvai devant moi la voiture bleue, avançant lentement, se tenant au milieu de la route de manière à m'empêcher de la dépasser. Je le fis malgré tout, franchissant la ligne médiane dans un brusque coup d'accélérateur, traversant le village sans respecter la limitation de vitesse, m'engageant dans une rue latérale et m'y arrêtant afin de tromper mes poursuivants éventuels, mais je ne les vis point. Sans doute avaient-ils renoncé ou, ayant choisi une autre route, m'attendaient-ils devant chez moi, rue du Château.

On peut, dans le confort d'une lecture paisible, sourire de mes interprétations et de mes terreurs. Je les rapporte parce qu'elles révèlent mon état d'angoisse. J'étais comme une petite fille seule qui court la nuit entre les arbres d'une forêt remplie de rapaces.

Quand l'orage s'est abattu sur la route, que l'eau a commencé de ruisseler, boueuse, j'ai eu la tentation de fermer les yeux, pour ne plus savoir et m'échapper ainsi de cette conjonction néfaste des hommes et des éléments.

J'emploie à dessein cette expression dont on use dans les légendes quand les dieux mauvais se liguent pour persécuter un héros, car cette pluie d'averse habituelle sur un itinéraire de montagne, je la subissais comme une menace ultime destinée à m'abattre.

Je l'ai traversée, guidée par l'instinct, l'automatisme des réflexes et je m'étonne d'avoir évité dans cette dernière partie du parcours, tant ma fatigue et mon accablement étaient grands, un accident.

Mais en ce qui concerne la voiture bleue et le motocycliste, je demeure incertaine. Peut-être m'avait-on, tout au long du trajet, vraiment suivie ? La petite fille dans la forêt ne se trompe pas quand elle entend le cri des oiseaux de nuit.

Je parvins dans cette disposition d'esprit à Lourciez, où se produisirent les deux autres événements.

J'étais arrivée rue du Château à l'aube.

La vue de la mer et la beauté de l'île de Saint-Axès, dont le relief commençait d'apparaître dans les brumes bleutées, m'avaient calmée. La rue était tranquille. Aucune voiture suspecte n'y stationnait. Ma porte était verrouillée et mes volets clos. Le cauchemar s'achevait donc.

Je pris un bain et me couchai, m'endormant immédiatement, rassurée d'avoir retrouvé mon appartement tel que je l'avais laissé. J'avais craint, j'en pris conscience, qu'on ne l'eût saccagé comme celui de Monica Sundberg.

J'eus quelques heures de répit, croyant que mon angoisse était exagérée, que mon agresseur du parc de Chambéry n'était qu'un obsédé presque inoffensif qu'une réaction vive aurait suffi à dérouter. Aurais-je été sur mes gardes, qu'il ne se fût pas risqué à m'attaquer.

Dans mon sommeil il me sembla que le téléphone sonnait plusieurs fois. Je me réveillai. Tout était silence. Je crus à une illusion et me rendormis.

Je ne me levai qu'au début de l'après-midi. Aussitôt la sonnerie du téléphone retentit. Ai-je tardé encore alourdie par le sommeil ? Quand je répondis, on raccrocha. Je ne me sentis pas menacée par cet appel dont j'ignorais l'origine et le but. J'avais l'insouciance des gens reposés. Je reprenais possession de mon lieu de vie, écartant les volets, m'arrêtant quelques secondes devant chacun des tableaux, m'assurant que la toile de Monica Sundberg était toujours enveloppée, serrée entre les châssis qui avaient appartenu à mon père. A la fin, presque insouciante, j'entrai dans mon bureau.

Je me demande comment j'avais pu, alors que cette pièce m'était la plus familière et constituait le cœur de mon refuge, l'éviter depuis mon retour. Economie du plaisir ou au contraire prudence et intuition ?

Une odeur âcre m'arrêta sur le seuil et m'affola. Il me sembla distinguer, allongée sur le sol, une forme. Ils avaient jeté là le corps mort de Monica Sundberg, afin de me compromettre. J'eus un réflexe de dégoût et d'effroi puis j'allumai. Aucun cadavre ne reposait sur le sol. Simplement, le tapis était replié. J'allai à la fenêtre, l'ouvris et c'est en revenant vers la porte que j'aperçus qu'ils avaient déposé au centre de ma table un gant de cuir noir. Cette main vide, ces doigts tendus, cet indice délibérément abandonné m'effrayèrent plus que le désordre que j'avais trouvé après le cambriolage. Ils étaient si sûrs de l'impunité qu'ils voulaient que je sache que j'étais à leur merci.

Je restai longtemps immobile, fascinée. D'un mouvement brusque, je repoussai le gant. Je craignais qu'il ne cache un piège. Je ne me trompais pas. Sous le cuir, je découvris un petit oiseau noir, dont le cou était étiré. On l'avait tué en écartant la tête du corps. Les ailes étaient raidies et entre les plumes je vis courir de minuscules poux verts.

Que ceux qui ont été frôlés par un rat se souviennent de la terreur qu'ils ont éprouvée, du bond qu'ils ont fait pour s'écarter, du cri qu'ils ont poussé.

Je fis tout cela. Puis je m'efforçai de contrôler mon émotion. Ils semblaient s'être contentés de ce nouvel avertissement, ne touchant à aucun de mes livres. Ils devaient avoir cherché en vain les dossiers que m'avait fait parvenir Michel et que j'avais emportés avec moi à Chambéry. De même — je supposai qu'ils s'y intéressaient — n'avaient-ils pas trouvé le tableau de Monica Sundberg dissimulé parmi ceux de mon père.

Je tournai autour de la table, n'osant pas toucher à l'oiseau noir, m'approchant cependant et reconnaissant, retournée, une photo de Michel Farges déchirée, visage contre la table, contre le sol comme dans la rue des Carmes, le dimanche 1er juin. La mise en scène me parut tout à coup une imagerie cruelle mais grossière et presque ridicule. Cette réflexion me libéra de la peur.

Qu'ils me tuent aussi. Quand on accepte la mort, que craint-on ?

Je téléphonai à Pierre Mithois. Je désirais vivre chez lui, lui expliquai-je. Il riait, répondait que je disposais de sa vie avec une fantaisie qui l'enchantait mais mon silence le faisait interrompre ses commentaires. « Viens, répéta-t-il simplement, viens. »

J'enveloppai l'oiseau d'une feuille blanche et le jetai dans la rue. Puis je tirai simplement ma porte. A quoi bon la verrouiller ?

Le téléphone sonna encore comme je descendais l'escalier mais je ne m'arrêtai même pas.

Qu'ils multiplient leurs avertissements s'ils le voulaient. Je me croyais hors d'atteinte.

J'ai roulé lentement jusqu'à la maison de Pierre Mithois dans le quartier des Agaves. Les rues y sont désertes, bordées par ces plantes charnues à l'odeur entêtante. Les jardins ont la trouble luxuriance des femmes un peu grasses et l'atmosphère y est souvent d'une torpeur sucrée. Entre les agaves poussent des lauriers et des plantes à fleurs violettes et à baies rouges dont Pierre m'avait appris qu'on les nommait morelles et familièrement douces-amères.

Je me garai devant chez lui mais je voulus marcher un peu avant de le retrouver.

Je respirai ce parfum qui voile à peine le regard, estompe les couleurs, diluant les inquiétudes et effaçant les contours.

L'île de Saint-Axès, qu'on aperçoit de ce quartier, au bout des rues, n'est plus qu'un mamelonnement flou qui se confond avec la mer. Je la contemplai longuement puis je retournai sur mes pas.

Je vis s'avancer vers moi, paraissant sortir d'entre les agaves, une femme grande, dont il me sembla sous la robe de soie légère reconnaître le corps. Elle avait les bras et les épaules nus. Le soleil ou la drogue subtile des fleurs m'aveuglait un peu. Elle s'arrêta à ma hauteur et je me souvins alors de la séduction que ce sourire avait exercée sur moi, durant la réception chez les Claroux, de l'effort que j'avais dû faire pour m'y soustraire, évitant de m'approcher de cette femme qui portait ce soir-là une robe échancrée laissant voir ses seins et son dos. Elle avait été très entourée. Je revivais la scène, j'entendais les éclats de voix d'Hassneri, de Portal, de Borowski, de Lacroix, de Morini, ou de Baynac. Mais ces silhouettes dans le jardin de l'hôtel particulier des Claroux me semblaient désormais aussi imaginaires que les personnages à masque d'oiseau que cette femme avait peints. Je la dévisageai. Elle ressemblait bien plus que ne l'admettait Michel aux femmes qu'elle représentait dans ses tableaux dont elle était l'unique modèle.

« Nous devons parler, vous et moi, me dit Monica Sundberg en prenant mon bras avec autorité. Allons chez votre ami. »

Ce fut le dernier événement de cette série qu'a composée ma mémoire et qui commençait par ma rencontre avec Gilles Farges alors que je sortais de chez Joseph Bussi, à Chambéry.

TROISIÈME PARTIE

23

Si je rapporte maintenant ma longue conversation avec Monica Sundberg, j'aggrave le désordre de mon récit. Or, je suis consciente du chaos qu'il peut représenter déjà pour le lecteur. J'ai retracé les circonstances de l'assassinat de Michel Farges, rue des Carmes, alors que j'ai seulement commencé à dessiner la spirale de sa vie, son début à Chambéry, là où vivent encore les femmes des origines, Clémentine Farges et Colette Bussi qui, durant plusieurs années, se nomma Farges aussi.

Je devrais respecter l'ordre, faire avancer Betty Vanier et déchiffrer son regard.

Quand Michel rencontra Betty, il n'était qu'un professeur qui venait de quitter Chambéry, de rompre avec son épouse et l'université. Il avait cette brusquerie et cette maladresse des provinciaux timides mais avides. Balzac a écrit sur ces sortes de jeunes hommes des pages définitives dont la justesse de ton et la pertinence, un siècle et demi plus tard, étonnent.

Michel occupa à Paris l'une de ces petites cellules qu'on appelle bureaux dans les maisons d'édition. Il traduisait et adaptait de l'anglais les articles d'un grand dictionnaire encyclopédique illustré que les éditions Claroux se proposaient de publier en France. La besogne était temporaire, sans gloire, modestement payée mais chaque jour Michel passait sous le porche des éditions Claroux et quelquefois croisait le romancier Guy Richet ou l'académicien Arnaud de Rougerie dans les couloirs. Laurent Claroux et Antoine Alberti, le directeur littéraire, ignoraient jusqu'à sa présence. Il avait été engagé par le responsable du dictionnaire, le sociologue Roland Servoise, dont la réputation d'essayiste n'était pas encore établie et qui arrondissait son traitement de chercheur de quelques honoraires.

Michel habitait alors un logement exigu, dans le quartier des Gobelins, déjeunait d'un sandwich ou d'un plat unique dans l'une des brasseries de la place de l'Odéon. Il dînait seul chez lui d'un potage en sachet ou d'une boîte de cassoulet, parfois d'une portion de poulet qu'il achetait rôtie.

Cette frugalité presque caricaturale et qui sent les débuts édifiants d'un ambitieux « jeune homme de province à Paris » ne le gênait pas. Il y trouvait même, je crois, une intense satisfaction. Elle avait quelque chose de littéraire.

Il ne s'agit pas d'une hypothèse hasardeuse. Le manuscrit de Michel Farges, *Jeunesse amère,* et surtout le dossier jaune *La Ville lumière* contiennent des pages et quelques notes qui me permettent d'affirmer que l'austérité de sa vie convenait à Michel. Il avait rompu avec les siens – femme, fils, parents –, changé de monde, renoncé à participer aux révoltes collectives pour engouffrer son énergie dans le désir de réussite mais ce n'était pas en échange de quelques deniers. Sa vie était sacrifice. Ainsi justifiait-il ses abandons.

Je ne suis pas sûre pourtant que les choses aient été aussi simples qu'il le laisse entendre. Je crois aux hésitations et aux regrets de Michel, à ses faiblesses et à ses déchirements. Il était plus Rubempré que Rastignac si l'on veut. Colette Bussi m'a indiqué d'ailleurs que, dans les premiers mois de leur séparation, il écrivait ou téléphonait à Chambéry chaque jour parce qu'il ne supportait pas l'isolement. On oublie difficilement, quand l'habitude est prise, la présence quotidienne qui irrite mais rassure. Je le sais.

Il restait à Michel le travail, la hargne qu'il mettait à écrire, cette sorte de folie qui passait dans ses yeux et qu'une femme comme Betty Vanier remarqua.

La voici donc celle que j'appelle la femme de l'ambition. Petite, quelconque, le corps vigoureux mais sans grâce, le visage rond et les traits grossiers, je m'étonnai d'abord que Betty Vanier eût pu « réussir par les hommes ».

La formule est de Michel et, bien que méprisante, elle est vraie. Si je l'emploie c'est qu'elle n'entraîne pour moi ni honte ni condamnation. Je crois que toutes les femmes ont eu, au moins une fois dans leur vie, le désir d'utiliser la force et l'intelligence d'un homme séduit pour se frayer un chemin dans cette société d'hommes. J'ai connu ce désir. Et je suis sûre que Betty Vanier quand elle a appris que Michel Farges s'apprêtait à écrire un article sur mon roman, quand elle m'a vue entrer à ses côtés dans le jardin des Claroux, s'est imaginé que j'empruntais la voie qu'elle avait suivie. Je devenais une rivale. Comme elle, je publiais un livre. J'étais sa cadette d'une dizaine d'années et je pénétrais donc dans l'arène avec des armes toutes neuves.

Pas de pitié pour Sylvie Mertens.

Elle m'avait, avec une franchise que sans doute

elle regrettait mais son agressivité était trop forte pour qu'elle pût la dissimuler, signifié ses sentiments. Sa voix au téléphone avait été aiguë et ironique, ses conseils au moment de la publication de mon livre brefs et chargés de sous-entendus. Je n'avais à attendre d'elle aucune aide. Elle n'était pas de celles qui initient ou alors m'imaginait-elle trop habile, menaçante et craignait-elle, dans ce milieu parisien où les places sont comptées, que l'appui de Michel Farges ne réussisse à faire de moi quelqu'un du clan avec qui il faudrait partager les privilèges ? Plus simplement peut-être ne supportait-elle pas que Michel vive avec une jeune femme de vingt-cinq ans.

Elle était devenue sa maîtresse à cet âge-là. Il venait de sortir de l'anonymat en publiant son premier roman, mais je l'ai dit, elle l'avait remarqué dès son arrivée aux éditions Claroux. Les ambitieux se reconnaissent. Sous la timidité et la discrétion de Michel, Betty avait entendu le grondement rageur, retenu, sa volonté masquée, souterraine encore, de s'imposer, l'énergie que révélait l'éclat – la folie – du regard. Elle l'avait observé, échangeant avec lui quelques mots, des sourires afin de prendre date comme on parie sur un outsider quand on est une habituée des courses et qu'à la manière dont un cheval piaffe on devine le pur-sang.

Elle n'était elle-même qu'une secrétaire du service des manuscrits, bien jeune, vingt ans. Elle apportait parfois des dossiers à l'assistante d'Alberti et s'attardait dans ce bureau du troisième étage où passaient les auteurs, Richet, Arnaud de Rougerie, Portal, Hassneri. Si j'en crois la rumeur, elle eut avec chacun d'eux une brève liaison. Ils commençaient par solliciter son aide :

pouvait-elle exceptionnellement dactylographier une lettre ? Ils s'asseyaient en face d'elle. Michel Farges l'entendait rire avec ces hommes dont les noms claquaient comme des drapeaux sur une ligne d'arrivée. Il la voyait sortir à leur côté. Elle le saluait d'un signe de tête où il lisait le défi et la promesse. Peu après, elle changea de bureau, devint la secrétaire de l'assistante d'Alberti.

Laurent Claroux remarqua à plusieurs reprises, en entrant chez Alberti, cette inconnue au regard vif mais soumis qui paraissait entretenir les rapports les plus amicaux avec ses auteurs favoris, Richet ou Rougerie. Ce fut Guy Richet qui la lui présenta.

« Tu ne connais même pas tes merveilles », disait ironiquement Richet.

Laurent Claroux grimaça. Les maisons d'édition – celle de Laurent Claroux en tout cas – appartiennent au monde féodal. L'éditeur en est le seigneur. Les auteurs sont ses féaux, les liens souvent demeurent d'homme à homme et les femmes du fief doivent d'abord rendre hommage au suzerain. Betty Vanier devint la maîtresse de Claroux le temps de quelques week-ends – Tunisie, Maroc, Grèce, Israël et hôtel Normandie à Deauville – et elle changea donc de bureau une nouvelle fois, entra dans la catégorie des « anciennes », sur lesquelles Alberti ne pouvait exercer que son humour et rarement son autorité.

Elle était enfin arrivée là où elle désirait – il lui avait fallu près de quatre ans –, au service de presse. C'est le vivier. Journalistes et auteurs y bavardent et s'y côtoient dans une atmosphère de familiarité et de séduction. On téléphone, on promet un article dans *Présent,* un papier dans *Le Monde,* etc.

Betty fut après l'intermède Claroux – simple

affirmation d'un privilège – l'amie de Richet, romancier conservateur, puis de Robert Portal le révolutionnaire. On dit aussi que Jean Mesnard le critique d'art qui publia un ou deux romans chez Claroux l'honora de son amitié. Bavardages.

Je songe à Michel Farges. Il écrit. Il suit l'ascension de Betty Vanier. Il la désire. Pour être l'un des autres. Mais pour la posséder, il lui faut déjà devenir l'un d'eux.

Sexe. Mots. Livres. Notoriété. Femme.

Quel cocktail traditionnel, si bien lié qu'on ne peut plus séparer l'un de ses constituants. J'ai déjà dit que les prostituées de G... avaient surnommé Marc Foulier Ernest, comme Hemingway.

Betty exerçait donc désormais un pouvoir. Les auteurs l'entouraient de prévenances et recherchaient son amitié. Elle connaissait Lasnoy, Sabra, possédait dans son carnet d'adresses personnel – de cuir noir, offert par Claroux – les numéros de téléphone d'une centaine de personnalités dont on dit avec quelque excès qu'elles font et défont les réputations et décident du succès d'un livre. Elle tutoyait la plupart des auteurs et des journalistes, négociait un article ici, une voix là, en échange de telle intervention auprès de Claroux. Elle savait comment l'influencer et il avait confiance dans son intuition. Elle suggérait, par exemple, qu'on invitât, lors du lancement d'un livre, les critiques littéraires les plus réticents à un long et luxueux voyage aux Indes ou aux Amériques. « Un bon investissement, je vous assure, disait-elle. Ils ne pourront refuser des papiers d'atmosphère. Même s'ils détestent le livre. Ils auront la reconnaissance du ventre. »

Claroux suivait ses conseils et Alberti, morose, reconnaissait que cette « petit garce visait juste ». Betty se passionnait pour cette « cuisine » où se mijotent les succès. Elle excellait à convaincre et à séduire. Elle s'indignait si l'on parlait de corruption comme parfois le faisait Alberti. Il ne s'agissait, répondait-elle, que des usages habituels du commerce. Voulait-on, devait-on vendre, oui ou non ? C'était la seule question. Il fallait lui donner raison même si au fond de soi on se révoltait contre cette épicerie des livres que devenait une maison d'édition.

Tout en menant sa carrière, Betty continuait de surveiller Michel Farges.

Provinciale, d'origine modeste, elle ne se laissait pas griser. Farges pouvait être la bonne mise. Elle l'aima à sa manière quand la presse remarqua – elle y avait aidé de toute son influence – son premier roman.

Ils sont donc ensemble, Betty Vanier et Michel Farges, pour plus de cinq ans. Il sort de l'isolement et de l'austérité. Elle décide avec Michel de faire un long parcours. Si elle veut devenir respectable et effacer des mémoires ses sauts d'un lit à l'autre, il est temps qu'elle soit officiellement la compagne d'un seul homme et qu'elle reçoive, avec lui, chez eux, ceux qui furent ses amants et qui deviennent leurs amis.

Pari joué. Pari gagné.

Michel acheta au coin de la rue des Carmes et du boulevard Saint-Germain l'appartement que j'ai connu et où Betty Vanier s'installa. On y rencontrait souvent Servoise, Hassneri, Alberti, Longin, Richet ou Portal et même une ou deux fois l'an Laurent Claroux.

Donc, je n'ai pas compris d'abord les raisons des succès de Betty Vanier.

Sa jeunesse me paraissait être son unique séduction; et je ne crois pas que l'envie déforme mon jugement. Mais aux éditions Claroux on comptait une dizaine de secrétaires de l'âge de Betty. Betty seule avait changé de bureau, franchi les frontières. Avait-elle moins de scrupules que d'autres? Le peu de temps que j'ai passé aux côtés de Michel Farges m'a permis de rencontrer tant de jeunes femmes cyniques, belles et déterminées qu'il me faut chercher dans une autre direction les causes de sa réussite.

Le talent et l'intelligence ne la distinguaient pas non plus pourtant. J'ai lu le livre qu'elle a écrit. Michel Farges avait eu le mot juste en le qualifiant de « produit de serre ». Ce n'est qu'un roman de plus, mieux apprêté peut-être, écrit par quelqu'un qui connaît le rôle du maquillage et a mesuré l'influence déterminante des apparences. La maîtrise de cet art de l'illusion, voilà la source du charme et l'atout maître de Betty Vanier. Actrice de composition, elle n'était rien que ses rôles successifs. Elle les interprétait avec la conviction de qui ne vit qu'à travers eux, les abandonnant dès que nécessaire, s'adaptant avec l'aisance de ceux qui n'ont dû compter que sur eux-mêmes pour survivre. Michel m'avait brièvement parlé de l'adolescence de Betty Vanier.

Elle n'a jamais manqué de pain mais d'affection. Elle a appris à jouer, pour qu'on lui donne ce morceau de sucre, l'attention, l'amour. Ce dernier mot a vite dû s'user et elle s'est contentée du premier, plus facile à susciter et moins fugace. Je l'ai vue tenir, chez les Claroux, l'emploi de jeune vierge, battant des cils, troublée, admirative devant le vieux Vittorio Morini que ses répliques hésitantes et la timidité de son regard devaient enchanter. Elle est devenue quelques minutes plus tard délurée comme une courtisane afin d'amuser Arnaud de Rougerie qui se donnait des allures de petit marquis débauché du XVIIIe siècle alors qu'il n'était qu'un négociant prudent qui gérait avec habileté sa carrière mondaine et littéraire. Elle était l'amie sur qui l'on peut compter, un rien maternelle, un rien masculine avec Guy Richet, l'écoutant avec indulgence dénoncer la corruption de la civilisation occidentale. Mais elle savait partager avec la gravité pesante d'une militante les indignations de Robert Portal qui accusait le même Occident de mettre le monde au pillage et elle avait le visage attentif, affiné d'une intellectuelle pour discuter avec Roland Servoise du rôle révolutionnaire de la sociologie ou au contraire de la fonction répressive des sociologues.

Elle était la vérité de ce monde faux. Et Michel devait rencontrer une femme comme elle puisqu'il voulait pénétrer et posséder ce monde-là. Mais comment, puisqu'il la tenait aussi dans ses bras, n'aurait-il pas percé cette vérité et découvert qu'elle était le vide ?

Je crois, suis-je naïve encore, que les corps en s'aimant ne se trompent pas longtemps.

Au bout de quelques mois, Michel avait dû découvrir qu'on ne lui donnait que des apparences et que Betty Vanier ne savait que composer au gré des nuits la scène de la putain ou de l'épouse, de la vierge ou de l'effarouchée, elle-même seulement dans l'imitation d'une autre.

Et Betty Vanier comprit que cet homme qu'elle avait imaginé semblable à elle ne se contenterait jamais de jouer seulement un rôle et qu'il exigeait d'elle plus qu'elle ne pouvait offrir. Un jour, il risquait de renoncer à dire son texte. Il arracherait son masque de scène et mettrait le feu au théâtre pour que la pièce soit vraie.

Alors Michel et Betty se quittèrent.

24

Ce portrait de Betty Vanier me gêne. Je crains de n'avoir tracé d'elle qu'une caricature sans indulgence. Je me suis souvenue des ragots qui traînaient et qu'en quelques semaines de séjour à Paris j'avais recueillis, peut-être avec jubilation.

Quand cet été, avant de m'installer à Sauvan, pour y commencer ce récit, j'ai rencontré Betty Vanier, mon impression a été tout autre. Jouait-elle le rôle de la femme sensible, intuitive, de la sœur en féminité qui veut aider une cadette à s'épanouir ? Avait-elle compris que je n'étais pas une rivale, que je ne viendrais pas prendre place dans le manège de la Ville lumière ? Est-ce la présence de Cécile Devun qui l'impressionna ? La curiosité qui la guidait dans les questions qu'elle me posait sur ma vie et sur ce que j'avais entrepris ? Etait-elle sincère ? Je n'ai senti chez elle aucune animosité comme si la mort de Michel Farges avait effacé entre nous toute cause de conflit et nous avait rapprochées.

Je raconterai en son temps cette conversation. Je ne la mentionne que pour atténuer dès maintenant ce que j'ai écrit de Betty Vanier.

J'ai été influencée par les notes de Michel, les quatre fiches qu'il consacre à celle qu'il appelle crûment « *la petite salope* ».

Au bas de l'une des fiches, entre parenthèses, des initiales qui ne trompent pas : (*B.V.)* et plus loin, une indication soulignée : *« S'inspirer de* B.V. *pour le personnage de l'ambitieuse sans scrupule.* B.V. *pratique sur les hommes qu'elle rencontre une série de hold-up moraux et financiers. »*

J'ai dû être, sans même en avoir conscience, satisfaite – rassurée – par ses remarques. J'aimais cette image sombre d'une femme qui me rendait innocente.

J'ai plus de recul aujourd'hui et je suis capable de critiquer ce que j'ai écrit, que je maintiens pourtant en place dans ce récit, comme une preuve de ce que l'on peut imaginer des autres et qui sans doute n'est pas vrai, ou pas totalement ou pas toujours.

Les commérages que j'ai rapportés traînent autour des femmes qui refusent le sort commun. Betty était-elle de celles-là ? Elle voulait conduire sa vie comme le font la plupart des hommes. Voilà ce qu'on ne lui pardonnait pas.

Quand Michel parlait d'elle, il ne s'étonnait pas de sa ténacité ou de son obstination, il disait : « Astucieuse, la petite garce, quelle salope ! »

Il l'eût aimée soumise ou désespérée, à la manière de Colette Bussi; futile, vindicative ou perverse, étouffante comme Clémentine Farges. Elle était simplement une femme qui gardait son sang-froid.

Ecrivant cela de Betty Vanier, à l'autre extrémité de la course du balancier, je me trompe peut-être à nouveau.

25

Je suis incertaine aussi de ce que je vais écrire de Monica Sundberg.

Elle s'était assise en face de moi dans le jardin de Pierre Mithois. Elle avait cette beauté de pierre des Nordiques que rendaient inquiétante le maquillage appuyé, les traits noirs des sourcils, le bistre des paupières et le rouge incarnat des lèvres. Blonde, les cheveux relevés et rassemblés en une tresse serrée, elle se tenait très droite, immobile, les seins nus sous la robe, le cou long serré par un collier d'améthystes. Tout m'attirait et me révoltait en elle. J'étais jalouse de la séduction qu'elle exerçait.

Il avait suffi que Pierre Mithois la vît pour que je sente s'animer une part de lui dont j'ignorais même l'existence. Son rire avait changé, son regard n'avait plus cette douceur un peu fade qui me rassurait et me décevait. Il dépliait une chaise longue, apportait une table, proposait des boissons avec une joie enfantine et un ravissement qui m'irritaient. Monica lui donnait la réplique comme s'ils retrouvaient une complicité ancienne dont j'étais exclue.

J'avais pressenti ce pouvoir de Monica dès que je l'avais aperçue chez les Claroux. Elle avait dû l'utiliser avec Baynac et Lacroix, d'autres sans doute et guider Michel là où elle désirait qu'il aille. Elle était l'oiseleur et j'avais été trompée par ses tableaux où la soumission apparente des femmes cachait leur détermination.

Je l'avais observée cependant qu'elle plaisantait avec Pierre. Sa beauté étrangère, malgré la raideur de l'attitude, le port altier, m'apparaissait lascive et me troublait. Elle en avait conscience, ironique, croisant haut les jambes, répétant qu'entre femmes il fallait s'aider, s'aimer même et non pas se soupçonner; que les hommes s'employaient à nous diviser, pour mieux régner, que Michel, commençait-elle sur le ton de la confidence, utilisait ce vieux procédé des Maîtres.

« Il avait si peur des femmes, disait-elle penchée vers moi. Vous le savez. »

Pierre s'était éloigné nous laissant face à face dans la nuit qui tombait. Les roses trémières, courbées par la brise, venaient frôler le visage de Monica qui les repoussait d'un mouvement lent de la main, sans paraître les voir. Sa beauté s'accordait à ce jardin sauvage où le lierre étouffait la vigne et où des lavandes envahissantes poussaient entre les lauriers et les agaves.

Je voyais ses seins, ronds et bruns, je devinais le parfum de son maquillage.

Je m'écartai, gênée, surprise. Rien ne m'avait préparée à ce jeu, à cette habileté ironique. Je n'avais pas imaginé que la sensualité d'une femme pût à ce point me bouleverser. Je ne savais de Monica que ce que Michel Farges en avait écrit dans les dossiers vert et rouge, qu'il avait intitulés : *Tableau d'une femme et Les Identités de Jerzy Borowski.* Il s'y contentait de notations brèves, de courtes scènes qui auraient pu devenir le point de départ d'un développement romanesque. Il avait décrit l'atelier de Monica, rue de Seine, et j'en connaissais la décoration baroque, le lit placé au centre de la pièce, les toiles sur des chevalets, les oiseaux dont les cages se balançaient suspendues à la rampe de la loggia. « *Artifice, convention, peinture comme prétexte et décor de mauvais goût »,* avait écrit Michel.

« Il vous a beaucoup parlé de moi, reprenait Monica. Je le sais. »

Son visage était à nouveau proche du mien. Elle accusait Michel de n'être qu'une « petite concierge française », et elle ajoutait en effleurant de sa main mon menton, tournée vers Pierre Mithois qui revenait :

« Comme tous les hommes ici, non ? Et ils nous accusent du contraire. »

Elle bavardait avec Pierre et je cherchais à me souvenir de ces épisodes – quelques lignes sur de larges feuilles, quelques mots sur des fiches – que Michel avait relatés, un défilé de mannequins dans la maison de couture qui appartenait à Jerzy Borowski; une dispute brève et violente qui les opposait : « *Je t'emmerde, Jerzy, je t'emmerde jusqu'à la gueule. Tu me fais chier.* » Michel avait écrit entre parenthèses : (*authentique) ».*

Monica Sundberg était capable de cette vulgarité et de cette haine. Je la dévisageais.

Rejetée en arrière, le cou tendu, le corps cambré, les seins gonflant sa robe, équivoque, telle une proie apprêtée, un appât, elle me disait, détachant chaque mot, comme si elle récitait un texte qui ne la concernait pas :

« Si vous ne m'aidez pas, Sylvie, ils vont me tuer aussi. »

Puis comme un piège qui se détend, elle se redressait, posant ses mains sur mes épaules, ses lèvres si proches des miennes que je devinais la saveur de leur rouge.

« Ce tableau, le mien, celui que Michel vous a donné, vous l'avez, n'est-ce pas ? Il faut – elle répétait, ne laissant pas mon regard lui échapper – il faut me le rendre. »

A quoi, à qui répondis-je non, secouant la tête, refusant ses lèvres, ce corps dont elle utilisait le charme, experte à provoquer l'émotion ? Je voulus me lever mais elle me retint appuyant ses mains avec force, répétant que je possédais ce tableau puisque Gilles Farges me l'avait remis.

Je l'interrompis, la repoussai, l'assurant avec une vivacité dans le mensonge dont je me croyais incapable qu'on m'avait volé le tableau, que je n'avais conservé que les manuscrits de Michel, rien, des mots, des romans, tout cela si futile maintenant.

Elle hésitait à me croire, son visage, que l'attention rendait aigu, le nez, les lèvres s'avançant vers moi, me menaçait comme un bec.

C'est alors que je nommai Monica Sundberg la femme de la mort.

26

J'AI d'abord soupçonné Monica Sundberg d'avoir été complice des tueurs.

Dans la nuit du dimanche 1er juin, elle avait accompagné Michel Farges chez les Claroux. Qui ne la connaissait parmi leurs invités ? Elle était l'amie de Jerzy Borowski, son producteur, son metteur en scène. Il l'utilisait comme mannequin vedette lors des présentations de mode de sa maison de couture de la place Saint-Sulpice. Blonde, grande, avec cet air de santé qu'ont souvent les filles du Nord, elle était de ces jeunes femmes étrangères dont le léger accent ne permet pas de définir l'origine et qu'on rencontre dans les dîners et les cocktails.

Michel affirmait dans son dossier. *Tableau d'une femme* qu'elle était arrivée de Suède à Paris, il y avait une dizaine d'années. Mais rien de ce qu'il notait n'était suffisant pour me permettre de comprendre Monica Sundberg. Elle avait suivi comme des centaines d'autres les cours de l'Alliance française, boulevard Raspail. Inscrite à l'école des Beaux-Arts, elle logeait alors dans une chambre au confort sommaire, rue Mazarine.

Si Monica était l'objet de mon enquête, je voudrais savoir comment et par qui elle entra dans cette ronde qui en quelques années transforme une jeune femme et lui permet de quitter la chambre de la rue Mazarine pour l'atelier luxueux et baroque de la rue de Seine. Borowski avait peut-être été ce sorcier.

« Jerzy Borowski est un magicien, m'avait dit Monica Sundberg. Il peut tout. »

Cependant, avant lui, d'autres hommes avaient tenu ce rôle. Monica, j'en suis sûre, était allée avec eux à Genève ou à Marrakech, à Londres ou à Saint-Moritz. Mais les voyages et les visages s'oublient et ces étapes, d'une ville et d'un hôtel à l'autre, avaient peu marqué Monica Sundberg.

Si je reconstitue sa vie à l'aide de ce qu'elle m'a dit, de ce que j'ai senti d'elle, de son corps qu'il me semblait connaître comme si nous nous étions aimées et de ce qu'écrivait Michel Farges, je ne découvre qu'un goût extrême de l'indépendance, une sorte de folie de la liberté, une violence à vivre qui me fascine.

Je l'appelle pourtant la femme de la mort.

Elle était entrée au bras de Michel Farges dans le jardin de l'hôtel particulier des Claroux, embrassant Laurent et Danielle Claroux avec cette nonchalance souveraine qui avait dû séduire Michel. Je comprenais qu'il l'eût aimée. Elle n'était pas qu'un blason de plus mais la preuve, croyait-il, qu'il en avait fini avec Clémentine Farges et Colette Bussi, les femmes des origines, et Betty Vanier, la femme de l'ambition laborieuse. Il avait accédé avec Monica Sundberg, imaginait-il, à cette aristocratie des déracinés, ce monde cosmopolite, qui de loin, de Chambéry, lui était apparu comme une sorte d'inaccessible royaume de la liberté, le pays littéraire par excellence.

Il réalisait avec elle le rêve qui lui avait semblé

le plus fou; elle était à côté de lui, la belle étrangère que les hommes connus se disputaient et qu'il leur arrachait.

J'écris cette dernière phrase sans remords : sa convention, la banalité des mots que j'emploie ne doivent pas tromper. Là, j'en suis persuadée, est la vérité. J'ai cru longtemps que les adultes échappent aux naïvetés de l'enfance, alors qu'ils se contentent de les dissimuler et de ne plus oser les exprimer. Monica Sundberg était l'une de ces images de bande dessinée avec lesquelles les hommes composent leur avenir. Moi je n'avais été pour Michel qu'un bref intermède, une façon de se donner confiance, de montrer à Monica qu'il pouvait, s'il le voulait, conquérir une toute jeune femme, lui tenir la nuque et la guider comme un petit animal dont on fait parade.

A deux ans de là, j'éprouve encore, à me souvenir de ces scènes, de mon arrivée chez Lipp ou chez les Claroux, un sentiment de honte et d'humiliation.

Mais Michel Farges est mort et à quoi rime le ressentiment ?

En me confiant ce qu'il avait écrit de Monica Sundberg, Michel me vengeait d'elle, qui avait dû être si rayonnante à son bras.

Ils étaient allés d'un groupe à l'autre dans le jardin des Claroux, bavardant avec Pierre Baynac et Louis Lacroix, ces hommes politiques qui aimaient frayer avec le monde « des arts et des lettres » comme ils disaient et parler de la culture qui n'était pour eux qu'un secrétariat d'Etat.

Michel et Monica avaient ainsi rencontré Robert Portal qui jouait les indignés, détournant la tête quand Baynac, de l'Elysée, Lacroix, du gouvernement, passaient près de lui. Ils s'étaient assis à la table de Vittorio Morini, avaient échangé quelques mots avec Longin, Arnaud de

Rougerie, Servoise, Richet, Lasnoy et Sabra, toujours les mêmes, ceux que j'avais rencontrés l'année précédente, les auteurs, les journalistes, les femmes aux aguets, Betty Vanier et Carla Cavalieri.

Ici s'enflaient les rumeurs, se précisaient les modes, se négociaient des ragots et s'accomplissaient des petites trahisons mondaines qui se dissimulent dans un rire ou un silence qui est un acquiescement. Betty chuchotait à Longin que le prochain livre de Portal était d'une « violence extraordinaire ».

« Mais Portal refuse de paraître à la télévision, non ? » interrogeait Longin.

Betty haussait les épaules, S'il était le centre de l'émission, Portal réviserait sa position. « Donnez-lui une heure, et vous l'aurez. » Longin se récriait. L'œuvre de Portal méritait-elle cette faveur considérable ? Qui la publiait ? Tout à coup ils parlaient argent, contrats. Richet chuchotait que Portal, « l'intègre Portal », se louait au plus offrant. Ils souriaient, communiaient autour de quelques cancans.

Carla Cavalieri, qui s'était levée, rejoignait Portal, lui prenait le bras, l'attirait vers le groupe. Portal affirmait d'abord que jamais sous ce régime il ne se prêterait à une comédie télévisée.

« Une heure, une heure, répétait Betty.

— Ils ne vous laisseront jamais », disait Portal tourné vers Longin.

Il dissertait sur la télévision et le pouvoir. Ce serait une victoire bien sûr, la parole enfin donnée à tous les exclus des médias.

« Parce que vous en êtes exclus ? commentait Richet, voyons, mon cher, voyons. »

La conversation s'effritait. Laurent Claroux demandait à Arnaud de Rougerie quelques minutes d'entretien en tête-à-tête. Il marchandait l'élection de Richet à l'Académie, murmurait à Lasnoy qui les surprenait penchés l'un vers l'autres :

« Richet en vaut un autre, vous ne croyez pas ? »

Cependant Michel Farges acceptait des invitations, notant sur son carnet des dates, des numéros de téléphone. Il s'écarta un instant parce qu'Alberti lui suggérait d'écrire un article sur le roman de Mesnard que publiaient les éditions Claroux.

« Je ne te demande jamais rien, Michel, et je n'insiste pas mais, disait Alberti, Mesnard vient de réussir une sorte de chant primitif d'une authenticité bouleversante. Je t'assure, son meilleur livre. »

Michel ne se prononçait pas, hochait la tête. Il lirait le roman. Il jugerait, disait-il, en se dirigeant vers Chaves qui l'interrogeait avec bienveillance sur ses projets.

« Tout ça, répondait Michel, décrivant d'un geste du bras la réception, une fresque des années 80 dans nos milieux. »

Chaves grimaçait, faisait craquer ses doigts de paysan.

« Rien, Farges, commençait-il, je ne sais pas si vous avez raison. Plus rien d'épique ici — il avait une moue de dégoût —... petites lâchetés, médiocres calculs, commérages et intrigues. Mais... »

Il prenait Michel par l'épaule.

« Ce n'est pas Rome, Farges. Rien, des miettes de culture, des miettes de décadence. Que voulez-vous faire avec des miettes ? »

Michel avait dû alors abandonner un instant Monica Sundberg, entraîner Emmanuel Chaves vers le fond du jardin, lui parler avec cette exaltation qu'il mettait chaque fois qu'il esquissait son projet, ce roman de la Ville lumière dont il m'avait légué les matériaux, ce dossier jaune, ces fiches rassemblées sur les uns et les autres, Chaves lui-même, mais surtout Portal et Mesnard, Lacroix, Baynac, Richet, tous ceux qui composaient ce « club de l'intelligentsia » dont Michel dénonçait la prétention et la futilité et dont cependant il acceptait les lois. Avait-il parlé de Jerzy Borowski ?

Je l'avais soupçonné souvent de vouloir – et c'était aussi l'un des usages du club – se donner bonne conscience en condamnant ce dont il vivait fort bien, puisqu'il avait conquis le droit de s'installer à l'une des meilleures places, au centre, romancier à succès, chroniqueur littéraire, personnalité parisienne qu'on n'oubliait jamais d'inviter aux cocktails et aux dîners.

Contre quoi se révoltait-il donc, Michel Farges ?

Emmanuel Chaves l'écoutait avec une distraction amusée. Cet homme sans détour, dont les vers ressemblaient au visage hâlé, avait choisi de vivre dans le hameau de Thorane, non loin de ce village de Sauvan où j'écris. Il n'apparaissait à Paris qu'une ou deux fois l'an, affichant alors un mépris distant et quelque peu affecté pour les mœurs du « milieu » – du « gang littéraire », disait-il avec excès. Vêtu comme un montagnard de costumes de velours ou de toile rêche, portant été comme hiver un pull-over à col montant, il courtisait les jeunes femmes que sa rusticité et son apparente sauvagerie séduisaient. Il signait un contrat, empochait l'avance de l'éditeur, assistait en bougonnant à quelques réceptions puis repartait.

« Qui vous contraint de demeurer ici ? avait-il répondu à Michel. Si vous êtes mal à l'aise, foutez le camp, mon vieux. »

J'avais moi aussi conseillé à Michel de quitter Paris.

S'il avait eu le courage de me proposer de vivre avec lui, ailleurs, j'aurais accepté de le suivre. Et je savais qu'il était comme moi attiré par la profusion tumultueuse de l'eau, la rigueur des sommets et la vigueur des pentes, le vif des falaises. Je savais qu'il crevait de l'engrenage onctueux dans lequel il s'était placé. Il aimait l'absolu des caractères et des passions. Mais il s'était imposé de parler du bout des lèvres au lieu de gueuler comme il en avait la force et le désir.

Il n'avait jamais osé me dire gravement : « Partons, loin. »

Il s'était, tel Marc Foulier, mutilé, dans l'espoir chimérique de devenir semblable aux invités des Claroux, ces petits messieurs habiles, mondains et proprets ou, pire, aux rapaces que rassemblait Borowski. Mais Michel appartenait à ma race et non à la leur. La barbarie de ses origines modestes revenait dans la brusquerie ou la maladresse d'un geste, le comportement de l'un de ses personnages, révolté et excessif, la gaucherie qu'il avait encore avec les femmes.

Ainsi quand Danielle Claroux s'approchait de lui, interrompant sa conversation avec Emmanuel Chaves, afin de le questionner discrètement comme savent le faire les femme de ce monde, ne réussissait-il qu'à balbutier une réponse.

« Monica, vous avez beaucoup de chance, Michel, disait Danielle, quelle personnalité extraordinaire, n'est-ce pas ? »

Danielle Claroux qu'une robe de soie bleue enveloppait d'élégance ajoutait comme par mégarde que Jerzy Borowski venait d'attribuer à Monica l'un des rôles principaux de son prochain film.

« Vous le saviez, bien sûr ? »

Elle expliquait à Michel que Borowski adorait

modeler les jeunes femmes. Il avait été le Pygmalion de Carla Cavalieri aussi.

« Maintenant, elle est avec Lasnoy. Plus banal, non ? Jerzy est un homme exceptionnel. »

Je devine la souffrance de Michel Farges.

Il est le Noir admis parmi les Blancs et qui ne changera jamais de peau. Sans doute avait-il cru qu'il suffisait de passer une porte, pour devenir l'un d'eux, Portal ou Servoise, Arnaud de Rougerie ou Lacroix. Il les avait singés. Il leur parlait d'égal à égal. Il pouvait croire quelquefois qu'il y était parvenu. Et, brusquement, un miroir lui révélait qu'il restait, malgré les apparences, Michel Farges le noiraud, fils de Maurice Farges, menuisier, et de Clémentine, ménagère; époux en premières noces de Colette Bussi, dactylo qui vivait en concubinage avec un ouvrier des lignes à Chambéry, et dont le fils Gilles Farges travaillait aussi de ses mains.

J'en veux à Michel d'avoir eu honte de sa peau.

Je lui en veux de ne s'être jamais proclamé ce qu'il était.

Noire je suis, Noire je demeure.

J'imagine parfois qu'il a monté le scénario de sa mort pour devenir extraordinaire, exceptionnel, enfin authentique, selon les mots du club.

Je n'invente rien en écrivant cela. Ecrire c'est découvrir. J'essaie de comprendre en imaginant. Je lis et relis les fiches, les pages, je feuillette ce dossier jaune, celui des « illusions perdues ».

Et la mort est venue, ce soir-là, dans la nuit du samedi au dimanche 1er juin, avant que le roman naisse, venue trop tôt, comme toujours.

Au moment où Monica Sundberg et Michel Farges avaient pris congé des Claroux, Jerzy Borowski les avait rejoints, se proposant de partir avec eux. Laurent Claroux les avait accompagnés jusqu'à la rue du Cherche-Midi, puis les laissant s'éloigner, il avait vu Monica entre les deux hommes. Elle les embrassait, l'un puis l'autre, se haussait sur la pointe des pieds et s'accrochait à leurs bras, espiègle, joueuse.

Mais si Monica Sundberg était complice des tueurs, elle était trop habile pour s'être trouvée sur les lieux du crime.

Elle était aussi trop perspicace pour ne pas deviner mes pensées alors que j'étais assise en face d'elle dans le jardin de Pierre Mithois et que je la dévisageais, me répétant qu'elle était la femme de la mort, celle qui avait côtoyé Michel le dernier soir de sa vie.

Elle ignora le tableau, feignant tout à coup de croire que je ne le possédais plus, évoquant la mort comme si elle m'avait entendu associer ce mot à son nom. Elle en parla longtemps d'une voix joyeuse, pleine de défi et presque d'enthousiasme. La mort n'était qu'un épouvantail, une baudruche, disait-elle, dont on effrayait les hommes afin de les tenir couchés, esclaves. Mais il suffisait d'oser la regarder pour ne plus la craindre. Seule la peur qu'on avait d'elle lui donnait un pouvoir et permettait à certains de régner, grâce à elle.

Monica devenait grave, m'avouant que la mort de Michel Farges ne l'avait pas surprise. Il était rempli de craintes et d'hésitations. Pour éloigner la mort, il faut s'arc-bouter, se battre et Michel, concluait-elle, ne voulait plus.

« J'ai essayé, disait-elle, de le forcer, de l'obliger. »

D'un mouvement de la tête, elle avouait son échec puis, allumant une cigarette, elle en aspirait lentement la fumée, avec une expression de plaisir intense.

Nous ne dîmes rien durant plusieurs minutes jusqu'à ce que, ayant écrasé la cigarette sur le sol de la pointe du pied, méticuleuse, elle parût redécouvrir ma présence.

« Moi – elle se penchait, chuchotait – moi, si vous me rendez ce tableau, je pourrai me battre. »

Puis, comme je ne lui répondais pas, elle caressa ses épaules nues avec des gestes lents, les doigts écartés. Elle semblait vouloir se réchauffer, se rassurer, affirmer que la mort était lointaine et que son corps la repousserait.

27

POURTANT, quelques heures plus tard, la mort prenait Monica Sundberg.

J'étais rentrée chez moi à la fin de la matinée après m'être endormie à côté de Pierre dès le départ de Monica, aux approches de l'aube. Elle avait parlé toute la nuit, créant entre nous une intimité qui me gênait autant par cette complicité de femmes qu'elle établissait et dont je n'avais pas l'habitude que par les confidences impudiques qu'elle me faisait avec un naturel tranquille, comme s'il allait de soi de dire qu'elle n'avait jamais joui avec Michel, qu'elle l'aimait bien quand même, qu'elle ne désirait pas jouir avec les hommes, parce qu'après ils se croient forts, deviennent impérieux et souvent méprisants, comme s'ils tiraient gloire des émotions qu'on éprouve, mais parfois certains amants, Jerzy, ou Jerzy Borowski, Jerzy le magicien, lui imposaient ce plaisir qui est comme la mort. Elle le lui reprochait, après, mais Michel si différent de Jerzy – « tu le sais aussi, Sylvie, tu le sais bien » – Michel tendre, lent à s'éveiller à l'amour, inquiet.

« Un mauvais amant mais qu'est-ce que j'en avais à foutre, les bons amants on en trouve tant qu'on veut, tu les ramasses dans la rue, il suffit de voir marcher un homme pour savoir ce qu'il vaut avec une femme, c'est si facile d'imaginer. »

Monica avait compris tout de suite que Michel n'était pas un baiseur, mais le soir de leur première rencontre, rue Bonaparte, elle avait eu besoin de lui. Il l'amusait avec ces discours, cette fougue de bouffon, cette anxiété qu'elle devinait quand il répétait qu'il était écrivain, romancier, que...

Elle le laissait parler, elle se retournait vers la place Saint-Germain-des-Prés afin de savoir si les trois petits partouzards, qui l'importunaient à la terrasse des Deux-Magots, avaient décidé ou non de la suivre. Elle les apercevait qui se levaient, empruntant à sa suite la rue Bonaparte. Elle avait alors décidé de prendre le bras de ce dragueur bavard, de ce vieil adolescent sans expérience comme on en croise souvent dans le quartier, qui ont toute leur vie jonglé avec les mots plutôt qu'avec leurs couilles.

Les mots venaient à leur place, nus. Elle riait de leur effet, me prenant le menton avec amitié, murmurant, et cela me rappelait Michel Farges :

« Mais tu es une petite conne, toi. »

Elle n'avait que quelques années de plus que moi mais elle avait mille fois traversé la mer et se moquait de ma candeur.

« Je suis sûre, disait-elle, tu n'as jamais fait l'amour avec un homme que tu viens de rencontrer, je ne me trompe pas, n'est-ce pas ? »

Elle hochait la tête, me racontait que Michel quand elle l'avait invité à monter chez elle, rue de Seine, une dizaine de minutes à peine après qu'il l'eut abordée, avait eu peur d'un traquenard, inquiet de ces trois hommes qui se rapprochaient, hésitant devant le porche et Monica avait dû le provoquer, lui dire : « Quel romancier vous êtes, même pas curieux, peureux, qu'est-ce que vous écrivez alors ? »

Il était comme une femme qu'il faut forcer et Monica, le menton en avant, un sourire un peu crispé écartant ses lèvres, les yeux vifs, ajoutait :

« J'aime quand les hommes sont passifs; j'aime changer de rôle, j'aime dominer, on prend leur corps comme ils prennent le nôtre. Michel – elle s'interrompait, m'observait – une petite femelle, il se laissait faire, tu t'en es aperçue? Il voulait qu'on lui fasse l'amour, un gros bébé paresseux. »

Elle soupirait, se cambrait, se caressant à nouveau les épaules.

« J'aimais bien, murmurait-elle, pour moi, c'est ça jouir. Toi – elle me menaçait d'un geste – toi, tu me laisses parler, tu l'as aussi mis dans ton lit, Michel. »

Elle riait encore de mon malaise, ne cherchait pas à me faire avouer que j'avais une expérience différente de l'amour avec Michel, que je l'avais trouvé audacieux, attentif à mon corps, que je m'étais abandonnée, osant crier, heureuse d'être une conque, passive.

Monica, la tête penchée sur l'épaule droite, les doigts joints devant les lèvres, paraissait méditer quelques secondes dans cette attitude inattendue, réfléchie et mutine, puis donnant sur ses lèvres de petits coups de ses doigts toujours joints, elle murmurait :

« Avec toi, il a dû jouer au mâle, sûrement, tu devais le rassurer, jeune, douce, un peu naïve. »

Elle ajoutait familière, amicalement ironique : « ma petite Sylvie ».

Pouvais-je continuer à l'appeler la femme de la mort ?

Elle avait cessé d'être agressive ou habile. Sa séduction et son charme ne naissaient plus d'une insistance du regard ou d'un jeu calculé de son corps mais de la spontanéité, de la vérité et de l'audace de ses confidences. Quand elle me parla de la place qu'occupait la peinture dans sa vie, je n'eus pas le sentiment qu'elle essayait ainsi de revenir au but de notre rencontre, ce tableau qu'elle voulait me reprendre. Elle m'expliquait comment elle avait commencé à peindre, par défi, pour prouver à tous ces hommes qui n'utilisaient que son apparence, qu'elle existait autrement. Elle les contraignait à acheter ses toiles. Elle riait et je ne pouvais m'empêcher de partager sa gaieté quand elle décrivait certaines scènes, l'obligation dans laquelle elle mettait « le type » – elle disait « le type » avec un mépris vengeur que tout son corps exprimait, la lèvre boudeuse, une grimace de dégoût crispant son visage – de partir avec une toile.

« Il fallait le voir. Si tu m'avais vue ! »

Elle demeurait silencieuse, paraissant se souvenir, revivre cet instant, le type embarrassé, tout à coup gêné, ne sachant plus – et le savait-elle – si cette femme lui vendait un tableau ou son corps et pourquoi elle baisait si facilement comme une pute ou si elle était une « artiste ».

« Les hommes, ils sont si cons, disait Monica, tu les déséquilibres comme tu veux. »

Elle mimait, la main ouverte, une poussée qu'elle aurait donnée à une marionnette.

Tout à coup, je la craignais à nouveau. Si dure, si déterminée.

J'imaginais Michel emportant ce tableau, essayant, rentré chez lui, de se défendre d'elle en écrivant ces quelques phrases sur de petites fiches qu'il accrochait l'une à l'autre et plaçait dans un dossier jaune, son effort pour tenter de demeurer lucide, de ne pas basculer. Mais que pouvait-il contre elle ?

« Michel », commençait-elle.

Puis, me dévisageant, elle s'interrompait et disait en me fixant avec sévérité :

« Toi, tu me juges, non ? »

Et brusquement, peut-être parce qu'une nouvelle fois je me refusais à lui répondre, elle s'emportait, sans doute aussi parce qu'elle avait bu, se versant elle-même des rasades d'alcool, portant lentement mais à intervalles rapprochés le verre à ses lèvres. Elle m'accusait de ne rien comprendre de ce qu'elle était, du sentiment qu'elle avait eu pour Michel, de ce qu'ils avaient voulu faire ensemble et que je ne pouvais même pas imaginer tant j'étais gourde, niaise, endormie par les parfums de ce pays paresseux. Elle désignait les agaves et les lauriers et plus loin la ville, l'île de Saint-Axès. Qu'est-ce que je savais moi de la vie avec ma petite imagination de vierge, les deux mains croisées sur mon sexe pour bien le protéger ! Elle était pleine de sarcasmes et de violence, la colère et l'impatience modifiant jusqu'au timbre de sa voix.

« Michel, lui... » lançait-elle.

Il s'était arraché à la torpeur dans laquelle je croupissais... Il avait essayé d'être autre chose, à la manière d'un joueur qui jetait sa vie sur le tapis. Voilà ce qu'elle aimait chez les êtres, les risques qu'ils prenaient, avec leur peau, avec leur corps, pour changer leur destin et — sa voix devenait plus grave — celui des autres, et même — elle saisissait mon poignet — le serrait — même contre leur volonté s'ils refusent, parce que...

« ... les cons, les connes comme toi, il faut les secouer pour les tirer de leur sommeil, tu comprends ? »

Michel les derniers temps s'y était décidé.

Elle lâchait mon poignet, semblait devenir plus calme. Elle laissait s'égoutter dans son verre, tout en parlant, la bouteille, la regardait machinalement par transparence avec une mimique désolée, instinctive qui contrastait avec ce qu'elle me racontait maintenant, ce voyage qu'elle avait accompli avec Michel, jusqu'à Chambéry, quand le père de Michel avait été hospitalisé et que la mort, peu de temps après, était entrée dans sa chambre.

Monica Sundberg était restée dans le jardin de l'hôpital où les feuilles tombées couvraient la pelouse et les bancs disposés çà et là tout au long des allées. Elle avait vu Michel, au moment où il pénétrait dans l'hôpital, heurter puis tenter de retenir un homme jeune et vigoureux qui venait de pousser les portes de verre, tête baissée, et qui, les bras tendus, demeurait un instant immobile devant Michel Farges, qui le saisissait au coude, voulait l'attirer contre lui, mais l'autre se dégageait, sans même dire un mot, haussait les épaules dans un mouvement qui soulevait tout le torse et s'élançait en courant, sautant les marches de l'escalier du perron. Michel se retournait vers Monica, faisait un geste d'impuissance en regardant son fils Gilles qui traversait le jardin sans se retourner, donnant des coups de pied dans les tas de feuilles.

Alors Michel Farges était entré dans l'hôpital.

L'attente de Monica Sundberg n'avait pas été longue. Michel s'était dirigé vers elle, la démarche un peu raide, le menton haut levé, comme à la parade, et elle avait essayé de prendre son bras ou sa main, mais il les gardait tendus, dans une attitude ridicule, comme s'il avait désiré que l'immobilité le saisisse avant son père dont il ne dit rien à Monica tout au long du trajet jusqu'à leur hôtel, celui situé non loin du parc de la bibliothèque, celui-là même où j'ai séjourné.

Dans leur chambre, il commença à raconter, non point la maladie, le corps nu qu'il avait vu, parce que les infirmiers n'avaient pas terminé leurs soins et qu'ils avaient laissé le vieil homme découvert, les jambes si grêles, la peau si blanche, formant des rides à l'intérieur des cuisses, plus blanche même que les draps blancs, et le sexe, gris sur cette peau, et c'est cela qui avait fait tout à coup comprendre à Michel, avant même que le médecin ne l'en avertît, que son père allait mourir, parce qu'il était déjà devenu ce corps sans dignité qu'on exposait comme une chose sur un étal, avec une tache de sang vil maculant le drap, contre le corps, comme si toute la vie se résumait à cela.

Il ne dit pas cela, Michel Farges, et j'écris ce que j'ai vu de mon père. Je prête à Michel mes émotions et mon regard parce que les corps agonisants se ressemblent.

Dans leur chambre d'hôtel à Chambéry, il raconta à Monica Sundberg qui était Maurice Farges et ce qu'il imaginait de la vie de cet homme, « ouvrier, mon père, ouvrier », répétait-il retrouvant la force incantatoire de ce mot de sa jeunesse qu'il avait tant de fois tu, tirant un linceul sur ses origines. Mais sur le lit d'hôpital le corps de Maurice Farges était nu, les origines à vif, le drap à jamais repoussé.

« Pour Michel », disait Monica Sundberg.

Elle avait tout en parlant dénoué ses cheveux, les laissant retomber sur ses épaules, et son visage en était comme alangui.

« Son père », reprit-elle.

Je l'interrompis.

Je dis que mon père était ouvrier carreleur, qu'il était mort, que je comprenais. A mon tour d'être impatiente.

Monica Sundberg m'avait-elle entendue ? Elle me parlait de Michel, de leur retour sous la pluie jurassienne, ce long voyage qu'ils avaient fait par les plateaux, empruntant des routes boueuses qui traversaient des forêts et longeaient des lacs effilés.

« C'était comme chez moi », murmurait Monica.

Un long détour pour parcourir l'enfance à mi-voix, chuchotée dans la voiture par Michel sans même qu'il se souciât de savoir si Monica Sundberg l'écoutait, le besoin de dire, trop fort pour s'interroger sur l'attention de l'autre, la nécessité de dresser vite, avant que la pluie ne l'efface, que le temps ne le dissolve, le souvenir du père, cette statue si souvent voilée, si souvent jetée à terre, un homme qui semblait à genoux, et qu'a-t-on à faire d'un homme courbé, qui donc paraît vaincu, quand on veut, comme on dit – les mots décidément sont forts – s'élever, grimper, devenir Michel Farges, ce nom qui brille dans les regards de la mère et des femmes ?

Il fallait bien cacher le père, ne pas se retourner de crainte qu'à le voir on ne se fige, on ne choisisse comme lui de vivre en homme qui accepte que d'autres décident pour soi.

« Eh, Farges, alors, qu'est-ce que tu fous ? Ces rallonges ? Je t'avais dit : usine-les en premier. Respectez l'ordre de fabrication, merde. Des ouvriers on en trouve, nom de Dieu ! »

Il avait même fallu le haïr pour mieux, chaque jour, tuer en soi la tentation de s'agenouiller près de lui, d'être à ses côtés, à son image, humilié et offensé mais semblable parce qu'à devenir différent on trahit.

A suivre la route sinueuse que balayaient les phares et la pluie, les yeux pleurent.

« Michel, qu'est-ce que tu as, Michel ? » interrogeait Monica Sundberg sachant qu'elle ne pouvait ni rassurer ni consoler, qu'elle n'avait aucune part dans cet affrontement où le fils se persuadait qu'il n'avait vaincu son père que parce que celui-ci avait refusé le combat.

Je ne crains pas d'exagérer. Michel Farges pensait sa vie comme une tragédie. Peut-être le romancier qu'il était devait-il vivre ainsi jusqu'au paroxysme les événements et les sentiments que d'autres subissent sans drame, comme la texture banale des jours et de tous les destins. Mais la tête de Michel – je le sais pour avoir lu ce qu'il a écrit, avoir décapé chacun de ses mots, chacune de ses images, retrouvé ce qui fut à leur origine – était un bazar plein de citations, de titres et de scènes qu'il voulait interpréter. Dostoïevski et Balzac y étaient devenus scénaristes de ce roman-photo qu'est pour chacun de nous notre vie. Maurice Farges, humilié, offensé, disait à Michel : « Tue-moi, mon fils, tue-moi en toi s'il le faut pour être ce que tu veux. »

Pauvre Père Goriot au chevet duquel Michel Farges venait de se rendre, trop tard.

« Ça ne te révolte pas ? » me demandait Monica Sundberg.

Son expression avait à nouveau changé. Durant quelques minutes, sans doute ne l'avais-je plus vue, l'écoutant seulement et même je ne suis pas sûre qu'elle m'ait parlé.

J'avais peut-être, à partir d'un mot, composé un récit, en moi, comme si Michel s'était confié, m'avait dit ce qu'il avait ressenti devant le corps de son père dans cette chambre bleue de l'hôpital de Chambéry. Mais le plus difficile à subir avait été le mépris et le refus de Gilles Farges, le père qui se vengeait par lui, le fils devenu ouvrier comme Maurice Farges, son grand-père. Gilles, qui n'en avait rien à foutre, comme il me l'avait dit et comme il avait dû le répéter à son père, des livres, de la notoriété, des succès et du fric de Michel Farges, qui n'en avait rien à foutre des études de lettres ou de médecine vers lesquelles Michel voulait le diriger.

Lui, Gilles Farges, il tenait à rester dans sa région, entre Grenoble et Chambéry. Il aimait le ski, la forêt, les gens qui sont comme tout le monde, il ne déserterait pas sa jeunesse, il continuerait deux ou trois fois par semaine à se rendre auprès de sa mère, et il était le copain, le bon copain d'Antoine, le compagnon de Colette Bussi, un ouvrier des lignes, un électricien comme lui. Alors qu'est-ce qu'il en avait à foutre de ce père qu'on apercevait à la télévision parfois, dans l'émission de Christian Longin, qui parlait de ses livres et qu'une jeune femme blonde habillée comme les mannequins des magazines attendait dans le jardin de l'hôpital, là où crevait Maurice Farges, le menuisier, le prolo Maurice Farges, né le 31 juillet 1893, il y a si longtemps et qui avait passé sa vie à obéir à un patron en rêvant au jour où il n'y aurait plus de patron pour personne ?

Michel Farges qui avait fait du fric avec tout ça, leur vie à eux.

« Ça ne te révolte pas ? » répétait Monica Sundberg.

Elle n'allait pas au-delà de ces mots comme s'ils suffisaient pour que je saisisse l'intolérable de ces vies qui se manquaient l'une l'autre.

Mais j'interprète sa pensée. Il y avait trop de résolution dans son attitude pour que Monica se contentât, comme moi, d'évoquer l'incompréhension des fils pour les pères et le boomerang qui frappait Michel Farges à son tour.

« Gilles Farges », commençai-je.

Monica Sundberg avait rassemblé ses cheveux en une tresse épaisse dont elle faisait un chignon, les bras levés, s'immobilisant au moment où je prononçai le nom du fils de Michel. Elle dit :

« J'ai donné le tableau à Michel quand nous sommes rentrés de Chambéry. »

Elle me fixa longuement.

« Je lui ai fait confiance », ajouta-t-elle en continuant de m'observer.

Elle avait achevé de se recoiffer et son visage avait repris l'aspect lisse et inquiétant du début de la nuit. Elle m'expliqua, posément d'abord, qu'elle avait compris qui était Michel au cours de ce voyage de retour, et, répétait-elle, « elle lui avait fait confiance ».

Je l'ai questionnée une nouvelle fois. Confiance pour quoi ?

Elle hésita, les traits tendus, sans qu'une seule ride apparaisse, puis elle dit :

« Il faut me rendre ce tableau, Sylvie, maintenant. »

Elle l'exigeait. Elle l'avait peint, prêté à Michel. Elle avait eu confiance en lui, disait-elle encore. Il devait le lui rendre. Mais Gilles Farges – ce petit con, marmonnait-elle, de quoi se mêlait-il avec ces histoires de notaire – me l'avait donné. Et je le gardais et j'avais tort de lui mentir, de vouloir le conserver. Il portait malheur.

J'ai dit d'un trait, et ce n'était pour moi qu'une hypothèse :

« Ils ont tué Michel pour ça ?

– Pour ça, dit-elle d'une voix nette, séparant les deux mots.

– Il savait ? » ai-je demandé sans même réfléchir.

Un long silence de Monica, puis :

« Toi, tu sais. »

Elle se pencha vers moi, me prit à nouveau les poignets, appuyant ses avant-bras sur mes cuisses.

« Personne ne plaisante, dit-elle. Tu vas me le donner. »

Je me dégageai d'un brusque mouvement, me levai, répétai qu'on m'avait volé le tableau, que je ne comprenais rien, que je refusais d'être mêlée à cette histoire, que je pouvais téléphoner à l'inspecteur Leyris ou au commissaire Jeannin, qu'ils la recherchaient, elle, qu'elle était suspecte à leurs yeux comme aux miens.

Oui, je la soupçonnais d'être complice des tueurs de Michel Farges, Michel que j'avais aimé, dont je voulais dire la vie pour qu'on n'oublie pas son injuste mort, qu'on en dévoile enfin les raisons. Et tant pis pour Monica Sundberg.

« Tant pis pour toi aussi, Sylvie, dit Monica en se levant, calme et souriante. Tu sais, ajouta-t-elle après un silence, il y a toutes sortes de flics. A ta place... »

Elle n'acheva pas, me demanda, comme si nous terminions une conversation sans importance, de lui offrir un dernier verre. Je rentrai dans la maison, échangeai quelques mots avec Pierre Mithois.

Quand je revins, Monica Sundberg avait quitté

le jardin, laissant un numéro de téléphone écrit sur une page de calepin qu'elle avait glissée sous la bouteille vide.

Elle avait dessiné autour des chiffres une tête d'oiseau, semblable à celle qu'on aperçoit sur le tableau.

28

Cette tête de rapace, dont les yeux et le bec étaient de courts traits noirs, me sembla, quelques heures plus tard, quand j'appris le décès de Monica Sundberg, un signe maléfique, la représentation même de la mort tracée par sa victime.

J'étais rentrée chez moi. Pierre Mithois venait de m'avertir, me racontant avec une émotion candide les circonstances de l'accident dont le journal télévisé régional avait rendu compte. Il s'était produit au début de l'après-midi dans la petite ville frontière de Cardio, à une trentaine de kilomètres de Lourciez, au-delà de la baie de Cantari. Tous les témoignages concordaient. Les consommateurs attablés aux terrasses de la Promenade avaient vu une jeune femme, ivre à n'en pas douter, qui titubait sur le trottoir, se retenant parfois aux platanes. Ils avaient hésité à intervenir puis au moment où quelques-uns s'apprêtaient à se lever pour la soutenir, elle s'était précipitée, vraiment, ils avaient tous employé ce mot, sur la chaussée au milieu du flot de voitures. L'une d'elles qui roulait très lentement l'avait à peine heurtée de son aile droite. Mais il avait suffi de ce léger choc pour que Monica tombe, sa tête heurtant le rebord du trottoir. Les témoins n'avaient pu que constater la mort, son corps allongé entre deux voitures en stationnement, comme on avait trouvé le corps de Michel Farges.

Mais Monica Sundberg avait le visage tourné vers le ciel.

Pierre Mithois, comme pour se convaincre de la réalité de son récit, le reprenait.

« Ils ont dit... »

Elle était la jeune femme recherchée, le mannequin vedette de la collection Jerzy, l'actrice dont le metteur en scène Jerzy Borowski avait signalé la disparition, lançant plusieurs appels, proclamant son inquiétude.

« Ils ont dit... »

Elle était l'amie de Michel Farges, l'écrivain assassiné le dimanche 1er juin, sans doute par des rôdeurs. Mais il n'existait – ils l'avaient dit – aucune relation entre les deux événements, malgré les apparences.

La réalité n'imitait pas les romans d'espionnage. Le conducteur de la voiture, un touriste allemand, longuement interrogé par les services du commissaire Jeannin, avait été relâché dans la soirée. Il ignorait tout de Monica Sundberg. L'accident était le résultat d'un enchaînement de circonstances imprévisibles. Le commentateur avait cependant ajouté que la mort de Monica Sundberg allait encore obscurcir l'enquête sur le meurtre de Michel Farges, puisque la police souhaitait interroger de nouveau la jeune femme, amie intime du romancier.

Pierre s'étonnait et s'inquiétait de mon silence, insistait :

« Un accident, Sylvie. »

J'ai roulé en boule le feuillet de calepin, la tête de rapace, l'ai jeté à l'autre extrémité de mon bureau, pas assez loin de moi encore.

Je tremblais, j'avais froid, le dessus des cuisses glacé, de brefs frissons parcourant mes épaules, avec pourtant la sensation de transpirer. Je reconnaissais tous les signes de l'anxiété qui m'avait terrassée si longtemps à la mort de mon père et que je n'avais contenue qu'en dressant le barrage des phrases, un mot, une page, un livre pour survivre et desserrer ces liens autour de ma poitrine.

« Un accident, je t'assure, disait la voix lointaine de Pierre Mithois.

– Et le parc, et dans le parc de Chambéry, quand il m'a pris le cou... »

J'ai dû répondre ainsi ou bien ai-je parlé trop bas, loin de l'appareil comme si son poids l'avait écarté de mes lèvres car Pierre n'avait pas entendu et je ne savais plus si je lui avais raconté l'agression dont j'avais été victime à Chambéry. Il s'obstinait à me rassurer sans se rendre compte que mon effroi venait de la banalité même de cette mort, trop parfaite pour n'être qu'accidentelle. J'imaginais Monica Sundberg, rabattue, poussée, guidée vers le piège, l'exécuteur; comme l'avait été Michel Farges, comme je le serais peut-être. Aucune voiture ne surgirait, mais le feu, pourquoi pas, m'envelopperait de ses ailes rouges et sombres.

J'étouffais.

Je posai l'appareil. Et indifférente à la sonnerie qui retentissait, je me dirigeai vers la fenêtre afin de l'ouvrir. Je vis sur le sol cette boule blanche de papier. Je la ramassai, l'aplatissant entre mes paumes, faisant réapparaître les lignes que ces plis du papier avaient brisées, les chiffres, les contours du dessin. Je décrochai le téléphone. J'entendis la voix de Pierre, insistante :

« Tu es là, Sylvie, tu es là ? Tu es folle d'imaginer, je ne comprends pas.

– Je dois téléphoner », ai-je dit.

J'ai raccroché et liée par cette phrase j'ai composé le numéro lentement, laissant un silence entre chacun de ces chiffres, légèrement effacés, tracés au crayon par une main maintenant morte.

Le numéro appartenait à la région parisienne. J'attendis longtemps avant de l'obtenir, les circuits occupés, la modulation recommençant sans fin avant que ne se déclenche la sonnerie. Mais alors on décrochait aussitôt, on répondait : « Borowski, j'écoute. »

Je ne me souviens plus de ce que j'ai dit, hésitant avant de commencer à parler, donnant mon nom probablement puisque Borowski précisait que nous nous étions rencontrés chez les Claroux. Michel et Monica lui avaient longuement parlé de moi, de mon roman. J'habitais Lourciez, n'est-ce pas ? J'ai tout de suite expliqué que j'avais passé la nuit à bavarder avec Monica, qu'elle m'avait laissé ce numéro de téléphone, que je ne savais pas qui j'obtiendrais.

« Et le tableau ? » m'a demandé Borowski.

Elle m'avait interrogée à ce sujet. Je l'avais vu chez Michel, mais je ne le possédais plus. J'avais été cambriolée deux fois. Je répétai : deux fois.

« Dommage, dit Borowski, Monica y tenait beaucoup. »

Il ne me demandait plus rien, mais j'ai juré qu'on me l'avait volé, que si je l'avais conservé je l'aurais remis à Monica, ou à lui-même puisqu'elle m'avait donné ce numéro de téléphone.

« Ma ligne directe », dit Borowski.

Nous n'avions ni l'un ni l'autre évoqué la mort de Michel ou de Monica. Borowski m'avait répondu d'une voix posée, marquée par un accent qui étouffait parfois les consonnes et accentuait l'intonation grave du timbre.

Je me tus après quelques minutes sans réussir cependant à interrompre la communication comme si j'attendais un appel, un mot de passe, ou un indice. Je devinais l'attention de Borowski. Il devait soupeser chacune de mes affirmations, méditer mes réponses, n'essayant pas de remplir le vide grésillant qui nous séparait.

J'ai dû dire rapidement, pour ne pas me donner le temps de réfléchir, que Monica...

« Monica, oui, selon elle, on a tué Michel à cause du tableau.

— Monica était fantasque. »

Borowski, sans me laisser l'occasion de lui répondre, m'invitait d'une manière polie, conventionnelle, à lui téléphoner encore et si je le voulais, à lui rendre visite.

Ses derniers mots, impératifs, échappaient à ces mondanités.

« Venez, venez me voir, disait-il. Il vaut mieux. »

29

JE me souvenais de Jerzy Borowski. Je l'avais vu chez les Claroux et l'amitié chaleureuse qu'il paraissait témoigner à Michel m'avait déplu. Les cheveux trop blonds, peut-être teints, le cou fort, la peau presque rose, Jerzy Borowski avait l'un de ces visages aux traits marqués qui expriment, souvent chez les Slaves, une mollesse lascive. Ses lèvres étaient grosses, le nez large, et le regard gris-bleu avait, je me souviens très bien de ce regard, une douceur insistante et gênante qui, je l'avais perçu, pouvait se changer en dureté.

La scène avait été brève. Jerzy Borowski s'était placé entre Michel et moi, me prenant le bras, très haut, presque sous l'aisselle, et, penché vers moi puis vers Michel, il avait murmuré quelques phrases qui, par leur ton, étaient équivoques et gênantes.

« Michel, Michel, tu ne nous dis jamais rien, quand nous amènes-tu cette ravissante, quand ? C'est elle qui écrit ? La romancière ? »

Il me dévisageait.

« Ainsi vous êtes la petite protégée de Michel Farges. »

Il serrait mon bras d'une pression qu'il voulait ambiguë et m'interrogeait sur la durée de mon séjour à Paris.

« Pourquoi ne viendriez-vous pas à Saint-Cloud ? Je donne... »

Il m'énumérait la liste de ses invités, les désignait du regard, Arnaud de Rougerie, Richet, Baynac, Lacroix.

« Michel est l'un de mes fidèles », murmurait-il.

Il était de ces hommes sûrs d'eux-mêmes, massifs à force de vanité, mais l'habileté de Borowski consistait à dissimuler sa suffisance sous une amabilité excessive. Il entourait Michel de son bras, le complimentait.

« Ton article sur Portal, Michel, Michel, quelle perspicacité ! »

Il baissait la voix, regardait autour de lui, m'obligeait à me pencher vers lui pour me montrer Portal qui bavardait avec Servoise et Morini. Borowski riait alors d'une manière affectée et j'en voulais à Farges de ne pas rompre cette complicité factice, de paraître aimer cette amitié grasse, salissante, de susciter même la flagornerie de Borowski, de se repaître des louanges avec une avidité qui me révoltait.

« Portal, reprenait Borowski, vous savez qu'il a eu une longue liaison avec Carla Cavalieri, oui, ma première femme, il vient souvent chez moi à Saint-Cloud, j'essaie de ne pas le faire se rencontrer avec Baynac ou Lacroix. »

Il riait encore, chuchotait, ses lèvres sur mon oreille :

« Portal, l'insurgé, fascinant, non ? »

J'avais essayé de me dégager mais Borowski m'avait retenue :

« J'invite Sylvie, Michel, tu entends ? J'invite Sylvie Mertens. »

Le regard de Borowski était voilé, doux, puis quand Monica Sundberg s'était approchée de nous, il avait changé d'expression, les yeux à demi fermés, le gris l'emportant sur le bleu.

« Voilà Monica, avait dit Borowski de sa voix grave. Je vous laisse pour saluer mon actrice préférée. »

Il s'était éloigné après un signe de connivence comme s'il était sûr de m'avoir séduite. Il se retournait d'ailleurs à plusieurs reprises, inclinant la tête tout en entraînant Monica Sundberg vers Carla Cavalieri et Betty Vanier qu'il entourait de ses bras. Il avait cette élégance provocante des gens de mode, costume noir de soie brillante et chemise blanche bouffante à col largement ouvert.

Je déteste ce type d'hommes. Je les vois nus, leur membre gonflé, leur estomac proéminent, mâles qui se croient vainqueurs parce qu'ils disposent d'un pouvoir, que leur corps est lourd et qu'ils changent souvent de femmes. Quand Borowski ou Arnaud de Rougerie ou Richet, ou Portal, ou Baynac m'ont regardée ce soir-là, j'ai su qu'ils appartenaient tous à cette race prétentieuse, bornée, qui fait de la virilité brutale sa loi, qu'ils me réduisaient à mes jambes, à ma bouche, à mes seins, à mon sexe. A évoquer cette soirée, je découvre enfouie en moi cette rage qui m'avait saisie contre Michel, que j'avais cru différent — que je sais différent — mais qui se laissait séduire et corrompre. Voilà pourquoi, rentrant chez lui après la réception, j'avais vomi et pleuré, le repoussant, dormant seule dans son bureau.

Ecrire, c'est bien m'enfoncer dans ma mémoire. J'avais oublié mon ressentiment et il a fallu que le nom de Borowski revienne pour que j'ose en exprimer la raison.

J'avais tenté lors de mon séjour à Paris de comprendre la fascination que Borowski exerçait sur Michel. Je m'étais emportée, j'avais accusé Borowski – et les autres – Michel aussi – de veulerie. La rigueur, dont je croyais – je demeure fidèle à cette idée, et c'est pour elle aussi que j'écris – qu'elle devait être la vertu première d'un intellectuel, je ne la découvrais chez aucun de ces hommes qui se courtisaient, se jalousaient, se flattaient, se partageaient les femmes. Pour eux, les idées et les livres n'étaient que des objets de troc, des parures qui leur permettaient de briller les uns par rapport aux autres, de se vendre au meilleur prix.

J'étais, je suis aussi excessive que Gilles Farges et aussi injuste.

Michel s'était mal défendu, avec nonchalance comme si mes critiques ne le concernaient pas. Borowski, disait-il, n'était pas un intellectuel, mais une sorte d'aventurier génial, qui avait connu la guerre en Pologne, les camps en U.R.S.S., puis avait réussi à gagner l'Ouest. Là, à New York, à Paris ensuite, il avait en quelques années fait fortune, créant sa maison de mode, *Jerzy,* sa société de production, réalisant plusieurs films et, Michel avait eu un geste grivois, baisant les plus jolies femmes, Carla, Monica Sundberg, tant d'autres.

« Ton modèle », avais-je dit.

Michel avait haussé les épaules.

« Pourquoi pas ? »

Il avait essayé, pour me tenter peut-être, de me raconter les soirées qu'offrait Jerzy Borowski dans sa propriété de Saint-Cloud. La maison de Borowski construite dans les années 30 par un architecte futuriste ressemblait à un paquebot amarré au milieu des arbres. Une tour d'où l'on apercevait cette mer grise, Paris, la dominait. Pendant la guerre, des généraux allemands avaient réquisitionné la villa, et Borowski prétendait qu'ils y avaient organisé les plus folles orgies du siècle. Il exagérait, commentait Michel, et, me fixant, il ajoutait que Borowski rappelait ces histoires pour mettre ses invitées dans l'ambiance et créer un climat propice à toutes les extravagances. La voix de Michel se faisait plus sourde. « De curieuses soirées », murmurait-il.

Mais je n'avais posé aucune question. Crainte de me laisser séduire, refus stupide de savoir, pudibonderie de provinciale ou bien fidélité à mes origines, rejet de ce qui me semblait des mœurs de riches, de corrompus ? Je ne saurais dire. Peut-être tout cela mêlé que Michel devinait et qui le contraignait à s'interrompre.

Il m'interrogeait du regard, ajoutait :

« Amusant, excitant, une expérience. »

Il avait dû connaître les mêmes réticences que moi mais il avait cru qu'en se rendant aux soirées de Borowski, il conquerrait sa liberté, s'initiant aux usages d'une nouvelle identité.

Michel est mort mais je continue de lui en vouloir.

Je dénonce cette naïveté dont il m'accusait. Elle le gênait. Il n'osait pas poursuivre, m'entraîner à Saint-Cloud, se contentant de me dire que Borowski était intime avec tous ceux qui comptaient à Paris dans « notre petit milieu ». Et la noria des noms se remettait à tourner, grande roue fascinante dont Michel ne réussissait pas à se détacher comme un enfant qui n'en finit pas de courir entre les manèges. Rougerie, Richet, Servoise, Longin, Portal, Vittorio Morini, bien sûr, Baynac, Lacroix, Lasnoy, écrivains, journalistes, acteurs, ministres, femmes, femmes, celle-ci, celle-là, les soirées de Borowski étaient les plus recherchées de Paris.

« Mais tous ne restent pas jusqu'à l'aube, tu comprends ? »

Dégoût. Je le ressens encore.

Je l'avais exprimé avec violence et Michel Farges ne m'avait plus parlé de Jerzy Borowski. Ce fut Monica Sundberg qui mentionna à nouveau son nom, dans le jardin de Pierre Mithois.

Le temps qui s'est écoulé depuis cette nuit-là et les événements qui se sont produits, la mort de Monica Sundberg d'abord, ont-ils déformé mon souvenir ? Il me semble que la voix de Monica, quand elle évoquait Jerzy Borowski, se voilait d'inquiétude. M'a-t-elle vraiment dit qu'il avait été pour elle non seulement cet amant habile qui l'obligeait au plaisir, mais ce sorcier qui avait changé sa vie, auquel elle devait sa réussite ? A-t-elle ajouté en riant : « Jerzy, c'est le magicien », m'expliquant que c'était un homme qui pressentait l'avenir et ce dont les gens avaient besoin ? Il avait « ça », le flair – Monica avait respiré bruyamment –, il était aux aguets, précédant les changements de sensibilité et de goût, réussissant dans la mode ou le cinéma à cause de ce don. Il était toujours au-delà de ses concurrents.

Cependant qu'elle parlait me revenaient les allusions de Michel, les informations contenues dans l'article de cet hebdomadaire, le seul qui avait osé des hypothèses. « *Film noir, film d'espionnage* », avait-il titré. Les femmes, le plaisir n'étaient peut-être que des appâts dont Michel avait été dupe un temps. Puis, il avait découvert qu'à Saint-Cloud se nouaient d'autres liens que ceux du désir. Et il avait voulu les dénoncer, refusant de s'enfoncer jusque-là.

« Michel doit beaucoup à Borowski, avait ajouté Monica Sundberg. Moi aussi. »

Est-ce à ce moment, ou bien depuis que j'ai rassemblé tous les éléments de la vie de Michel, que j'ai commencé à voir en Jerzy Borowski l'un de ces personnages maléfiques dont on imagine qu'ils n'existent que dans les romans ?

Je mesure le danger de cette remarque. On va douter de la véracité de mon récit. On va s'imaginer que je dessine, en Jerzy Borowski, une sorte de Vautrin venant prendre place aux côtés de Michel Farges, tel l'ancien forçat qui préparait l'entrée de Lucien de Rubempré et d'Eugène de Rastignac, dans cette société parisienne où précisément Michel Farges s'essayait à jouer un rôle. Il aura suffi d'ailleurs de ce nom étranger, Jerzy Borowski, ou déjà de celui de Monica Sundberg, pour que certains lecteurs mettent en cause la vraisemblance de ce que j'écris.

La réalité, nous croyons qu'elle se limite à celle que nous connaissons. Un assassinat inexpliqué dans un livre, un Jerzy Borowski, une Monica Sundberg, cela fait feuilleton invraisemblable ou protubérance exagérée du mauvais goût.

Moi-même qui écris ce texte, qui sais que chaque mot, chaque événement sont vrais, j'hésite quand je le relis. Je pense parfois qu'il me faudrait modifier les faits, gommer ici ou là pour les rendre crédibles.

Mais je m'y refuse. Ces hommes, ces femmes sont tels que je les décris. Et je ne raconte que ce qui s'est réellement produit.

Prenez votre journal.

Dans une rue d'A., un rôdeur, dit-on, vient de blesser le collaborateur d'un ministre abattu, il y a quelques mois, par des meurtriers insaisissables.

Ce n'est qu'un fait divers.

Hier, dans une ville qui n'est située qu'à une centaine de kilomètres de Lourciez, on a interné deux vieilles femmes, des sœurs, qui veillaient depuis près de quatre ans le corps de leur mère morte.

Et les trois assassins de Pierre Goldman, ceux des ministres tués, qui les a retrouvés ?

Et qu'avaient-ils dans la tête ces jeunes gens qui sur une plage ont déchiqueté à coups de dents, après l'avoir frappé à mort, le visage d'un de leurs jeunes camarades ?

Faits divers.

Qu'on me dise après cela que Michel Farges n'a pas pu être assassiné et que Monica Sundberg et Jerzy Borowski n'existent pas !

30

Borowski m'avait dit : « Venez, venez me voir, il vaut mieux. »

Puis il avait raccroché et j'avais commencé à avoir peur. Je me reprochais de l'avoir appelé, de m'être précipitée dans le piège que m'avait tendu Monica Sundberg en me laissant ce numéro de téléphone, attirant comme le vide. Elle était au fond, morte, et j'avais voulu la rejoindre, saisie par l'angoisse, le sentiment confus que, si j'avais donné à Monica le tableau, elle eût échappé à cette mort qu'elle craignait. Je lui avais refusé mon aide. J'étais coupable. Bientôt, ce serait mon tour.

J'allais et venais dans l'appartement, fermant puis ouvrant les volets, n'osant pas entrer dans la pièce où j'avais caché le tableau parmi ceux de mon père, le prenant enfin, le posant à plat sur mon bureau, commençant à déchirer le papier bistre qui l'enveloppait, trop nerveuse pour réussir à dénouer les ficelles croisées, les coupant d'un coup sec, me trouvant enfin face à ce couple, l'homme-oiseau et la femme, qui, je m'en persuadais – mais que sait-on des ressemblances ? –, était l'autoportrait de Monica. Je passais ma main à plat sur la toile tendue, ce geste que j'avais fait tant de fois enfant et que mon père m'interdisait mais que j'accomplissais comme un rituel de conjuration, pour enfermer les personnages peints, dans le cadre du tableau, les contraindre à demeurer liés au grain de la toile, car je craignais, et mon père riait de mes terreurs, qu'ils ne s'avancent ou que la mer et les collines n'envahissent l'appartement.

Rien n'est innocent. Mes gestes de l'enfance me préparaient-ils à celui-ci ? Il me sembla à effleurer la toile que je repérais des inégalités, de courts sillons, des surfaces, des zones creuses, comme si sous la toile se trouvaient dissimulés des éléments que je ne pouvais identifier.

Voilà la cause de leur mort.

Dès que je m'en persuadai, je remis le tableau parmi ceux de mon père. Je ne voulais pas aller plus loin, crever cette toile, faire surgir derrière son masque une réalité inquiétante.

J'appelai Pierre Mithois. J'habiterais désormais chez lui, vraiment.

« Je croyais que tu l'avais déjà décidé », disait-il.

J'étais folle, murmurait-il avec tendresse. Il m'attendait. Le dîner serait servi dans le jardin. Il m'avait préparé ceci et cela. Il pouvait venir me chercher.

Je le remerciai, n'osant lui dire que, au fur et à mesure qu'il parlait, je changeais d'avis. La villa de Pierre n'était pas un refuge puisque Monica Sundberg m'y avait retrouvée. Ils la connaissaient.

« Ils » : Jerzy Borowski et les tueurs qui avaient abattu Michel et Monica. Car je ne croyais pas à l'accident.

« Ils » : l'homme du parc de la bibliothèque à Chambéry et ceux qui avaient déchiré la photo de Michel et laissé le gant noir et le petit oiseau mort après leur passage.

Je sortis, téléphonai d'une cabine à Cécile Devun. J'allais à Paris. Pourrait-elle m'héberger quelques jours ? Je l'écoutai me donner déjà les instructions pour mon séjour chez elle, puisqu'elle serait absente, en vacances, si heureuse que j'occupe son appartement. Elle me parlait de clefs, de concierge, de courrier, du fonctionnement des machines, du réfrigérateur. « Il sera plein, ne t'inquiète pas. »

Sa volubilité protectrice me rassurait. Je disposais donc d'un lieu que j'imaginais secret. Là, ils ne me trouveraient pas car je ne doutais pas qu'ils me recherchaient. Il me fallait du temps pour découvrir, comprendre et écrire.

Je ne veux pas me présenter comme celle qu'on a pourchassée ou persécutée. Michel Farges et Monica Sundberg sont morts. Moi, je vis, je rédige à Sauvan ce récit. J'espère encore échapper à leurs griffes. Mais on ne peut guère, quand la peur vous tient, contrôler son imagination. Je pensais que, si je ne me rendais pas chez Jerzy Borowski, lui-même ou ses tueurs me poursuivraient jusqu'à Lourciez.

La peur est un mal lancinant qu'on croit disparu chaque fois qu'il s'atténue mais la panique est d'autant plus forte quand la douleur revient.

J'étais à peine remontée chez moi que le téléphone sonna. Personne au bout de la ligne. Communication interrompue. Erreur ? Avertissement ou simplement façon de s'assurer que j'étais encore là, animal pris au gîte ?

Je décidai de partir, d'emporter le tableau.

Il était encombrant, lourd. Je retirai rapidement les pointes qui fixaient la toile à l'intérieur d'un cadre de bois doré. Je cachai celui-ci. Mais la toile tendue était encore difficile à transporter. Je savais pour avoir vu mon père faire ces gestes que je pouvais sans dommage dégrafer la toile de son montant et la rouler. Dès que j'eus commencé, je m'aperçus qu'il n'y avait pas une toile, mais deux, placées l'une sur l'autre, accrochées ensemble. On ne pouvait s'en rendre compte qu'à la condition de démonter le tableau comme je le faisais.

J'ai séparé les toiles, ainsi qu'un pansement qu'on enlève d'une plaie. Celle qui était peinte se décolla avec un bruit d'arrachement. Je la roulai précautionneusement faisant ainsi disparaître l'homme-oiseau, la femme nue et les rapaces qui la guettaient et découvrant sur l'autre toile, collée à elle, de petits rectangles noirs, des négatifs photographiques. Il y en avait plus d'une trentaine placés côte à côte sur les bords, glissés dans de fines enveloppes transparentes, dont, passant ma main sur le tableau, j'avais repéré les limites.

J'eus la tentation d'allumer un feu, de brûler les négatifs et les toiles. Je ne sais ce qui m'arrêta. Peut-être le respect que j'avais depuis l'enfance pour ces couleurs, ces figures qui s'organisaient sur une toile et dans lesquelles le peintre, mon père ou Monica, avait mis un moment de sa vie. Mais peut-être aussi suis-je obstinée et curieuse jusqu'à la passion. Je veux traquer ce que je ne sais pas des autres et de moi. Je veux aussi connaître jusqu'où je peux aller. Et qui sait si la peur que j'éprouve à m'aventurer n'est pas la sensation que je recherche ?

Et puis, je le dis maintenant, assise à ma table, retrouvant à écrire mon angoisse d'alors, la fébrilité anxieuse avec laquelle je plaçai les négatifs dans mon sac, enveloppai la toile peinte, jetant la vierge dans la pièce où s'entassaient les tableaux de mon père, je le dis parce que je l'ai découvert en retraçant la vie de Michel Farges, je suis prête à subir la mort, si présente est la tristesse en moi, si grise la vie depuis que j'ai dû fermer la chambre de mon père.

Je suis vieille de la mort de mon père, vieille de la mort de Michel, vieille de ce cynisme que je sens autour de moi.

Je n'ai mesuré que peu à peu, en écrivant, la blessure qu'avait représentée pour moi, naïve je veux bien, la rencontre avec Michel Farges, Robert Portal, Servoise, Emmanuel Chaves et tous ceux que j'avais placés loin dans l'univers inaccessible des idées et du langage, et que j'avais vus à quelques pas de moi, côtoyant Baynac ou Lacroix, Borowski ou Alberti, embrassant Betty Vanier et Carla Cavalieri, riant en complices avec Arnaud de Rougerie ou Guy Richet.

J'écris ceci à l'instant du récit où il me faudrait révéler ce que reproduisaient ces négatifs de photographies que j'ai remis à Pierre Mithois pour les développer dans le laboratoire de son université.

Je ne cherche pas par une digression qu'on jugera pleine d'excès (a-t-on le droit d'écrire : « Je suis prête à subir la mort »?) à retarder le moment où il me faudra dire le contenu des négatifs que j'avais trouvés. Je ne suis pas l'auteur d'un roman policier qui crée et entretient le mystère. Je raconte une vie et je comprends mieux Michel Farges si je mêle mon désespoir et mon indignation aux siens.

Michel est mon miroir terni.

Je fais l'hypothèse qu'après la mort de son père dont il ne m'avait pas parlé, mais dont Monica Sundberg m'a relaté les circonstances, il ne devait plus craindre ni la révolte ni le danger. Je l'imaginais marchant avec sérénité dans la nuit du dimanche 1er juin vers ces tueurs qui l'attendaient au bout de la rue des Carmes.

Il avait quitté la réception des Claroux en compagnie de Jerzy Borowski et de Monica Sundberg. Elle s'accrochait aux bras des deux hommes qui la raccompagnaient chez elle, rue de Seine. La concierge qu'ils réveillaient de leurs éclats de voix avait vu de sa loge Monica Sundberg et Jerzy Borowski s'engager dans l'escalier et Michel Farges, qu'elle connaissait bien, demeurer sous le porche. Puis il s'était éloigné seul, laissant étrangement ce couple se reconstituer alors qu'il était l'amant de Monica.

Ils avaient étudié, disaient-ils l'un et l'autre, les détails d'un scénario, travaillant toute la nuit, et quand la police s'était présentée, aux premières heures de la matinée, ils étaient encore ensemble, ignorant le crime. Qui pouvait les soupçonner ?

Je les imaginais complices, préparant le guet-apens, puis Borowski faisait tuer Monica Sundberg parce qu'elle s'était enfuie et que les femmes sont sensibles au remords.

Peut-être déjà Michel Farges au moment de quitter Monica Sundberg sous le porche, rue de Seine, avait-il perçu une hésitation dans son regard, deviné ?

Peut-être, se dirigeant vers la rue des Carmes, savait-il ?

31

Il me faudrait connaître chacune des pensées de Michel, ce soir-là, à quelques pas de sa mort. Je voudrais l'accompagner entre la rue de Seine et la rue des Carmes. Il a hésité au carrefour de l'Odéon, devant un souvenir. Dans cette brasserie encore ouverte, il a pris, chaque jour, durant près de deux ans, son déjeuner seul, un livre, qu'il annotait, posé entre les plats.

Il regarde cet homme qu'il est, cet indifférent au monde, aux femmes qui passent, aux jeunes gens attablés autour de lui, ce reclus volontaire de son ambition, écrivant quelques lignes à Gilles ou à Colette, leur accordant des bribes, à la fin du repas. Il jetait là, dans cette boîte aux lettres, proche de l'horloge, l'enveloppe rapidement collée contenant une ou deux phrases pour Clémentine et Maurice Farges : « *Que Gilles rende visite à ses grands-parents. Je les embrasse.* »

Fou, cet homme enfermé dans ses projets, lançant sa vie vers l'avenir.

Nous y sommes.

Michel attend longuement au bord du trottoir. A cette heure avancée de la nuit, les voitures roulent sur le boulevard Saint-Germain à très grande vitesse, franchissant sans même ralentir les feux orange. Il suffirait à Michel d'un simple élan ou même qu'il fît un pas, attiré par la coulée sombre du boulevard, pour que l'une de ces voitures le heurte et qu'on en finisse enfin avec lui, Michel Farges.

J'affirme que, debout au bord de la chaussée, dans le clignotement des signaux lumineux, Michel a eu cette tentation, la respiration calme, les épaules simplement plus lourdes, et le corps, dans chacun de ses plis, près de s'affaisser, comme si la peau peu à peu se mettait à glisser vers le sol.

Mais il faut de l'énergie même pour se laisser tuer comme on plonge et Michel après cette soirée chez les Claroux n'était qu'un acteur qui sort de scène incapable de prononcer un mot, agissant en automate, accomplissant les gestes de ses habitudes.

Il traversait la chaussée sans se soucier des voitures qui le frôlaient, prenait la rue de l'Ecole-de-Médecine, la remontait vers le boulevard Saint-Michel, puis au-delà, la rue des Ecoles et la rue des Carmes.

Enfin, les tueurs, trois jeunes hommes, sortaient de leur abri, l'une des cours qui ouvrent sur la rue. Ils entouraient Michel, plaçant le canon de leurs armes contre sa tempe gauche et sa poitrine.

On dit qu'à l'instant de la mort toute la vie défile. Mais quelle scène s'est fixée ? Le hurlement de Clémentine Farges qui se penchait sur son fils brûlé, ou bien le premier pas de Gilles dans la cuisine de l'appartement de Chambéry, un dimanche, Colette debout dans l'encadrement du balcon, Clémentine appuyée à Michel, Maurice Farges qui fumait assis, les bras croisés, sa veste bleue d'ouvrier jetée sur ses épaules? Peut-être une image plus ancienne, au bord du fleuve quand Colette s'est accroupie sous les arbres et a attiré Michel contre elle, en elle; ou bien, avant encore, Maurice Farges que Michel surprend au moment où il sort de la chambre de Clémentine, nu, comme plus tard, il y a quelques mois seulement, sur le lit de l'hôpital de Chambéry.

Personne ne peut décrire cette dernière vision dans laquelle la vie de Michel tout à coup s'est résumée au moment où éclatait l'acte rouge, deux explosions assourdies que seuls les tueurs entendaient.

Ils fuyaient déjà, courant vers la rue Valette et le Panthéon, leurs chaussures blanches faisant des taches mobiles dans la nuit.

Je prétends que la mort n'a pas surpris Michel.

Même si Monica Sundberg au moment de le quitter, rue de Seine, se retournant dans l'escalier, cependant que Jerzy Borowski continuait de monter, n'a pas eu ce regard qui eût averti Michel du danger, je suis sûre qu'il savait que la mort était aux aguets et qu'elle allait fondre sur lui.

On trouvera peut-être ridicule cette phrase.

Tout homme lucide ne sait-il pas que la mort est un point noir, toujours présent et qu'elle peut en un instant obscurcir l'horizon?

On me dira aussi que Michel Farges avec une complaisance suspecte, déplaisante j'en conviens, utilisait la mort comme l'un des ressorts de ses livres, qu'il ne pouvait donc être surpris par elle. Pas un seul de ses personnages de roman — et c'est déjà le cas de Marc Foulier — qui ne fût tenté par le suicide ou ne le provoquât. Farges répète même d'un roman à l'autre des images gauches et appuyées, empruntées aux accessoires d'un romantisme convenu.

Pour avoir lu toute son œuvre, je connais ces monologues intérieurs où le héros répète que la mort est sa seule compagne et qu'il doit lui tenir la main pour ne jamais oublier sa présence.

J'ai souri de ces enfantillages, mais le dimanche 1er juin la réalité a rejoint la fiction. La mort, la tant nommée, a répondu à l'appel. Michel n'a pas été l'un de ces écrivains qui font un durable commerce de leurs obsessions, les entretiennent comme des caniches qu'on sort en promenade le temps d'un livre puis qu'on envoie coucher. La mort est venue au rendez-vous donné par l'imaginaire.

Voilà pourquoi je maintiens que Michel Farges savait qu'elle était proche non point comme un artifice romanesque mais comme une présence réelle. Eût-il confié à un notaire ses instructions, s'il ne s'était senti menacé, me léguant ce tableau et ces dossiers où je décèle plus que l'attente de la mort, son choix ?

Je ne dis rien encore des photos cachées sous la toile. Je me contente d'examiner les textes.

Je les ai confrontés.

J'ai mis côte à côte les pages consacrées à Jerzy Borowski et les notes du dossier jaune qui devaient constituer la documentation de *La Ville lumière,* ce roman que Michel projetait d'écrire.

J'ai lu ces *Réquisitoires* – le dossier violet – que j'avais d'abord négligés, croyant qu'il ne s'agissait que de pensées politiques dans lesquelles un auteur ne se livre pas.

Je me trompais.

L'homme qui a écrit cela s'est voulu seul comme une cible.

32

Je vois Michel Farges.

Il est entre les lignes. Et ces mots à la suite composent bien les limites d'un front.

Il a quitté son camp, déserté Chambéry, abandonné Colette et Gilles, essayé d'oublier la veste bleue et les doigts couverts de sciure de Maurice Farges. Il refuse de se retourner. Il refuse de demeurer ce qu'il était.

Il a couru vers l'autre ligne, les bras levés. Il est entré dans l'autre armée. Il a marché au pas, appris les grades et la langue. On lui a donné un patronyme : « *Michel Farges, intellectuel, écrivain, journaliste* ».

Et voici qu'à nouveau il monte sur le parapet, qu'il crie à qui veut l'entendre – moi qui l'écoute : « Je n'appartiens pas à ce camp. J'en deviens le procureur. Je dénonce Portal, Rougerie, Richet, Borowski, Betty Vanier, les autres. Je trahis. »

Entre les lignes, Farges, sous le feu croisé de ses souvenirs et de sa lucidité.

Il a la hargne d'un dénonciateur. Ses textes ont la vigueur antipathique des réquisitoires. Mais ce procureur dit aussi : « Je suis l'un des accusés, je me suis mêlé à eux. Je n'ignore rien de Portal pour avoir été un temps son ami. Lasnoy? Je le voyais chaque jour. Sabra? Nous avons eu la même maîtresse. Betty Vanier? J'ai habité avec elle plusieurs années. Je sais comment elle mime le plaisir. Quand elle sourit à Vittorio Morini, je l'imagine déjà, allongée sur son corps. J'ai respiré son haleine, elle m'a griffé le dos pour me faire croire qu'elle jouissait. Mais je ne suis pas dupe. Je la dénonce elle et les autres qui m'ont accueilli et aidé, fait une place. Je ne vois plus en eux que des caricatures d'hommes, qui n'ont laissé de moi que l'apparence. Je m'enfuis avant de n'être plus rien qu'un masque appelé *Michel Farges écrivain,* qu'on montrera sur les scènes quelque temps.

« Après, quand le public sera lassé, qu'il ne louera plus les places du théâtre, n'achètera plus mes livres, on me jettera en coulisse, sur ce grand tas de noms oubliés, ce monceau d'hommes qui se sont crus glorieux et qui n'étaient que les différents visages de la machine à vendre. »

Je sens la peur de Michel Farges. Il est aux abois. Je l'avais cru comblé alors qu'il était comme un animal trop lourd, vieux déjà, guetté par les plus maigres, les Sabra et les Hassneri.

A cinquante ans, il ne demeure que deux voies ouvertes. L'une est celle du pouvoir qui rassure et protège. On se cache derrière lui. Philippe Lasnoy dirigeait *Présent,* Alberti les éditions Claroux. Baynac et Lacroix avaient choisi la politique, les palais gouvernementaux. Guy Richet préparait son entrée dans un jury littéraire; Arnaud de Rougerie était déjà membre de l'Académie. Mesnard campait dans la poésie et le confort que lui offraient les femmes vieillissantes. Servoise présidait une section du C.N.R.S. et patronnait un laboratoire de sociologie. Tous ceux-là s'étaient retranchés.

Les jeunes loups – je choisis cette expression usée jusqu'à la dérision parce qu'elle dit bien la loi du carnage et de la faim qui régente les milieux où Farges avait choisi de vivre – passaient au large de ces hommes forts. Ils étaient prêts à devenir pour leur plaire des chiens dressés puisque telle est l'exigence du pouvoir. « Chiens de garde », répétait Farges.

L'autre voie est celle de l'acceptation du monde et de soi. On prend le rythme lent de l'âge. On regarde de loin la jungle et l'on s'en tient à l'écart. On reste maigre. On n'intéresse pas les carnassiers. On est cependant suffisamment habile pour frayer avec quelques puissants. Le poète Emmanuel Chaves, celui que souvent on appelait Chaves le pur, Chaves le lointain, Emmanuel Chaves qui avait écrit ces vers que j'aimais, on s'en souvient :

« De l'idée son corps était preuve
Alors ils l'étouffèrent et il fut heureux du [silence
Que troublait seulement la rumeur de son [sang. »

Chaves était de ceux qui vivaient à l'écoute de leur seule vie, haussant les épaules quand on leur rapportait un ragot, indifférent vraiment et donc égoïste et cynique, sans regret et plein d'ironie.

Farges était son contraire.

Je déteste l'amertume et l'exagération ridicule de ses critiques. Je n'aime pas qu'il ait recueilli sur ses fiches les commérages qui traînent dans les maisons d'édition ou les journaux. Je sais qu'il ne dessine que des caricatures, creusant les rides, accentuant les calvities, accusant la mesquinerie des comportements. Il accable pour se grandir. Sa peur est mauvaise conseillère. Il craint non seulement la rivalité des Rastignac qui le guettent mais aussi le talent des jeunes gens, frères de ceux que Balzac rassemblait dans le Cénacle autour de Daniel d'Arthez. Michel Farges les ignore ou réduit leur exigence à quelques travers. Il est injustement sévère.

Il écrit ses réquisitoires, il rassemble les matériaux de *La Ville lumière,* avec le rictus des misanthropes. Il répète après Chaves que le milieu parisien est un « gang ». Mais le poète mettait de l'humour dans cette affirmation. Michel la hurle avec un sérieux insupportable. Qu'a-t-il donc vécu de plus chez Borowski ?

Je ne veux pas être dupe de ce qu'il m'a légué, qu'on pourrait appeler le testament d'une ambition finalement déçue, le discours acariâtre d'un auteur envieux et aigri, qui n'a pas réussi à ouvrir sa poitrine à la générosité, et qui meurt, comme un avare laissant quatre vieux billets démonétisés, ces règlements de comptes.

Je sais tout cela.

Et pourtant j'écoute sa voix aigre de révolté. Ses mots qui ressemblent aux gesticulations d'un traître me fascinent. Il saccage et arrache. Il exagère. Mais il faut cet excès, cette passion suicidaire, cette angoisse pour oser crier. Michel Farges a la détermination de ces mutinés qui pendent leurs officiers à la plus haute vergue et brûlent leur vaisseau afin de s'interdire toute possibilité de rachat et de retour.

Ils n'ont d'autre choix que la fidélité à leur rébellion ou la mort.

J'ignorais encore au moment où je lisais les textes de Michel dans quelle révolte il s'était engagé et pourquoi elle l'avait conduit à la mort.

33

MICHEL FARGES dénonce donc avec cette exaltation qu'ont souvent les transfuges. Je lis. J'ouvre et ferme ses dossiers. Je reviens à eux sans cesse tant est forte l'attraction de la folie qui les habite.

Folie : car Farges ne voit que le noir des hommes et leur ombre.

A propos de Betty Vanier, il n'emploie qu'un seul mot : *pute.* Il ricane d'elle comme de Carla Cavalieri, la maîtresse de Mesnard et de Lasnoy, l'épouse divorcée de Jerzy Borowski. Ces femmes – celles de ce milieu, car il généralise – à prétention d'indépendance, dressées sur leur affirmation de liberté, sont soumises à la loi du fric et de la notoriété. « *Expliquer,* écrit Michel, *la liaison de Betty Vanier et Vittorio Morini. Avidité de Betty. Pute qui en veut toujours plus, et même si le corps de l'homme pue déjà la mort.* »

Et tout à coup un nom inconnu de moi sur l'une des fiches : « *Véronique* » et, encadrée, cette phrase : « *Véronique la blanche et la naïve comme Markos.* »

Je ne découvrirai l'identité de Véronique que plus tard. Je sais qui est Markos. Les journaux ont parlé de lui il y a six mois. Ce romancier d'origine grecque, exilé, a été publié par Claroux. Farges m'avait prêté l'un de ses livres, *La Fente,* histoire de révolution morte et d'amour sans issue. Un jour, Markos s'est jeté sous une rame de métro, un désespoir inexpliqué, a-t-on dit, et le milieu s'est refermé sur son nom comme il recouvrira celui de Michel Farges.

Je trouve une fiche consacrée à Markos. Elle comporte de nombreux points d'exclamation et des notes brèves : « *Vérité de Markos !* » « *Markos l'authentique !!!* »

Je ne souris plus à ce mot. Il pèse comme les corps morts de Markos et de Michel Farges. Des repères sur la fiche Markos renvoient à d'autres noms : Robert Portal, Jean Mesnard, Martin Hassneri : « *Révolutionnaires et justes pour bazar parisien* », commente Farges qui raconte.

Portal s'est avancé vers lui dans l'un de ces cocktails qui marquent la saison parisienne. Portal est petit, mais pour se grandir il porte des bottillons de cuir fauve à hauts talons. Il aime les blousons de toile et les écharpes rouges. Il prend le bras de Farges dans un élan qui semble fraternel : « Dis-moi, Michel... » Farges note en face du nom de Portal : « *Fric, contrats, articles. La rigueur comme décor. Un Saint-Just mondain, pour colloques, congrès et alcôves.* »

Portrait identique de Jean Mesnard, le critique d'art, l'esthète et l'élégant ami de Carla Cavalieri qu'il partage avec Lasnoy.

Voici Lasnoy sur le devant de la scène, l'habile, le machiavélique Lasnoy, qui, à la direction de *Présent,* frappe puis ménage la droite et la gauche, avec suffisamment d'intelligence pour qu'on le juge indépendant. « *Pour peindre Lasnoy,* écrit Farges, *le montrer chez Jerzy Borowski en com-*

pagnie de Baynac, de Lacroix et même de Portal. Ne pas oublier!! »

J'imagine ces nuits où Farges et Borowski ont voulu m'entraîner, Farges acteur et voyeur. Les fiches collent à mes doigts comme les lettres anonymes d'un délateur qui livre les noms de ses complices à l'accusateur. Farges n'a oublié personne. Petit Robespierre rancunier, il m'a désignée pour être son exécuteur – le mot est parfaitement choisi – testamentaire. Mais Farges montera dans la charrette avec les autres. Je ne l'épargnerai pas. Il n'a pu accorder sa sensibilité à sa raison, son amibition à ses souvenirs.

Il m'avait accusée plusieurs fois de fanatisme et reproché, je l'ai dit, mes élans vertueux. Il s'était moqué de ma crédulité, me comparant à son fils. Or je retrouve sous sa plume une indignation démente, car après tout la faiblesse des hommes est peut-être la condition de leur humanité. Je me méfie de ceux qui ont l'âme tranchante comme une lame. Ils deviennent des bourreaux.

Mais je veux plaider pour Farges, entrer dans sa peau. Mon père aussi n'avait que ses mains pour outils. Un carreleur vaut un menuisier. Ce sont métiers de choses et non de mots. Peut-être à cause de nos mères, rêveuses et volages, Michel et moi avons choisi le vocabulaire, cette manière de construire avec rien des maisons idéales. On en oublie les puanteurs et les lourdeurs de la vie. Moi, je ne suis qu'une femme ou bien – changeons le moins en plus – j'ai la chance d'être une femme et d'être née en 1954, après les grands conflits quand la société était déjà devenue cette molle structure malléable où les lignes du front s'étaient rapprochées.

Changer de camp ? Pour aller où ? Avec qui ? Je ne connais que des individus. Michel ou Pierre Mithois, Cécile Devun ou Colette Bussi, Bernard Leyris ou Gilles Farges. J'aime ou je hais des corps, des manières de parler et de rire. Tel me déçoit, tel m'enchante. De Pierre, j'apprécie la tendresse et l'enthousiasme. De Gilles Farges, je ne déteste pas l'emportement et j'aime son sens de la fidélité.

Michel, vingt-cinq ans de plus que moi, appartenait encore au temps des fronts séparés dont je crains ces mois-ci qu'il revienne. Culpabilité, trahison, engagement : le vocabulaire de Michel est celui de la guerre et sa psychologie celle du soldat. Il ne réussit pas à être un individu.

Pauvre Michel qui s'est laissé peu à peu vider de lui-même. Sa révolte, ce sursaut pour être enfin seulement lui, n'aboutit qu'à sa mort. On l'a eu une fois pour toutes.

Lui qui se voulait et se prétendait cynique, que d'illusions dans sa tête ! C'est moi qui suis froidement réaliste. Je n'ai mis que quelques semaines à comprendre que le monde de l'intelligentsia ne me convenait pas. Je l'ai quitté sans regret et sans éclat. J'y avais pris des vacances en compagnie de Michel Farges comme d'autres essaient un amant en Tunisie ou en Grèce. Je n'avais aucune institution à dénoncer. Je n'aimais pas Mesnard mais je trouvais Emmanuel Chaves sympathique et je ne pensais pas que Betty Vanier ne fût qu'une pute. Mon père était ouvrier. Soit. C'était le mien ! J'aimais sa peinture naïve et que son nom ne figurât pas dans les catalogues d'expositions ne m'humiliait pas. Mon père avait été heureux de peindre.

J'avais besoin d'écrire. Si mes papiers gribouillés devenaient des livres, tant mieux, sinon l'important était de les avoir écrits.

Je ne suis chargée d'aucune ambition collective. Je suis seule. Je ne tente de reconstituer la vie de Michel Farges que parce que j'ai vécu avec lui, si proche son corps du mien, que je n'accepte pas qu'il disparaisse si vite de ma mémoire. Je l'amarre à moi, pour la vie, par ce travail quotidien qu'est l'écriture. Je le sauve de mon oubli.

Je me révolte contre sa mort et non contre le groupe social auquel il appartenait.

Tout autre que moi, Michel Farges, animé par l'esprit guerrier, voyait la vie comme un combat. En franc-tireur, il a voulu s'emparer de tous les signes de la réussite. Ah ! le bon élève arrachant les diplômes les uns après les autres; ah ! l'ambitieux frayant sa route, du petit bureau chez Claroux, les premières années, à la salle de rédaction de *Présent,* de l'anonyme rédacteur d'une encyclopédie à l'auteur à succès auquel on demandait des préfaces et qui n'habitait plus le quartier des Gobelins mais le boulevard Saint-Germain, qui ne déjeunait plus dans cette brasserie du carrefour de l'Odéon, mais chez Lipp, où le gigot est excellent, la table réservée et où seuls les pauvres cons attendent.

Il ne faisait plus partie du troupeau, Michel Farges, son nom était en bonne place dans *Présent,* ses livres exposés chaque année dans les vitrines. Il avait obtenu un prix littéraire et gagné des lecteurs. Il pouvait décider que le roman de Mesnard ou l'essai de Robert Portal étaient bons ou exécrables.

Et pourtant ce dégoût et cette amertume.

Fou une fois encore, Michel Farges. S'en prenant aux autres, dénonçant Portal, Mesnard, Lasnoy, Claroux, pour se tuer soi. Brisant le miroir afin de changer de visage. Il m'avait dit et il avait écrit sur ses fiches : « Ça, les intellectuels ? Ça, l'intelligentsia ? »

Il décrivait les petits trafics d'influences. Un article ici contre un compte rendu là. Une préface généreusement payée contre une voix lors d'un vote dans une quelconque académie. Il avait le regard du valet de chambre qui a vu le roi nu.

Portal, l'intransigeant, se faisait photographier place de la Bastille pour un grand hebdomadaire afin de mieux lancer son dernier livre de révolutionnaire.

Hassneri s'accrochait aux rescapés du Goulag pour que les journalistes ajoutent à ses propos et à son nom l'écho international auquel il rêvait.

Mesnard, Mesnard qu'en dire, gigolo qui se prétendait poète et embrassait Portal dans le jardin des Claroux comme si tous deux venaient de s'échapper d'une chambre de torture alors qu'ils sortaient de leur bain.

Aveugle Farges, d'avoir mis deux ans à découvrir cela alors qu'il m'avait suffi de quelques jours...

Deux mots surpris, « *ce contrat, il te donne combien...* », un coup d'œil saisi, et j'avais mesuré le rôle de l'argent, la fascination qu'exerce le pouvoir. Autour d'Arnaud de Rougerie qui votait à l'Académie, les flatteurs se pressaient. Richet qui revendiquait dans chacune de ses interviews l'insolence comme une vertu et proclamait ses convictions conservatrices et même, mais oui, réactionnaires, faisait sa cour à Rougerie, l'aristocrate libéral, et s'approchait de Robert Portal dont on murmurait qu'il influençait deux ou trois membres d'un jury littéraire.

Sur ce milieu, « le petit gang, la mafia intellectuelle », Michel Farges avait rassemblé une cinquantaine de fiches impitoyables, de quoi écrire un roman de mœurs qui ne serait qu'une reproduction plus ou moins réussie de ce que Balzac, tant d'autres après lui avaient dénoncé dans la vie des lettres.

Je m'étonne que Farges ait été dupe. Il évoque la décadence de la culture occidentale, annonce la fin des intellectuels, le règne de la corruption, le pouvoir des journalistes sur le talent. Il s'accuse.

Qu'il lise donc *Les Illusions perdues.* Qu'il se souvienne de l'article que Lucien de Rubempré écrit contre son ami Daniel d'Arthez parce qu'il faut faire carrière.

Alors les coups bas que Michel reçoit, la jalousie dont il est entouré, la destruction de tel ou tel – Alberti le remarquable qui peu à peu s'est enlisé, écrivant les livres des autres, abusant de l'alcool pour mieux se perdre, crevant d'avoir renoncé, dirigeant la maison Claroux avec le dégoût des livres et de soi – les opinions dont on change en passant d'un journal à l'autre, Hassneri hier communiste fanatique, aujourd'hui dissident par procuration, tout cela je l'ai lu, je le connais ou je l'imagine.

Voilà pourquoi je suis rentrée à Lourciez puis me suis installée à Sauvan, non loin du village Thorane qu'habite Emmanuel Chaves, Chaves le pur, Chaves le lointain. Chaves dont je ne fais pas un héros pourtant. Il prend l'avion de Paris deux ou trois fois par an et vient d'accorder une longue interview télévisée à Christian Longin.

Je ne condamne pas ces mœurs et ces hommes. Ni Hassneri, ni Portal, ni Mesnard, ni Richet. Je veux simplement ne pas vivre parmi eux, à portée de leurs yeux et de leur voix, sous leur pouvoir.

Ils sont dangereux comme des bêtes blessées. Il leur faut faire commerce d'eux-mêmes et de leurs douleurs, vivre de leur image, si démunis, contraints à l'excellence, acteurs qui doivent interpréter leurs propres textes, paraître et dire pour exister, anxieux et enragés parce que vulnérables.

Tel était aussi Michel Farges.

Mais les autres survivent. Lui, est mort.

Je veux savoir pourquoi.

Je crois ne plus être loin du but. Pierre Mithois vient de me téléphoner.

« Je les ai », dit-il.

Je l'interroge.

« Très nettes, répond-il seulement. Viens. »

Peut-être la vérité sur ces photos développées.

QUATRIÈME PARTIE

34

Pierre Mithois avait posé devant lui, comme un tas de cartes avant que le jeu ne commence, les photos qu'il avait développées. A sa droite, il avait disposé les négatifs dans leurs enveloppes transparentes.

Il était assis à même le sol, les jambes croisées, dans une attitude qui lui était familière, le dos appuyé à sa bibliothèque. J'étais entrée sans qu'il bougeât. Je n'avais eu qu'à pousser la porte du jardin jamais fermée et je savais que Pierre se trouverait dans la pièce du haut, son bureau qui donne sur la terrasse.

Je m'étais efforcée de monter l'escalier lentement, m'arrêtant même avant la dernière marche, me répétant que ce que j'allais découvrir n'avait pas l'importance que je croyais, que je m'illusionnais, romancière en mal d'émotion et de thèmes, délirante qui malgré elle transformait la réalité. Et même si ces clichés m'étonnaient, il fallait que je conserve mon sang-froid. Je n'étais mêlée à ces événements que de loin. J'en savais assez de la vie de Michel Farges.

Mais ce discours raisonnable m'exaltait au lieu de me calmer. Peut-être m'étais-je arrêtée sur le seuil du bureau de Pierre seulement pour accroître mon impatience et mon désir. Je suis retorse avec moi-même, habile à jouir dans la bonne conscience.

J'entrai donc.

Pierre fit un geste, m'invitant à fermer la porte. Pourtant il faisait chaud, comme souvent à Lourciez à la fin de l'été, quand le soleil voilé de brume crée cette atmosphère moite que seul le vent peut assécher. J'hésitai. Mais Pierre renouvela son geste, désignant les platanes du jardin voisin. A ce moment seulement, j'entendis ces piaillements criards, je vis cette myriade de petits oiseaux noirs, l'un de ces vols d'étourneaux qui sur leur route font halte quelques heures et annoncent le changement des saisons. La stridence de leurs cris me devint insupportable et naturellement j'interprétai leur présence bruyante comme l'un de ces signes qui balisent la vie.

Je frappai dans mes mains plusieurs fois sans qu'un seul s'envolât. Je fermai alors la porte bruyamment mais leurs cris continuaient de nous parvenir, à peine étouffés.

« Je n'aime pas, dit Pierre, je n'aime pas, pas du tout. »

Il avait pris le paquet de photos, les faisait glisser l'une sur l'autre, cartes qu'on bat avant de les distribuer.

« Assieds-toi », ajouta-t-il.

Il me désignait un coin du tapis en face de lui. Il était autoritaire et grave.

« Deux morts, déjà », continua-t-il d'une voix lente, reposant les photos devant lui.

Je m'accroupis. Je tendis la main mais il saisit mon poignet.

« Non », dit-il.

Il sentit ma nervosité et me lâcha, commençant à m'admonester. Farges avait été assassiné, puis Monica Sundberg avait eu — il s'interrompit, m'observant, murmurant : « Tu avais raison, un drôle d'accident. » Deux morts déjà, répétait-il.

Il m'interdisait de continuer seule à m'engluer dans cette affaire, à me compromettre et à prendre des risques. Il parlait de plus en plus fort en proie à une colère qui me plaisait, même si, je le savais déjà, je ne suivrais aucun de ses conseils. Et Pierre s'emportait parce qu'il connaissait ma détermination et son impuissance à me convaincre. Mais il avait prévu tout un scénario. Il allait avertir, si j'en étais d'accord, précisait-il tant il connaissait ma susceptibilité, Raymond Joulin, l'avocat responsable du parti socialiste pour Lourciez. Par lui nous toucherions la direction du parti. L'affaire, si affaire il y avait, deviendrait nationale. Je serais protégée par l'intervention publique des responsables de l'opposition.

« Tu crois ? »

Il avait suffi de ma question pour le désarçonner. Il criait que je ne pouvais pas aller plus loin. Il rappelait le cambriolage, l'agression dont j'avais été victime à Chambéry, le gant et l'oiseau mort qu'ils avaient laissés dans mon appartement, les filatures dont j'avais été l'objet, l'intervention de Monica Sundberg et pour finir de Jerzy Borowski dont elle me laissait le numéro de téléphone privé. Et, folle, je l'avais appelé.

Pierre me tendit une photo.

L'image n'était pas très nette et je mis quelques secondes à reconnaître Jerzy Borowski dans ce jeune soldat aux cheveux rasés, dont le col montant de la veste d'uniforme cachait le cou, semblait le forcer à tenir le menton levé. Mais le visage avait déjà cette lourdeur et cette mollesse slaves, le nez épaté, les lèvres comme renflées.

J'interrogeai Pierre Mithois du regard. Il eut un haussement d'épaules, me montrant du doigt l'angle droit de la photo. On avait tracé, comme sur un cliché d'identité policière, les initiales du nom : *J, B.*, puis une date : *1945.* Je remarquai très distinctement, à gauche sur la poitrine de ce jeune soldat, une décoration, une étoile à cinq branches, tache claire sur l'uniforme sombre.

« Un héros, ton Jerzy Borowski », dit Pierre.

Il se mit à parler vite. On eût dit qu'il racontait une intrigue de roman d'espionnage. Lui qui s'était toujours montré sceptique enchaînait maintenant les événements l'un à l'autre, leur trouvait une logique, employait ces mots dont la presse faisait étalage : manipulation, agent, liquidation, chantage, et, bien sûr, les sigles des services secrets si romanesques, si utilisés qu'ils en sont devenus invraisemblables. Il retrouvait, presque mot à mot, l'article de l'hebdomadaire satirique.

« Mais pourquoi pas ? » cria-t-il comme je paraissais indifférente.

Je m'avançai. Je dis :

« Donne. »

Il se leva d'un bond, laissant les photos sur le tapis, entre nous.

« Tu ne dois pas. »

Je lui fis face. C'était mon affaire, ma vie. Je l'aimais bien. J'étais touchée de son inquiétude. Mais ce qui était commencé devait être achevé.

« Ma petite morale à moi, Pierre. Tu comprends ? »

Il jura, m'envoya foutre. Je pris les photos, lui conseillai de cacher la toile et les négatifs.

« Téléphone-moi », dit-il d'une voix lasse en m'embrassant.

J'ouvris la porte,

« Sinon, j'appelle Joulin », ajouta-t-il sans conviction.

Sur la terrasse, le cri des oiseaux, ces points noirs dans les arbres, me frappa au visage.

35

Mon visage, peut-être quelqu'un l'avait-il photographié à mon insu, et en ce moment même le détaillait-il comme je le faisais du visage de Michel, fixé là, dans ce carré de papier glacé que je tenais entre mes mains, assise dans ma voiture, garée sous les arbres du boulevard James, cette large avenue presque toujours déserte qui va du quartier des Agaves au centre de Lourciez.

J'avais, quittant Pierre Mithois, placé le paquet de photos dans la boîte à gants, le serrant entre mes deux paumes. Je ne voulais pas voir, ainsi, dans l'impatience, mais prendre le temps de m'attarder sur chacun des clichés, de saisir chaque détail, de deviner les arrière-plans, d'imaginer les circonstances, d'être à la fois le photographe et son sujet, de réussir ainsi à tirer de chaque image tous les indices qu'elle contenait. Telle était ma décision, raisonnable.

J'allais rentrer chez moi, prendre ma valise, me diriger vers Paris où je logerais chez Cécile Devun, et ce soir, dans un hôtel du bord de la route, j'étalerais les photos sur le lit, comme on fait une réussite. Je savourais d'avance ce moment, cette émotion – ce plaisir – retardés qui n'en seraient que plus intenses, désir contenu qui tout à coup se répandait dans chaque parcelle du corps.

Je commençais donc à rouler le long du boulevard James et brusquement, d'un mouvement impulsif, je m'étais rabattue sur la droite, faisant hurler les freins d'un motocycliste qui me suivait, me dépassait en m'insultant cependant que j'arrêtais ma voiture contre le tronc des platanes qui marquent la limite de la chaussée.

Je me souviens de ma fébrilité. Je ne réfléchissais plus. J'entendis seulement le piaillement des oiseaux qui avaient aussi envahi ces arbres-là. Je remontai les glaces, m'enfermai, prenant les photos, les gardant entre mes mains jointes comme font les joueurs soupçonneux.

Et je vis le visage de Michel. Il souriait non pas au photographe sans doute dissimulé mais à cette femme couchée près de lui, à sa gauche, Monica Sundberg qui se tenait appuyée sur le coude. Assise au bord du lit, une autre femme, Carla Cavalieri, indifférente, semblant regarder vers un angle de la pièce, une pièce blanche.

Le photographe devait être placé légèrement au-dessus du lit, à quelques mètres seulement, car je distinguais nettement les détails de chaque corps, les plis de la peau, les bagues que Monica portait à chacun de ses doigts. Je reconnus, bien qu'on n'en aperçût que la partie inférieure, un tableau de Monica. Deux oiseaux mêlaient leurs becs, leurs ailes à demi ouvertes dans une scène d'un symbolisme érotique qu'accentuait la présence d'un corps féminin, tranché à la hauteur du pubis mais l'effet n'en était que plus fort. Les corps de Monica, de Michel et de Carla paraissaient prolonger le tableau. Il me semblait que l'immobilité n'était que passagère, que les deux femmes allaient se lever, me prendre par le bras, me contraindre à me coucher près de Michel puis se joindre à nous.

Je ne sais combien de temps je contemplai cette photo, surprise et fascinée par le sourire de Michel, une expression que je ne lui connaissais pas, une sorte de béatitude un peu ironique et de nonchalance dans la pose qui me révolta comme une brusque révélation de sa perversité et de la duplicité de sa nature ici démasquée.

La scène me troubla aussi. Michel avait essayé de m'attirer chez Borowski, et peut-être une partie inconnue de moi-même regrettait-elle de ne pas avoir cédé.

Qui n'a eu la tentation d'étendre son plaisir jusqu'à des limites toujours plus éloignées ?

Ce mirage dont je mesurai la séduction, Michel Farges avait dû le poursuivre, persuadé qu'il avait le droit, le devoir de tout connaître et le pouvoir de tout éprouver. Il était un déraciné.

J'aime le sens premier de ce mot qu'on a oublié. L'image en est forte pourtant.

Michel fut cet arbre couché, qui roule au gré des hasards du vent et de la pente.

J'ai senti cela qui m'a conduite à me séparer de lui. Je crains l'errance. Je crains la liberté sans normes. J'ai deviné quel sentiment de fausse puissance donne le jeu avec les mots et la création de personnages. Michel avait été aussi victime de cette illusion. Il avait cru que ses actes n'avaient pas plus d'importance qu'une scène imaginée sur une feuille blanche, qu'on peut interrompre à sa guise et nier d'un trait de plume.

Pauvre Michel. Je me sens si vieille et si sage qu'il me semble parfois que cet homme deux fois plus âgé que moi avait la naïveté d'un enfant.

Il n'a pas pu quitter cette chambre blanche aussi simplement que s'il terminait un paragraphe, effaçant d'un geste de la main sur ses yeux les images qu'il avait fait naître.

Un homme était là, derrière la cloison – Jerzy Borowski ? –, s'emparant du sourire et des gestes de Michel, les enfermant dans ce carré de papier glacé, figeant le mouvement comme le fait la mort.

36

J'AVAIS oublié que la mort avait saisi deux de ces corps. J'en pris conscience tout à coup, avec un sentiment de dégoût, comme si je m'étais penchée sur un charnier. Je n'essayai pas de reconnaître les visages qui apparaissaient sur les autres photos. Je les regardai rapidement avec un malaise croissant. Une dizaine de clichés reproduisaient d'abord ce qui me semblait être un rapport dactylographié puis des lettres dont les pages avaient été numérotées et ces petits chiffres, placés en haut à droite, me firent penser brusquement à ces déportés auxquels on avait tatoué leur matricule sur l'avant-bras à l'encre bleue et qu'on avait contraints de danser nus, de mimer la joie et le plaisir, puis que leurs bourreaux, après les avoir photographiés, avaient abattus.

Je me persuadai que Borowski avait tenu ce rôle. Il n'avait pas choisi au hasard d'habiter une maison dont Michel m'avait dit qu'elle avait été occupée par des officiers nazis. Borowski s'était installé là où les murs racontaient une histoire de débauche et d'oppression.

Je cachai à nouveau les photos dans la boîte à gants et démarrai, descendant vers Lourciez.

Le lourd après-midi de fin d'été s'achevait. De courtes rafales de vent faisaient tournoyer au milieu de la chaussée les feuilles sèches des platanes. Au-delà de l'île de Saint-Axès, entre les caps, s'accumulaient des masses bleuâtres, presque noires. L'air était brûlant, hérissé, semblait-il, d'épines, peut-être des grains de sable, qui irritaient la peau, m'obligeaient à rouler, les vitres fermées, étouffant alors. La lumière elle-même, celle d'un crépuscule d'automne, demeurait brutale, éblouissante à cause du vent qui avait laminé le ciel comme une plaque de métal rougi.

Je mis longtemps pour regagner la rue du Château, faisant plusieurs fois le tour du quartier afin de trouver une place de stationnement. Quand enfin je pus me garer, loin de chez moi, le ciel, entre les façades rapprochées des rues de la vieille ville, avait la teinte des eaux boueuses. La pluie commença à tomber par grosses gouttes isolées. Je me mis à courir et quand je me rendis compte que j'avais laissé le paquet de photographies dans la voiture, l'averse se déclenchait. Je renonçai à retourner à la voiture comme empêchée par ce rideau de pluie que le vent soulevait et me précipitai dans l'entrée de mon immeuble, la robe trempée collant à mon corps.

Ils étaient assis, l'un près de l'autre, sur les marches de l'escalier et ils se levèrent à l'instant même où je les vis, Leyris d'abord puis Jeannin, s'avançant aussitôt vers moi.

J'avais déjà vécu cette scène et je retrouvais l'atmosphère de lumière et de chaleur dans laquelle elle s'était déroulée, le soleil estival envahissant la rue. Maintenant j'avais froid, j'entendais le bruit de l'eau roulant dans la gouttière près de la porte, celui de la pluie battant la façade. Et ce contraste mesurait ce que j'avais découvert en quelques semaines et que je voulais tenir caché.

« Aujourd'hui, il faut nous accompagner, dit Leyris lentement, prenant mon bras.

– Elle va se mouiller encore, et nous avec, ajouta Jeannin.

– Il faut qu'elle se mouille, non ? »

Leyris, tout en me regardant, me serrait le bras. Il chuchotait à mon oreille, et je devinais qu'il souriait.

« Voulez-vous changer de robe ? Mais je serai là. »

Je me dégageai d'un mouvement qui le surprit et commençai à parler fort de mes droits, de Cécile Devun que j'allais appeler. Jeannin me poussa dans la rue, sous la pluie.

« Ça vous nettoiera les idées, dit-il en évoquant la garde à vue. Deux jours, ma chère. »

Sans me laisser le temps de répondre, il me donna une nouvelle poussée, plus brutale, m'intimant l'ordre de me dépêcher, bougonnant que le moment n'était plus aux politesses ni aux plaisanteries. Leyris ouvrait la portière de cette voiture bleue dont j'aurais dû remarquer la présence, à l'angle de la rue du Château, là où elle était habituellement garée, peu après l'assassinat de Michel, quand ils avaient commencé à me surveiller.

Ils s'assirent près de moi sur la banquette arrière, de part et d'autre. Leyris posant la main sur mon genou. Je me raidis. Combien faut-il de temps pour imaginer le viol, les mains de l'homme, les vêtements qu'il lacère, la bouche qu'il bâillonne, l'horreur et le dégoût qui déchirent et tuent ?

Leyris retira sa main.

« Cette histoire de tableau que vous avez racontée à Borowski, on peut savoir ? »

Jeannin se pencha.

« On l'emmène ou pas ? »

Leyris eut un hochement de tête, il marqua une hésitation.

« Si elle nous expliquait, bien sagement... » dit-il.

Je profitai de leur comédie, me tournant vers Leyris, récitant moi aussi le rôle, celui de la naïve que les circonstances ont jetée dans un guêpier, qui s'est malencontreusement avancée, n'imaginant pas, n'écoutant pas les conseils, et qui le regrettait. J'avais vu Monica Sundberg, voulu avertir l'inspecteur Leyris comme il me l'avait demandé – « je vous le jure » – mais elle ne m'en avait pas laissé le temps, s'enfuyant presque, me donnant ce numéro de téléphone. Je n'avais échangé que quelques mots, il y avait plus de deux ans, avec Borowski, j'ignorais même que ce fût à lui que je téléphonais.

« Vous le savez bien, puisque vous m'avez écoutée ? »

Je regardais Leyris candidement. Il se déroba.

« Ce tableau, volé vraiment ? »

Je donnai des détails, le gant, l'oiseau mort sur la photo déchirée. Jeannin ricanait.

« Hitchcock, non ? Vous nous prenez pour qui ? Des cons ? »

Il touchait l'épaule du chauffeur indifférent à ce que nous disions.

« Attends, dit Leyris, après tout. »

Il posa à nouveau la main sur mon genou. Je m'efforçai de me détendre. J'entendais la pluie qui résonnait sur les tôles en un martèlement sourd.

« L'accident de Monica Sundberg », reprit Leyris.

Il s'interrompit, me saisit aux épaules, me força à le regarder.

« Ce genre d'accident, ça arrive. »

Je baissai la tête, murmurai que je ne savais rien, que j'avais tout dit. Je m'écoutais, je me voyais, je me prenais au jeu de l'innocence.

« Bon, dit Leyris, restez dans votre coin et... »

Il ouvrit la portière, me conseilla la prudence.

« ... soyez sage. »

Il ne bougea qu'à peine, me forçant pour sortir à m'appuyer sur lui, à frotter mes jambes contre les siennes.

Au moment où je quittais la voiture, il me retint par la ceinture de ma robe, son autre main sur ma hanche. Je ne devais pas essayer de voir Borowski, disait-il.

« Vous y brûleriez vos petites ailes. »

Il me donna une tape sur les fesses.

« Dépêchez-vous de rentrer, Sylvie », conclut-il en riant.

Si j'avais pu décider de la mort de tous les hommes à cet instant, je l'aurais fait.

37

CE désir de meurtre, cette haine et ce mépris que j'ai éprouvés pour les hommes, je suis sûre qu'ils m'ont donné durant quelques heures le courage d'agir.

J'ai jeté des vêtements sur mon lit, rassemblé les dossiers que m'avait remis Michel Farges, arraché violemment ma valise à l'armoire, décidée à prendre la route, à rejoindre Paris, à affronter Jerzy Borowski s'il le fallait. J'étais à ce point emportée par la rage d'avoir été humiliée et souillée, que je me sentais invulnérable.

On trouvera, les hommes certainement, que les banales privautés de Leyris ne méritaient pas une telle indignation. La police s'accorde si souvent d'autres libertés qu'il semble préférable de subir les attouchements de l'inspecteur Leyris que les quarante-huit heures de garde à vue promises par le commissaire Jeannin.

Libre à chacun de ressentir comme il l'entend la suffisance masculine. Leyris m'avait contrainte à lui mentir, à accepter sans réagir ses gestes qui disposaient de moi. Il m'avait fait mesurer ma faiblesse. J'avais eu peur. M'eût-il violée dans la voiture, que mon mépris n'eût peut-être pas été plus grand. Il s'était donné le droit de me violer.

A revivre cette scène et l'effroi et la colère qu'elle avait fait naître, je suis reprise par la haine. Cet incident en tout cas m'avait fait franchir un seuil. J'avais la détermination de celles qui n'ont plus rien à perdre et qui dès lors s'imaginent capables de prendre tous les risques. Je m'apprêtais à quitter Lourciez comme on monte à l'assaut après s'être enivré. Rien ne pouvait me retenir.

J'achevais de remplir ma valise quand, me retournant, je vis Pierre Mithois qui m'expliquait d'un mouvement de tête qu'il avait trouvé la porte palière ouverte.

Il commençait à parler, s'approchait de moi, répétant ses conseils de prudence, s'essayant même à l'autorité.

« Je ne veux pas... » disait-il.

Il n'a pas compris ma colère, les phrases grossières que je lui lançais au visage – « fous le camp » – le paroxysme aigu de ma voix. Il reculait surpris, désemparé même, vexé de cette violence inattendue que je lui manifestais, de la rupture que je provoquais entre nous alors qu'il y a quelques heures à peine je lui demandais de m'accueillir chez lui.

L'époque est rude aux hommes, je le reconnais. Ceux qu'on devrait épargner sont comme les victimes civiles d'une guerre.

Michel Farges avait dû souffrir de cette situation difficile des hommes. Il hésitait entre l'ancien et le nouveau, me prenant par la nuque dans un geste de maquignon qui conduit son bien sur le champ de foire, entre les tables de chez Lipp, mais il était capable aussi de m'écouter et de murmurer : « Toi, ne change pas. »

Je n'avais pas changé, je ne changerais pas.

Je le disais à Pierre que je précédais dans l'escalier. Je lui répétais sans me retourner que je ne pouvais pas renoncer.

« Je t'ai expliqué, déjà, ma morale. »

Et j'ajoutai :

« Ma dignité. »

Pour qui se prenaient-ils ces hommes qui vous conseillaient d'être sage en vous touchant les fesses ? Vient un moment où la seule sagesse est l'imprudence qui permet de ne pas avoir honte de soi, de conserver ou de retrouver sa propre estime.

Ce choix, Michel l'avait fait. Peut-être était-ce le suicide de Markos, ou la mort de son père, ce corps nu qu'il avait vu dans la chambre de l'hôpital de Chambéry, d'autres événements ou bien des souvenirs, ou simplement le regard du fils qui avait décidé Michel à s'engager dans ce dédale dont il sortait à l'aube du dimanche 1er juin, au bout de la rue des Carmes.

Une nouvelle fois je croyais ne plus être éloignée de cette rue.

Pierre Mithois m'avait suivie jusqu'à la voiture. J'ouvris la boîte à gants. Le paquet de photos s'y trouvait toujours.

« Tu pars », murmurait Pierre.

Je le regardai. Il faisait la moue, les sourcils froncés, boudeur et ému. Je l'ai embrassé distraitement. Il était généreux mais un peu lâche comme souvent les hommes devant les femmes résolues.

« Tu reviens quand ? »

Je haussai les épaules, et je dis – je ne suis pas fière de ma réponse :

« Qu'est-ce que ça peut te faire ? Ne m'attends pas. »

Puis je démarrai.

Les temps sont ainsi. Un homme paie pour un autre.

38

Rien ne s'est produit comme je l'aurais cru.

J'avais quitté Lourciez par la route du Nord, celle qui traverse Saint-Gaumat, passe les cluses et les gorges, pénètre la montagne vers Carlane. Je la connaissais depuis l'enfance et je m'imaginais pouvoir, si j'étais suivie, prendre peu après Saint-Gaumat la direction de Sauvan, m'arrêter au village, faire croire que j'y séjournais puis, mettant à profit la nuit, m'enfuir.

J'avais élaboré tant de scénarios que je fus surprise par la beauté quotidienne et paisible de la montagne. La route le plus souvent était déserte. La journée s'achevait sur des champs roux où deux tracteurs avec une lenteur féconde ouvraient des chemins parallèles. L'orage qui m'avait trempée à Lourciez avait glissé vers l'ouest, barrant l'horizon de ses massifs changeants que divisait parfois une longue trace de lumière blanche dont l'écho se perdait.

J'étais seule, arrêtée au-dessus de Saint-Val, le dernier village avant les plateaux, surveillant les zigzags de la route qui monte vers le col de Cachoube où je me trouvais. De ce point de vue on embrasse tout l'horizon.

Souvent, avec mon père, nous avions fait halte là, après avoir roulé depuis Lourciez. Je m'accrochais à son dos, ankylosée par ces deux heures de route, engourdie de froid et de vent, assourdie par le bruit qui semblait rebondir sur la chaussée, nous suivre et parfois même éclater devant la moto. Je serrais mon père à la taille, j'appuyais ma joue à son épaule, j'étais une partie de lui et le vent et le bruit nous enveloppaient.

Mais le silence s'était établi.

J'étais bien seule et, pour ne pas me souvenir de mon père qui s'asseyait sur ce parapet dont je reconnaissais les pierres grossièrement taillées, de mon père qui, les doigts à peine écartés, me recoiffait, démêlant mes cheveux, murmurant : « Tu ressembles à une petite sauvage », j'ai souhaité voir surgir Bernard Leyris ou Borowski. J'ai eu l'intuition que les risques que je prenais n'étaient qu'une façon de fuir un danger plus grand, cet abîme ouvert par la mémoire devant chacun de mes pas.

Alors courir et écrire, se demander qui est Michel Farges, pourquoi ils l'ont abattu, refuser d'écouter la voix raisonnable de Pierre, croire que je pourrais ainsi me détourner de mon passé et tout à coup m'arrêter là, sur cette plate-forme qui domine Saint-Val, être saisie par cette rencontre inattendue, poser la main sur ce parapet, et ne pas entendre la voix, si proche pourtant qui répète : « Ne te penche pas, Sylvie. » Et comprendre le dérisoire des intrigues auxquelles je me mêle, avoir la tentation de redescendre vers Lourciez, d'ouvrir la porte de la chambre où mon père avait passé les derniers mois, me coucher sur son lit et n'en plus bouger, la tête enfouie dans l'oreiller, m'étouffer de souvenirs jusqu'à croire qu'il peut revenir ou que je peux le rejoindre.

Puis avoir froid, réaliser mon impuissance, savoir que je le retrouverais toujours là où je ne l'attends pas, revoir la silhouette de Pierre Mithois, au moment où je m'éloignais, Pierre marchant lentement, les mains derrière le dos, avec cet air accablé et soumis qu'il prenait quelquefois, la tête penchée comme s'il portait le joug, me sentir envahie par la tendresse et le remords parce que sa silhouette me rappelle celle de mon père, qui avait dû payer aussi pour un inconnu.

Avoir la certitude accablante que je n'échappe pas à l'un des deux rôles, celui du père ou de la mère et que je vais jouer toute ma vie l'un ou l'autre, selon les moments, contre quelqu'un qui ne sait pas et qui ne comprend pas, Pierre Mithois et avant lui Michel Farges.

Alors courir à nouveau, reprendre la route, deviner à ma propre souffrance celle de Michel quand son père est mort.

Il avait cru depuis longtemps, dix, vingt ans, s'éloigner de lui, tels ces enfermés qui creusent un tunnel rageusement, sûrs d'atteindre l'air libre et qui débouchent après tant d'efforts, de rêves et d'illusions, dans une cellule identique, et l'envie de crever qui a dû prendre Michel, comme ces prisonniers qui provoquent leurs gardiens, pour en finir, ou ces autres qui, je l'avais lu dans l'un des romans de Michel, couraient vers les barrages électrifiés entourant leurs camps et qu'on voyait, après, allongés sur le sol.

Tel était sur cette route au-delà de Saint-Val le sens que je donnais à la mort de Michel. J'allais vers elle, souhaitant qu'elle m'atteigne par ricochet.

Ne dit-on pas qu'il ne faut pas toucher au corps

d'un homme mort, que le courant le traverse et qu'on peut à son tour être brûlé ?

Ne dit-on pas qu'à la guerre les cadavres sont piégés, qu'une grenade est cachée dans leur poitrine et qu'à les retourner on meurt ?

Une fois encore mes sentiments paraîtront excessifs. Mais pourquoi chercher à grimer ce que l'on ressent comme ces gens qui croient, parce qu'ils habillent un mort, le rendre, le temps d'une cérémonie, présentable et ne garder ainsi dans leur mémoire qu'un sourire un peu crispé, un masque un peu blanchi ?

Je ne veux pas de ce qui est pire que l'amnésie.

Je veux la mort de mon père vivante en son indécence. Je veux celle de Michel impudique et les deux ne font qu'une. Michel partageait cette même exigence qui rend la vie impossible.

Mais c'est à cette condition qu'on a le droit de se dire écrivain.

Michel l'était et s'essayait malgré ses contorsions de clown à demeurer – rions ensemble – *authentique*. Je voudrais l'être.

Je dispose calmement sur le lit de la chambre d'hôtel où je me suis arrêtée pour la nuit les photos que Pierre Mithois a développées. Je les prends une à une. Je dois oser les regarder comme on doit affronter le corps d'un mort.

Les voici.

39

Il était facile de les imaginer, Lacroix, Baynac, Portal, Lasnoy, Mesnard, Farges.

Car je n'écrirai plus Michel. Ici, chez Borowski, il n'est que Farges.

Farges arrive l'un des premiers avec cette ponctualité qui, à Paris, semble toujours un peu ridicule. Il a longé le mur blanc qui entoure le parc de la propriété de Borowski, l'une des plus grandes de Saint-Cloud. Les marronniers, les hêtres et les peupliers dissimulent presque entièrement la maison, dont on devine pourtant cette tour vitrée d'où l'on domine Paris. Farges roule lentement. Il sait que les autres seront en retard.

Borowski doit être seul avec Monica et Carla parce qu'elles travaillent avec lui depuis le matin. Maintenant, elles attendent dans le salon, cette pièce à trois niveaux, que Borowski a aménagée en studio de prises de vue ou d'enregistrement et en salle de projection. Elles sont assises devant la baie vitrée qui ouvre sur le parc et permet d'apercevoir la Seine en contrebas puis, cette berge mamelonnée qui s'étend jusqu'à l'horizon, Paris.

Farges ralentit encore. Chaque fois qu'il se rend chez Borowski il éprouve le même malaise. L'accueil de Borowski est pourtant chaleureux. On n'exhume jamais le passé, le travail en commun, ce qui les a liés, Farges et lui, à Monica. On ébauche des projets. Borowski a toujours une idée de scénario pour Farges. Il est prêt à verser une avance, pour trente pages, ou même dix, il bouillonne et s'exalte. Ou bien il voudrait monter une comédie musicale et Farges en écrirait le livret, pourquoi pas ? « Le thème qu'il vous plaira, Michel. » Il prévoit le succès, évoque déjà l'adaptation cinématographique. Il téléphone, s'assure de l'intérêt d'un compositeur et choisit les acteurs.

Après, après seulement, « on vit un peu », comme dit Borowski, « et pour vivre il faut des femmes, des amis et de l'alcool ».

Farges arrête sa voiture à quelques dizaines de mètres du portail. Il coupe le moteur. Il songe à repartir, à quitter Paris même, définitivement. A retrouver des paysages que n'enferme aucun mur.

Il pense peut-être à moi, cette « petite conne », Sylvie Mertens avec qui, s'il avait eu un peu de constance et elle un peu plus d'amour, il eût pu recommencer, dans l'un de ces villages des hautes vallées où ne demeurent que quelques familles et que la neige isole parfois durant plusieurs jours.

Là, écrire, en paix.

Le temps passe. Les rues de ce quartier de Saint-Cloud sont silencieuses comme celles d'un village.

Quand une voiture survient, Farges démarre de crainte d'être surpris par l'un des invités de Borowski.

Le portail est une plaque de métal lisse qui ne comporte que deux pastilles rouges placées latéralement à un mètre du sol. Farges connaît le code : trois longs appels de phares suivis de deux courts éclats. Le portail se soulève lentement et les deux chiens noirs de Borowski accompagnent la voiture sans aboyer, s'immobilisant près des portières quand Farges se gare devant l'escalier et qu'il attend. Borowski paraît sur le perron, lève les bras dans un geste chaleureux, renvoie les chiens vers le portail d'un mouvement autoritaire de la main puis, vif malgré son embonpoint, il descend les marches de marbre.

Sacré Borowski dont l'enthousiasme surprend toujours Farges !

Borowski serre Farges contre lui, affectueusement, dit qu'il est heureux, qu'ils vont pouvoir parler un peu avant que les autres n'arrivent,

« Je suis le premier, bien sûr, dit Farges.

– Il faut un premier, Michel. Je suis content que ce soit vous. Il faut voir le scénario. »

Tout est confus, le projet et ses buts. Il s'agit de lancer la dernière trouvaille de Borowski.

« Un hasard, un peu petite, mais quel visage, une personnalité, Michel, vous la verrez, vous écrirez pour elle un texte comme ça. »

Il serre les deux poings, les bras repliés, le menton un peu levé. Il ressemble alors au jeune soldat au crâne rasé que le col d'uniforme contraignait à garder la tête rejetée en arrière et qui portait accrochée à sa tunique une étoile à cinq branches, brillante sur le tissu sombre.

« Elle est déjà là », chuchote Borowski.

Il monte rapidement les marches entraînant Farges. Il parle, parle, Betty viendra, peut-être avec Morini, ou qui sait, avec Robert Portal, ce serait amusant, n'est-ce pas ? puisque Lacroix et Baynac seront de la fête.

« Gouvernement et révolution, ajoute Borowski en s'arrêtant, j'adore ça, on ne peut le faire qu'à Paris – il secoue la tête – ailleurs tout est tellement barbare, Michel, toujours des paysans, ici... »

Il fait une grimace, un clin d'œil complice.

« La décadence », murmure Farges.

Borowski s'exclame, marmonne, lui donne une bourrade.

« Les meilleures époques, Michel, croyez-moi. »

La banalité du dialogue accentue le malaise de Farges. Il a le sentiment que sa pensée s'embourbe, qu'il répète des phrases qui ne lui appartiennent pas. Ce qu'il veut dire demeure en lui, et il est seul à en connaître la force. S'il réussissait un jour à crier ces mots, il serait libre comme un oiseau qui s'est dégagé de la glu.

« Préoccupé ? » demande Borowski à mi-voix.

Farges n'aime pas cette complicité que Borowski établit.

« Tout va bien pour vous, Michel, reprend Borowski. Votre roman a superbement marché, vous êtes le premier chez Claroux. Votre position est forte. »

Il baisse encore la voix :

« Lasnoy vient ce soir, entre Carla et lui – une moue, des sous-entendus –, les êtres complexes que nous sommes ont besoin d'émotion, de... »

Il frotte le pouce contre l'index, fixe longuement Farges.

« J'ai eu peur pour vous, l'année dernière, quand vous étiez avec cette petite, celle du roman. »

Il entoure les épaules de Michel.

« Une femme peut balayer dix ans d'efforts en deux ou trois nuits. Elles sont comme ça, impulsives, il faut les tenir. »

Il a le geste du cavalier qui tire sur les brides.

« Monica, très différente, une alliée. »

Borowski s'interrompt, change de ton, parle de son prochain film dont Monica Sundberg sera la vedette, puis penché, s'arrêtant au moment d'entrer dans le salon, il murmure que « sa trouvaille » – il rit, répète le mot parce qu'il sent que Farges ne l'aime pas –, « ma trouvaille, Michel, Véronique dans ce film... ».

Il serre à nouveau les poings, insiste : c'est elle qu'on doit voir et écouter, Monica est prévenue. Borowski compte sur le texte de Michel. Il sent que le nom de la jeune femme, Véronique Dumas, va plaire. Les noms expriment une personnalité, même pas à en inventer un avec elle. Quand Michel la verra, il trouvera le ton qu'il faut.

Borowski ouvre la porte.

« Regardez-la, Michel. »

Véronique est petite, assise sur le canapé entre Monica et Carla. Son visage dont les pommettes sont hautes paraît maigre sous les cheveux noirs qui bouclent en dissimulant le front.

Sur l'une des photos, je la reconnaîtrai, debout près de Farges qui paraîtra très grand, la dépassant de la tête. Il la dévisagera alors que les autres, elles aussi, fixent l'objectif.

Le cliché est anodin. Les invités sont rassemblés sur le perron. Borowski derrière eux, les bras écartés, s'appuyant aux épaules de Baynac et de Portal qui se tiennent aux extrémités du groupe, gênés d'être vus ensemble. Mais ce sont les pièges de Borowski. « Vos gamineries », dit Lasnoy. Borowski s'est montré pressant et impoli, les poussant hors du salon, « allons, allons ». Les femmes sont sorties en riant, puis Lacroix et Mesnard, Lasnoy et Farges.

« Allons, allons, répète Borowski, pour mes archives; la prise est bonne, les hommes les plus importants de Paris et les femmes les plus belles. »

Il entraînait Baynac et Portal.

« Vous avez peur? Vous me prenez pour un maître chanteur? Voyons, messieurs! »

Ils ne se laisseraient plus prendre, juraient-ils mais le parc était superbe, les femmes élégantes, Borowski si influent, ici et là. Informé de tout, habile à faire avancer une négociation difficile avec un organisme d'Etat d'un pays de l'Est, ou bien capable de décrocher un contrat dans un émirat. Il aimait à rendre service, ayant ses entrées partout où se trouvait le pouvoir. Et ses affaires de mode ou de cinéma étaient si pratiques pour couvrir des transferts de fonds. Avec cela, séduisant, brillant; on rencontrait chez lui les gens les plus inattendus mais toujours exceptionnels. Donc ils reviendraient.

Borowski réglait lui-même l'objectif et les projecteurs qui éclairaient la façade, expliquait qu'il organisait ici parfois, l'été, des défilés en avant-première pour ses acheteurs étrangers, demandait à Martin, son secrétaire, de choisir plusieurs angles, criait que tout le monde devait sourire.

Betty Vanier, au centre du groupe, paraissait transformée, la joie de l'ambition satisfaite donnant à son visage de l'éclat, presque de la beauté.

Moi je ne voyais que Farges regardant Véronique Dumas, cette petite noiraude au visage osseux dont Michel avait écrit le nom sur ses fiches à côté de celui de Markos.

40

De Véronique Dumas, je n'ai pas vu le corps dans la glaise des photos, comme si elle avait fui avant que les autres ne s'isolent dans ces chambres qu'ils croyaient discrètes et où Borowski, à je ne sais quelles fins, immobilisait leurs mouvements et leurs regards au centre de ses objectifs.

Peut-être tout simplement était-elle avec Borowski, silencieuse et passive, le laissant s'essouffler au-dessus d'elle puisque tel était le prix, mais tournant son visage, les yeux fermés de manière à ne pas le voir, à ne pas sentir son haleine qu'il avait forte, à fuir pour quelques minutes cette chose qu'elle habitait, son corps devenu étranger. Elle ne le retrouvait qu'au moment où Borowski, après un souffle plus rauque, se dégageait d'elle, respirant plus lentement, s'endormant enfin.

Elle se levait alors, ramassait ses vêtements qu'il avait dispersés dans la chambre, s'habillait dans la petite salle de bain attenante à la pièce, puis descendait dans le salon, appuyait son front à la baie vitrée, regardait le parc, la brume qui s'effilochait avec l'aube, les deux chiens noirs devant les escaliers.

Elle suivait le premier vol, d'un arbre à l'autre, d'oiseaux qui s'échappaient de la nuit.

Farges l'avait surprise ainsi, debout, et quand il lui avait touché l'épaule, elle n'avait pas sursauté, se tournant vers lui avec une nonchalante indifférence, une froideur du regard qui l'humiliait, où il percevait – mais n'était-ce pas ce que toujours il craignait de découvrir dans les yeux des femmes – du mépris.

Il interrogeait Véronique, la conduisait à la cuisine où déjà une domestique asiatique, dont on oubliait la présence muette, préparait les petits déjeuners.

Véronique s'asseyait en face de Farges, l'écoutait sans lui répondre et il parlait plus haut, pour dissiper sa gêne, se levait à plusieurs reprises, ouvrait la porte-fenêtre qui donnait sur le perron, sifflait les chiens qui ne tournaient même pas la tête, revenait à table, préparait des tartines, essayait de fuir ces yeux qui le dévisageaient, si grands qu'il ne voyait plus qu'eux dans le visage.

Il commençait à raconter le scénario, prononçait les mots qu'il prêterait à Véronique, sollicitant son avis, mimant une scène, mais elle ne paraissait pas concernée, l'écoutant distraitement, si bien qu'il s'interrompait accablé, ressentant la fatigue, proposant de la raccompagner à Paris, si elle voulait. Farges appuyait sa proposition d'un geste vers les étages et ajoutait : « Avant que les autres... »

Les autres sont encore dans leurs chambres, là, devant moi. Je ne réussis pas à imaginer comment après avoir dîné, ils ont pu se lever, se prendre par la taille, former ces couples précaires, avec une insolence et un naturel qui me stupéfient.

Leur liberté dans l'impudeur me rend ces images incroyables. J'appartiens à un autre monde.

J'avais lu plusieurs fois que des photos compromettantes, mettant en cause des personnalités, circulaient sous le manteau. Je me souvenais de cette inculpée, curieusement relâchée, parce que, expliquaient certains commentateurs, elle avait jadis organisé des rencontres entre des hommes politiques et des jeunes femmes, et bien sûr, constitué un dossier qu'elle échangeait contre sa liberté. Ces jeunes femmes devaient ressembler à Carla ou à Monica, à ces autres silhouettes que je n'identifiais pas mais qui apparaissaient sur les photos, femmes aux corps minces dont les bras entouraient la taille ou le cou des hommes que je reconnaissais.

Je ne réussissais pas à croire pourtant à la réalité de ces ragots ou de ces scènes. J'étais cette « petite conne », dont avait parlé Farges, cette conformiste qui n'avait jamais osé penser que des hommes si dignement boutonnés dans leurs fonctions, cravatés de vertus, leurs chemises bleues rayées serrant leur cou, que des hommes enveloppés de dignité et de notoriété aient pu ainsi se « défaire ».

J'aime employer ce mot qui – tant pis si j'en tire le sens à moi – montre ces hommes qui se déshabillent ou que les femmes « défont » et dont l'apparence ainsi peu à peu se déchire, comme une affiche qui s'en va par morceaux.

Je sais : puisque je ne montre pas ces photos, on dira que je caricature, reprenant à mon compte les réquisitoires de Farges qui puent la dénonciation, la rancœur, l'aigreur de caractère et la déception d'un ambitieux.

On m'opposera Raffaeli, Bardet, Angeli, Gracq, ces hommes politiques ou ces écrivains vertueux, dont je n'ai pas encore cité les noms, à l'exception de celui de Chaves. Ils incarneraient la vérité d'un milieu bien plus que cette poignée de corrompus que Borowski rassemble dans sa propriété une ou deux fois par mois et auxquels j'accorde de l'importance.

Mon humeur – de femme jalouse, ou de romancière envieuse – celle de Farges, lui-même compromis, souillent la réalité.

Mon texte aurait les défauts de ces feuilletons dont le ressort romanesque tient au mystère et au sordide. J'y utiliserais les commérages, les calomnies, l'exagération et le mauvais goût.

Je peux dresser la liste des qualificatifs. Je les avais employés quand Pierre Mithois évoquait avec indignation l'un de ces événements troubles – si fréquents on ne le niera pas – aux limites floues. S'agissait-il de crime politique ou d'affaire d'argent ? De chantage ou de passion ? Pourquoi cet homme qu'on abat en plein jour, cet autre qui se tue, et ceux-là qui se taisent, ajustant leur nœud de cravate, détournant les yeux, refusant de commenter ?

Des crimes ? Des photos ? Des hommes « défaits », allons donc ? Mauvais roman.

Mais les photos sont devant moi et Farges descend lentement avec Véronique Dumas l'escalier de la maison de Jerzy Borowski.

41

Véronique marchait à quelques pas derrière Michel mais quand les deux chiens noirs de Borowski s'approchèrent, elle le rejoignit, prit son bras, surveillant les chiens qui les suivaient. Michel souriant lui dit quelques mots, lui serra l'épaule, la rassura, plaisanta en ouvrant la portière de la voiture qu'elle tira vite sur elle. Il continua de lui parler tout en faisant le tour du véhicule, interpellant les chiens, esquissant un geste vers eux, mais ils se mettaient à gronder et Véronique cria : « Dépêchez-vous, montez. »

Michel démarra lentement cependant que les chiens se mettaient à courir de part et d'autre de la voiture.

Après les appels de phares, quand le portail se souleva, Véronique se tourna appuyant son menton sur son bras. Elle regarda vers la maison sans répondre au salut que depuis le perron lui adressait Jerzy Borowski.

Je n'ai pas de peine à imaginer ce départ et ce qui va naître entre Véronique Dumas et Michel Farges.

L'amour, naturellement, dira-t-on sur un ton de

mépris et d'ennui. Mais il s'agissait de bien davantage pour Michel Farges.

J'ai le sentiment d'avoir déjà tout expliqué de lui et pourtant il suffit du regard qu'il porte sur Véronique Dumas pour que j'éprouve la nécessité de tout reprendre, comme si je n'avais pas compris qu'il voulait qu'une passion l'entraîne, le perde ou le sauve. Véronique Dumas était l'occasion.

Peut-être suis-je jalouse en écrivant cela? Peut-être ne pourrai-je jamais susciter de passion, car les hommes savent que je les observe et ils préfèrent l'indifférence des femmes à leur lucidité.

Je reprends ces photos : Louis Lacroix, Baynac sont proches des sommets de l'Etat. Ils en fréquentent les palais et les conseils.

Les voici entourant Monica Sundberg,

Voici Robert Portal. Il parle au nom des pauvres et des révoltés. Sur l'un des clichés, il sourit niaisement à Betty Vanier et à Carla Cavalieri.

Je tiens ces photos dans mes mains. Je demeure incrédule même si, je l'ai déjà dit, je n'ignore pas que le réel est fou. Des bombes explosent dans les gares et les rues. Des documents passent de main en main. Des hommes pourrissent que l'on croyait intègres. Le grouillement souterrain crève la surface. Un écrivain est assassiné. Des ministres sont compromis et abattus.

Une nouvelle fois, je me répète ces faits divers. Mais regarder à distance comme un spectacle l'actualité n'est pas la vivre et la raconter.

Quand j'écris ce que j'ai vécu, quand je rapporte ce que je sais de l'assassinat de Farges et de Monica, de la personnalité de Borowski, il me semble que même leurs noms sont faux. J'entends ce commentaire : « Qu'est-ce qu'elle marmonne, celle-là ? Encore l'une de ces jeunes mythomanes dont les manuscrits encombrent les bureaux des maisons d'édition. »

Je suis si sensible à ce scepticisme, au caractère chaotique et donc incroyable de mon récit que je suis tentée d'y créer un ordre factice, de le plier à une logique qui me rassurerait.

Je voudrais des évidences. Jerzy Borowski serait un agent étranger s'attachant par le chantage les services d'hommes influents. Monica Sundberg – sa complice, son nom à lui seul est un acte d'accusation – a « planqué » son tableau chez Michel Farges l'innocent. Ce sont des tueurs à la solde de Borowski qui abattent Michel et Monica. Ils cherchent à récupérer le tableau. Bientôt ils viendront ici, à Sauvan, pour moi.

Logique ?

Quelle logique ?

J'ai cent arguments pour la détruire. Et je pourrais construire une autre intrigue qui ferait de Michel Farges le centre du complot. Il aurait voulu claquer la porte sur sa vie en révélant ce qu'il avait appris des affaires qui se tramaient chez Borowski pour le plus grand profit de Baynac ou de Lacroix. Et le plaisir en sus. Il serait devenu, à sa manière, par le scandale, un terroriste. Le mot n'est-il pas dans l'actualité ? Pourquoi Michel Farges ne l'endosserait-il pas ?

Mais si j'accepte cette nouvelle hypothèse, il faudrait que j'explique la présence entre les toiles de la photo de Michel, de ces feuillets classés, de ce rapport dactylographié, de ces lettres adressées par Michel à Véronique Dumas, de ces lignes qu'elle a écrites, de toutes ces pages méticuleusement numérotées et photographiées que je commence à lire.

42

Il écrit, page 1 : « *Je t'aime.* »

Elle écrit, page 9 : « *M. F., un con.* »

Je ne résume pas ce que Michel et Véronique écrivent. J'isole des mots. Je juxtapose des phrases. Je crée un dialogue qui n'existait pas puisque celui ou celle qui a rassemblé et photographié ces pages a mêlé les lettres de Michel à ce que Véronique écrivait pour elle-même ou pour un tiers dont j'ignore l'identité, mais qui devait être si proche qu'elle lui confiait le plus intime de ce qu'elle pensait.

Parfois j'ai le sentiment qu'elle chuchote, sans reprendre sa respiration. Elle a une belle écriture penchée, plutôt ronde, petite, mais chaque lettre est bien dessinée, ce qui donne aux jugements qu'elle porte l'image d'une force méditée. « *M. F., un con.* »

Elle murmure, pressée, sans marquer de ponctuation et c'est moi qui l'ajoute. Elle paraît craindre d'être surprise, comme si Michel était couché près d'elle et qu'elle parle à quelqu'un qui est caché près du lit. Elle retire délicatement le drap, elle montre le corps de Michel.

Elle dit, page 22 :

« *M. F. veut me baiser mais il ne peut pas souvent. Si je l'insulte, il bande. Sinon rien, il raconte. Toujours ses histoires : il s'est vendu. Il a même vendu son sexe. Il pleurniche. Il recommence : je suis la seule qu'il désire. Qu'il le montre donc. Ce type m'enlève l'envie de vivre.* »

J'ai ponctué les phrases et cela souligne la dureté du regard et l'impitoyable constat. Michel est pris, immobilisé et dépecé.

Il écrit, page 2 :

« *Je ne peux t'aimer, te faire l'amour que si je t'explique qui je suis, comment je vis ce passé qui est ma trace. Je veux être une personne pour toi et pas seulement l'un de tes amants. Il faut donc que je t'ouvre ma mémoire.*

« *Je te dois des aveux. Tu n'imagines pas ce qu'il me faut vaincre en moi de pessimisme, d'amertume, d'orgueil, de timidité et même de calcul. Je n'ai plus prononcé depuis ma jeunesse ces deux mots que je réinvente pour toi : Je t'aime, Véronique, je t'aime.* »

L'écriture de Michel est hachée, rapide et anguleuse. Ses lettres sont écrites sur de petites fiches ou des pages déjà raturées sur lesquelles il y a dactylographié quelques lignes d'un article ou un paragraphe de roman. Il a le débit haletant du coupable qui enfin avoue.

J'aurais pu recevoir cete confession. J'aurais pu me faire aimer et l'aimer davantage. Il s'est livré à Véronique Dumas qui est à peine plus jeune que moi, je crois, et qui se moque de lui, qui dit : « *Rien à foutre de ce mec.* » Elle n'écrit pas cette phrase mais je l'entends derrière ce qu'elle note.

« *Une autre nuit chez M. F. Il me lit de longs passages de ses romans ??? Il me raconte une nouvelle fois sa vie !!! Il tient, j'en ai rien à foutre, à me parler de Monica Sundberg avec qui il baise aussi. Qu'il continue !! S'il réussit ! Parce qu'avec moi ! J. B. au moins sait ce qu'il veut. M. F. me fait penser à une toupie. A[illegible] fin, je m'endors et lui aussi !!! »*

Véronique elle-même a tracé ces points d'interrogation et d'exclamation. Je devine ses sarcasmes, son mépris et son m[illegible]. Avec qui les partage-t-elle ?

Elle ressemble à certaines de mes amies pour qui il faut « piéger » les hommes. Juste revanche. Peut-être à cause de mon père, de cet homme couché qui dépendait de moi, que je sentais si faible, si blessé par cette femme, ma mère, je n'ai jamais partagé l'hostilité des féministes pour les hommes. Je me suis protégée, pleine de défiance, me tenant à distance de Michel ou de Pierre. Mais je comprends ce qu'ils sont. Mon père m'a donné les clefs de leur mystère.

Michel Farge écrit, page 7 :

« *Mon père est accroché à son métier et à sa classe par une fidélité instinctive qui devait peu en fait à la politique. Il appartenait à une patrie dont le drapeau avait la couleur bleue des vestes de travail. Il voulait continuer de parler toute sa vie sa langue. Sa mort m'a à ce point blessé que sans toi, sans l'élan que tu m'as donné, je n'aurais pu échapper à ce trou dans la terre où on l'a jeté.*

« *Tu es ma renaissance.*

« *Tu m'emportes haut, tu me donnes ce vol ample qu'est pour un homme le désir.* »

Qui ne rirait de cette dernière phrase ? Elle semble extraite de l'un de ces refrains vieillis, aux rythmes trop lents, à la mélancolie ou à l'enthousiasme appliqués.

Je suis sûre que Véronique a haussé les épaules,

murmuré : « Quel con ! », peut-être avec une nuance de tendresse ou de pitié, car elle sentait comme moi la nostalgie de Michel, cette impossibilité où il était, quoi qu'il fît, quoi qu'il dît, d'échapper à l'atmosphère des années 50. Il la recréait dans ses romans. Il l'exprimait malgré lui dans ses lettres. Il se voulait accordé à ce qu'il appelait « la nouvelle sensibilité » et il fredonnait encore, tout à coup rêveur, immobile, la tête penchée, les coudes sur les genoux, ces chansons de Prévert et Kosma où n'en finissent plus de tomber les feuilles mortes.

Aucune des lettres qu'il adresse à Véronique qui ne soit une longue litanie du souvenir, un travail de taupe dans sa mémoire, un bilan et des questions à son passé. Insuportable pour elle comme cela l'avait déjà été pour moi.

J'avais compris que nous ne pourrions jamais nous rejoindre par-dessus le temps qu'il avait vécu, heureux si nous réussissions, les bras tendus, à nous effleurer. La mort de son père et la brusque conscience de l'âge qu'elle provoquait chez Michel semblaient encore avoir accentué son goût amer de la remémoration. Il tournait bien sur lui-même telle une toupie.

Il écrivait, pages 9 et 10 :

« *Ma mère m'a collé son insatisfaction comme une maladie de peau. Elle était humiliée. Je n'ai eu de cesse de lui donner des raisons d'orgueil. Mais je n'ai qu'aggravé ses regrets et le sentiment que sa vie s'était effritée pour rien.*

« *Ceci pour ma mère.*

« *Il y eut Colette. Je t'expliquerai aussi.*

« *Je ne sais comment tu acceptes ce passé que je n'en finis pas de dérouler devant toi. Tu es si silencieuse. Peut-être ces souvenirs t'accablent-ils ?*

« *Mais je ne peux être différent.*

« *Je dois te parler de moi jusqu'à cette ivresse que provoque l'abus des mots et le recours immodéré à la mémoire.* »

Michel toupie qui va se coucher sur le côté, peut-être parce qu'il surprend cette confidence de Véronique – à qui ? – lorsqu'elle écrit :

« *De ce type je fais ce que je veux. Si je le laisse parler, je peux lui demander n'importe quoi.* »

J'avais appelé Monica Sundberg la femme de la mort. Véronique était celle de l'illusion conduisant Michel vers ce passé où peu à peu il s'enfonçait, et dont tout à coup, conscient qu'il s'y noyait, il s'efforcerait de s'arracher dans un mouvement violent, vain, suicidaire, comme ces blessés dont les rapaces surveillent l'agonie.

Cette comparaison pour excessive ou maladroite qu'elle paraisse est justifiée; non seulement par le thème du tableau de Monica Sundberg, mais surtout parce que Michel n'a jamais quitté le champ de bataille. Folie ? Pathologie caractérielle ? Ou produit de cette époque emphatique, celle de sa jeunesse, couverte encore par l'ombre de la guerre, avec des simulacres d'héroïsme, des engagements proclamés, la vertu de ce côté-ci, le mal de l'autre ? Un front, ai-je écrit déjà, des lignes de combattants qui s'opposent. Je ne fais que citer Michel qui confirme mon intuition.

Il dit, page 11 :

« *Conquérir, partir à l'assaut de telle ou telle place forte. Je ne crois pas que ta génération connaisse cela.*

« *J'ai vécu quelques semaines avec une jeune femme qui te ressemblait. Elle était comme toi incapable de comprendre ce que j'ai subi...*

« *Vous êtes loin de ces sortes de triomphes que*

j'ai toute ma vie recherchés. Même quand je me croyais militant politique, je n'espérais que vaincre.

« Vous êtes plus désespérés et plus libres...

« Ton cynisme m'attire. Il est simple. Moi je continue à parader. Il me semble que tu réussis à être toi-même, et que je n'y parviendrai jamais.

« C'est une tare de jeunesse, presque une maladie héréditaire ou, si je veux être indulgent avec moi, les séquelles d'une épidémie qui a touché ma génération.

« Par toi, je veux être capable de perdre. »

43

Je voudrais interrompre mon récit à cette lettre de Michel qui peut encore faire illusion. Il écrit avec fougue. Si je cesse de l'accompagner je peux croire qu'il va continuer à vivre. Et je veux qu'il vive. Là est le piège car pour qu'il vive il faut que je poursuive ce récit qui conduit à sa mort.

Alors je reste là, devant ma fenêtre, je commence une page et je la rature. J'ai froid. J'enveloppe mes jambes d'une couverture. Je pose sur mes épaules le pull-over gris que j'avais tricoté pour mon père et dont il nouait les manches autour de son cou. Mais je tremble toujours et pourtant je transpire. J'écris une ligne que je raie. Chaque mot me coûte chaque jour davantage. Pour construire le chapitre qui précède et qui n'est composé que de citations de Michel et de Véronique, j'ai travaillé plus d'une semaine. Les mots me font peur. Ils m'entraînent là où je ne veux pas aller, au bout de cette rue des Carmes où l'on trouvera entre deux voitures, le dimanche 1er juin, le corps de Michel Farges.

Une nouvelle fois, je viens d'écrire ce qui l'attend : ce meurtre, comme si la répétition pouvait m'accoutumer à l'idée de sa mort alors que de tout mon être je la refuse, que le seul fait de l'évoquer me rend fébrile.

J'ouvre et je ferme la fenêtre. Le brouillard sur Sauvan peu à peu se désagrège mais il reste accroché aux parois du massif de Cians, dissimulant les arbres et les cascades sous une couche d'humidité cotonneuse.

Ce paysage d'automne ressemble à celui que je voyais de ma chambre d'hôtel quand, ayant posé sur le lit ces photographies, j'avais commencé à lire les lettres de Michel et les commentaires de Véronique.

On m'avait donné une chambre au rez-de-chaussée dont les fenêtres ouvraient sur un pré qui montait en pente douce vers les alpages que recouvrait peu à peu le brouillard. Après l'aridité des plateaux que j'avais traversés, cette fraîcheur qui enveloppait les reliefs en en dissimulant les aspérités me calmait. Je me sentais protégée dans ce lieu discret auquel rien, sinon le hasard d'une halte, ne me liait.

J'ai passé la plus grande partie de la nuit à recopier les lettres de Michel, les phrases de Véronique. Ce travail peut paraître inutile puisque je disposais des clichés. Mais j'éprouvais le besoin de m'approprier ces textes et, les déchiffrant, il me semblait que Michel s'adressait à moi. J'oubliais Véronique Dumas et quand, ici, à Sauvan, j'ai repris ces feuillets, j'ai constaté combien j'avais peu à peu réduit la part de Véronique. A la fin, je m'étais contentée de relever les noms qu'elle citait : *J. B.* – pour Jerzy Borowski –, *Monica, Carla et Betty Vanier,* comme si j'avais voulu nier sa présence, effacer ses remarques, n'entendre que la voix de Michel qui répétait avec emphase : « *Je t'aime, je t'aime.* »

Je répète ces mots à la première personne; car plus j'avance et plus Michel me manque.

Je n'ai rapporté qu'une partie de la conversation que j'avais eue avec Pierre Mithois au moment où je décidai d'entreprendre cette enquête. Pierre, constatant mon obstination, avait ajouté avec une lassitude résignée : « Je ne te comprends que si tu l'as aimé. »

Je m'étais récriée, accumulant les preuves de ma sévérité à l'égard de Michel. Ne l'avais-je pas quitté d'une manière abrupte et sans regret ?

Je ne mentais pas à Pierre. Mais j'ignorais qu'à reconstituer la vie d'un homme, il vous habite. Que les mots qu'on lui prête deviennent obsédants. Ceux qu'on entend autour de soi, que prononce Pierre, crèvent à peine formés, ne laissant aucune trace, alors que Michel continue à parler, à écrire en moi, par moi.

Comment aurais-je pu m'empêcher d'aimer cet homme que peu à peu, mot après mot, j'enfantais ?

Je n'avais même plus besoin de ses confidences pour le comprendre. Il écrivait : « révolte » et je m'imprégnais de son indignation, de ce sentiment d'impuissance qui le frappait au moment même où il croyait être parvenu au point qu'il s'était fixé, des années plus tôt, quand il quittait Chambéry, Colette, Gilles, Maurice et Clémentine Farges, petit aventurier, médiocre chercheur d'or, engagé volontaire dans les armées de la réussite.

« Je me suis trompé », écrivait-il naïvement. Mais je ne partageais plus les sarcasmes de Véronique Dumas. Je vivais la déception de Michel. Il avait mis en gage ses fidélités, ses origines, ses affections et se retrouvait les mains vides. Il n'était qu'un faiseur de livres parmi d'autres, un mercenaire comme il y en a tant. Il criait comme

un rêveur qu'on réveille : « *Je n'avais qu'une vie et je l'ai perdue pour ça !* »

Il voulait à nouveau la jouer avec Véronique. Quitte ou double.

Peut-être qu'on ne me comprend pas. Quand on vit les sentiments, on ne peut plus les exprimer clairement. On croit qu'il suffit d'un mot ou d'une métaphore pour dire alors qu'il faut expliquer.

J'ai écrit « *faiseur de livres* » et « *mercenaire* ».

Je dois maintenant raconter.

44

Michel Farges était arrivé à Paris, *pauvre.*

Je suis gênée d'écrire ce mot qui semble ne plus avoir cours. Pauvre : qu'est-ce que cela signifie ?

Mon père osait l'employer : « Nous étions pauvres, disait-il, et je me suis sorti de là. » Durant toute sa vie et même sa maladie, il n'avait jamais eu besoin d'emprunter, refusant que mon salaire servît aux besoins de notre ménage. Il feuilletait avec orgueil ce petit carnet à couverture verte dans lequel il établissait ce qu'il appelait « ses comptes ».

Il me faisait asseoir au bord du lit et me montrait un chiffre.

« On tient, ma fille, disait-il, on tient. »

Il remplissait lui-même ses feuilles de maladie, guettait le facteur qui apportait les remboursements et les allocations. Il additionnait, supputait, puis souriant il me donnait une procuration pour que je me rende à la banque ou à la caisse d'épargne afin que j'y prenne de l'« argent ».

Le mot me laisse à nouveau hésitante. Michel, je crois, ne l'emploie pas une seule fois dans son œuvre et dans la plupart des romans que je lis il est absent.

Je ne l'ai pas utilisé dans le livre que j'ai consacré à mon père, comme si j'avais eu honte d'avouer que l'une de ses dernières préoccupations, presque l'un de ses derniers mots, ce fut l'argent.

« Tu n'en manqueras pas, Sylvie », murmurait-il.

Il me tenait le poignet, répétait qu'il était rassuré de me savoir fonctionnaire.

« Chaque mois, tu touches, toute ta vie. »

Il hochait la tête, me parlait de mon grand-père, que je n'avais pas connu et dont la hantise avait été le chômage.

« Ça revient, Sylvie. Tu vois, tu as bien fait, tu es maligne, tu n'as l'air de rien mais tu sais te défendre. »

Ses doigts étaient osseux et sa respiration difficile.

« Pour l'argent, reprenait-il, quand je serai... »

Je lui interdisais d'aller au-delà mais il s'obstinait à m'expliquer une nouvelle fois mes droits : l'assurance ou le carnet de caisse d'épargne.

Pourquoi avais-je effacé de mon récit ce qui obsédait mon père à la fin de sa vie ? Peur qu'on ne m'accusât de réalisme sordide ? J'avais pourtant décrit son corps nu, son corps mort, mais j'avais mis ma main sur sa bouche pour qu'on n'entende pas ce mot « argent ».

Je veux l'écrire à propos de Michel Farges, l'épeler.

Arrivant à Paris, Michel était donc pauvre.

Salaire médiocre chez Claroux — les éditeurs paient mal; pension mensuelle à verser à Colette Bussi pour Gilles; tous les deux ou trois mois une somme à envoyer à Clémentine et à Maurice Farges; le loyer, etc.

Cette pauvreté n'était en rien insupportable mais elle prouvait à Michel sa médiocrité.

Les écrivains, les éditeurs et les secrétaires qu'il côtoyait chez Claroux, même s'ils ne disposaient pas toujours de revenus importants, appartenaient le plus souvent à des familles qui se transmettaient de père en fils quelques biens, un appartement ici, une propriété là. Rares étaient ceux qui, tel Michel, n'avaient pour tout héritage qu'une bonne santé. Betty Vanier, Alberti, le directeur littéraire, quelques autres – ainsi le romancier Guy Richet – ressemblaient de ce point de vue à Michel. Mais Alberti comme Richet étaient déjà parvenus à se constituer un patrimoine. Ils partaient en week-end ou en vacances, chez eux. Ils possédaient dans le XVe arrondissement (Alberti), dans le XVIe (Richet) un appartement confortable. Quant à Betty, elle n'était qu'une jeune femme qui attendait l'occasion de réaliser sur les hommes ce que Michel Farges qualifiait de « hold-up moraux et financiers ».

D'autres, plus sûrs d'eux-mêmes, se fussent détournés de cette question d'argent. Mais Michel ne pouvait l'oublier.

Toute son enfance avait été marquée par ces mots qui tintent comme des pièces : « payer », « combien ça coûte », « acheter », « tu crois que je le fabrique ».

Clémentine Farges se servait de l'argent pour dire à Maurice Farges son absence d'amour. « Si ton père gagnait davantage d'argent, répétait-elle à Michel. Avec ce qu'il me donne... »

L'argent était son arme destructrice. Elle n'avait même pas besoin de prononcer le mot parfois. Il suffisait qu'elle ajoute parlant des voisins : « Eux, bien sûr... » Michel avait appris à compléter ces phrases.

Comment eût-il pu extirper ce mot de sa tête, effacer ce qui était une cicatrice aussi boursouflée que celle qui marquait la base de son cou ?

Je me rends compte, à ce point de mon récit, que j'ai négligé de parler d'argent quand j'ai évoqué l'enfance de Michel. J'ai tout dit de lui avec impudeur, comme je l'avais fait pour mon père. J'ai dit son sexe, celui de son père, j'ai montré Colette Bussi qui s'accroupissait dans les sous-bois proches des berges de la rivière, mais j'ai dissimulé, avec une timidité dont je m'étonne maintenant, l'argent.

Or, c'est un des tourments et des ressorts de Michel. On ne peut rien comprendre à sa vie si on n'y place pas au centre ce mot.

Quand Véronique Dumas écrit – j'ai cité ce passage extrait du feuillet 22 – que Michel ne cesse de raconter sa vie et dit s'être *« vendu », « Il a même vendu son sexe »,* elle est allée à l'essentiel.

Lors de mon séjour à Paris, aux côtés de Michel, je n'avais pas voulu savoir. J'avais refusé d'interpréter les indices que je relevais.

Aujourd'hui, je ne veux plus rien masquer. J'écris pour me souvenir et comprendre.

Dès mon arrivée, j'avais été confrontée à l'argent. A la fin du déjeuner, quand le garçon présenta l'addition à Michel, j'avais expliqué que je voulais payer ma part, comme je le faisais avec Pierre Mithois. Michel s'était mis à rire, ironique et presque méprisant.

« Féministe, Sylvie ? On défend sa liberté, son indépendance ? »

Puis il avait eu un geste amical et complice.

« Je suis un best-seller, disait-il, gagner de l'argent avec des livres, un peu immoral, non, alors... »

Il cherchait dans sa poche, en se penchant en avant et sur le côté, une liasse de billets froissés. Il en déposait trois dans la soucoupe avec indifférence, tout en continuant à parler de mon livre, de son lancement et du contrat que je devais exiger de Claroux.

« Demandez un à-valoir sur vos droits d'auteur, au moins 10000 francs, ne signez pas à moins, dites que Manès l'a retenu, vous verrez, Claroux vous les versera aussitôt. »

Il s'était repris, s'interrogeant pour savoir si je ne devais pas exiger 15000 francs, puis avait conclu qu'il valait mieux s'en tenir au premier chiffre.

« Pour votre second livre, s'il est bon, vous demanderez vingt-cinq et vous les aurez. Pas mal, non ? »

Ces chiffres dont il emplissait sa bouche ne furent pour moi d'abord que des sons sans signification. Il fallut que Michel les répétât plusieurs fois, pour que je sache que je réalisais un troc : j'échangeais la mort de mon père contre de l'argent. Je n'avais pas écrit dans ce but.

Michel m'avait rassurée avec la commisération d'un aîné : « Bien sûr, bien sûr », avait-il murmuré.

Le garçon rapportait la soucoupe et j'avais, oui, telle est l'habitude des gagne-petit dont je suis, calculé rapidement le coût de ce déjeuner, constaté qu'il semblait ne pas étonner Michel. Et cependant, il avait eu un doute, laissant d'abord trois pièces pour le pourboire puis en reprenant une, avec une fausse désinvolture.

J'ai hésité à décrire cette scène triviale. Il m'aurait été facile de l'ignorer, de détourner la tête au moment de l'addition ou de taire mon comportement et celui de Michel. Compter les pièces du pourboire, cela relève-t-il de la littérature ? L'argent n'a droit de cité que s'il devient abstrait. On ne parle jamais d'impôts à payer – « Je suis dans la tranche des 60 p. 100 », disait Michel –, ni d'achat d'appartement, du prêt nécessaire et des obligations qu'il entraîne – « Il me faut du fric pour ça, ajoutait Michel, régulièrement » –, du droit d'auteur de 12 p. 100 sur le prix de vente des livres, des pensions alimentaires à verser à Colette Bussi et à Gilles – « Je donne 1 500 francs par mois à ma mère », m'avait dit Michel.

Même dans les dossiers, si précis en ce qui concerne l'ambition d'Arnaud de Rougerie ou de Portal, le goût du pouvoir chez les uns et les autres, les liens qui unissent Baynac, Lasnoy, Lacroix, Borowski, et dont les femmes – Carla Cavalieri ou Monica – sont les maillons, je ne trouve que de très brèves allusions à l'argent. Michel le dissimule sous des mots plus nobles : « *Fortune personnelle d'Arnaud de Rougerie,* note-t-il, *qui le met à l'abri des trop grandes bassesses. Opposition avec Guy Richet, toujours aux abois.* »

Michel Farges a donc lui aussi eu peur d'écrire le trivial. Que n'a-t-il relu *Les Illusions perdues.* On y compte les pièces d'or et évalue le prix des équipages, des toilettes ou des meubles, on y épluche les contrats d'édition. Balzac n'a pas craint de mettre sa main dans le gousset de Lucien de Rubempré et d'apprécier le talent de ce « jeune homme pauvre » à ce qu'il touche par article. Il sait compter le nombre d'exemplaires vendus.

Dommage que Michel Farges n'ait pas composé

un récit dont l'argent eût été le sujet, ou qu'il n'ait pas simplement recueilli dans ses dossiers tout ce qu'il m'avait dit et qu'il me faut oser écrire, parce que là est l'une des causes de sa mort.

45

L'ARGENT, pourtant, j'avais cru d'abord qu'il avait été pour Michel une source d'exaltation et de vie. Il en avait gagné. « Beaucoup », disait-il avec une expression timide, la tête un peu penchée, avançant ses lèvres dans une moue boudeuse qui ne réussissait pas à cacher sa jubilation.

« Je te raconterai, ajoutait-il. Marrant... »

Il m'expliquait alors avec de grands gestes qu'il possédait cet appartement. Il me donnait le détail de ses emprunts, le montant des remboursements mensuels qu'il devait effectuer. Il m'annonçait qu'il avait acheté cinq mille mètres de terrain, au-dessus de La Clusaz et qu'il commencerait l'été prochain – « si tout allait bien » – à bâtir un chalet.

« Je t'y invite, Sylvie, chaque hiver si tu veux. »

Il dépliait les plans : des chambres indépendantes munies chacune de tout le confort. « Chacun chez soi. » Deux immenses pièces « pour la bouffe et la conversation ».

Il me décrivait le panorama, le lac au loin et les cimes. Il riait, se frappait le front du bout des doigts, me demandait d'imaginer ce qu'il pouvait ressentir. Il avait rêvé des mots, m'expliquait-il, les avait ajoutés les uns aux autres, gribouillant ces petits signes sur une page, puis une autre, encore une autre et cela était devenu un livre, puis au bout de la chaîne, l'argent, comme dans une machine à sous, des pierres, du bois, une toiture et un plancher.

Il me parlait allongé sur son canapé, frappant du bord du talon sur le parquet.

« Magique, disait-il. L'argent à partir de rien, magique, Sylvie. »

Brusquement, il paraissait songeur, ajoutait que je ne devais pas me méprendre. L'argent lui était indifférent mais le système l'avait pris pour mesure et on ne pouvait échapper à ses lois que « par en haut ». Il répétait en se redressant :

« Par en haut, Sylvie, ne fais pas la connerie de croire que tu peux t'en sortir par les marges, ne sois pas conne. »

Je ne répondais rien mais il élevait la voix comme si mon silence contestait ses arguments. Il m'expliquait que si l'on n'affrontait pas le système en position de force – « Et il faut de l'argent pour ça, Sylvie, l'argent est la seule force » – il vous écrasait. Et même si on était assez malin pour ne pas être directement sa victime, quelqu'un qu'on aimait l'était à votre place, ou se chargeait, au nom du système, de régler votre compte.

Il ne m'avait pas parlé de sa mère ni de son père mais aujourd'hui, je sais qu'il pensait à eux, à Maurice Farges, l'ouvrier, et à Clémentine qui se servait de l'argent pour l'accabler.

J'avais simplement dit mon désaccord.

Il s'était levé, arpentant la pièce, m'avait reproché de l'accuser de corruption alors que je me bornais à refuser de l'imiter. Je ne comprenais rien, répétait-il. Je ressemblais à son fils. Il haussait les épaules, me montrait le tableau et me parlait pour la première fois de Monica Sundberg.

« Voilà une femme, disait-il, vraie. »

Il s'enflammait, oubliait sa colère, prétendait regretter de ne pas être né femme.

Il riait encore. Rastignac, Julien Sorel, aujourd'hui, ne pouvaient être que des femmes. L'époque était royale pour elles. Les hommes affaiblis, contestés, toutes les possibilités s'offraient à celles qui osaient... Il hésitait, m'observait.

« Si je vais au bout de ma pensée... »

Il s'approchait, levait la main. Je l'écoutais, bienveillante.

« ... à celles qui osaient être, recommençait-il – je me souviens de mon emphase – des « putains royales ».

Mais sans doute gêné du mot qu'il avait employé, il se reprenait : « des courtisanes souveraines, si tu veux ».

Naïf Michel, qui se croyait audacieux et cynique et qui après tant d'années comparait l'écrivain et la putain.

Il s'irritait à nouveau, s'en prenait à une déclaration récente de Markos – « Chez Longin, tu n'as pas vu l'émission ? » – qui avait jugé vulgaire l'ambition de vivre de sa plume, l'argent gagné par les livres lui paraissant suspect. Il accusait Markos, jetait devant moi de petits ragots. Markos, quelques heures avant l'émission de Longin, s'était rendu chez le coiffeur, hésitant sur le choix de sa veste et de sa chemise, téléphonant à Michel pour savoir quelle couleur de tissu passait mieux à la caméra. Michel s'impatientait, me parlait de Rambert, ce jeune romancier aux lèvres charnues et aux cheveux longs qui posait pour les photographes, le col ouvert sur sa poitrine nue, fixant son futur lecteur d'un regard langoureux. Les écrivains – « moi, Sylvie » – vendaient leur corps et leur gueule, concluait-il.

« Qui t'oblige ? »

Je me souviens de ma question. Je ne l'avais pas voulue agressive. Je n'avais pas imaginé qu'elle susciterait chez Michel une telle explosion de violence. Il la répétait et gueulant, hurlait que j'étais conne, plus conne que Gilles et que Markos, encore une de ces putes qui jouaient les vierges.

Curieux que j'aie oublié cette scène jusqu'à ce que l'obligation d'écrire me contraigne à la faire resurgir, alors que Markos s'est suicidé depuis des mois déjà.

Je m'étais levée. J'avais une nouvelle fois voulu quitter Michel – je ne vivais chez lui que depuis une semaine, je crois. Il s'était excusé et m'avait suppliée. Je devais comprendre, le laisser s'expliquer. Le choix n'était pas aussi simple que je le pensais. Ceux qui, comme Arnaud de Rougerie ou même Markos, condamnaient les écrivains mercenaires, étaient, « encore une fois, toujours la même loi, Sylvie », des privilégiés. Fortune personnelle ou mariage fructueux.

Michel – naïf Michel, si naïf – tentait de me montrer qu'il lui fallait vendre ses livres pour ne pas être dupe et vaincu comme son père. Il citait Truman Capote qui déclarait ne jamais écrire une ligne sans qu'elle lui soit d'abord payée. Il prétendait appartenir à cette catégorie d'écrivains.

« Les Américains, Sylvie, c'est tout. »

Trop pour moi.

Trop pour lui.

J'avais pressenti que sa véhémence et son excitation quand il parlait d'argent – « Je vais faire un grand coup, disait-il, un best-seller mondial, tu verras » – masquaient mal l'abîme de l'angoisse et la peur toujours présente de manquer.

Un soir, assise à son bureau cependant qu'il pérorait, j'avais, feuilletant ses manuscrits, découvert sur l'une de ces petites fiches qu'il affectionnait un enchevêtrement de chiffres, de points d'interrogation, des additions, le mot « impôts » qui revenait encadré, des flèches qui entouraient le nom de Borowski.

Je m'étais souvenue du carnet vert de mon père mais je n'avais pu interroger Michel. Il s'était approché, m'avait pris la fiche, en avait joué, la passant devant mes yeux :

« Prévisions, ma chère Sylvie, Borowski a un moyen de me faire échapper au fisc. Je te parlerai de Borowski. »

Il me montrait le tableau. C'est Monica qui lui avait fait connaître Borowski, il y a quelques années et la rencontre avait été fructueuse.

« Je te raconterai », disait-il.

Que Monica Sundberg et Jerzy Borowski soient liés à l'argent ne peut me surprendre.

J'écris, je vois les hommes et les événements de loin, comme s'ils se découpaient sur l'horizon, je prends conscience de la perspective alors que, durant les semaines que j'avais passées aux côtés de Michel, j'étais trop étonnée par mes découvertes, ce milieu que j'explorais, cet homme avec qui si soudainement je partageais ma vie, grisée aussi, si bêtement fière de pouvoir dire à Cécile Devun : « Je m'installe chez Michel Farges, Michel Farges le romancier », si aveuglée que j'avais accumulé les impressions et les intuitions sans être capable de les analyser.

Ecrire m'y contraint et j'écris pour dévoiler.

Nous étions sortis le soir où j'avais remarqué cette fiche remplie de chiffres, glissée entre les pages de son manuscrit, comme une pépite dans sa gangue. Nous allions, je crois, dîner une nouvelle fois chez Lipp où nous devions rencontrer Alberti. « Ton directeur littéraire, un talent dingue, mais un type pathétique. »

Michel m'avait entraînée dans le drugstore, *Le Monde* à acheter, bien sûr, une montre qu'il voulait m'offrir, son carnet de chèques déjà posé sur le bord de la caisse, le doigt pointé vers la vitrine. Il insistait mais je m'éloignai en refusant.

Quelque chose de malsain et d'excessif dans sa générosité. Peut-être la volonté de m'acheter, parce que les femmes sont des putes et que, toutes pareilles à Clémentine Farges, elles ne respectent l'homme et ne l'aiment que s'il paie.

Michel voulait mettre un bracelet à mon poignet, comme on bague un oiseau qui vous appartient.

Dois-je mépriser Michel pour ce comportement dont il n'avait pas clairement conscience, partagé qu'il était entre un cynisme de façade qui lui dictait l'apologie des « putains royales » et sa naïveté qui lui faisait imaginer qu'il échappait au « système par en haut » ?

Il ne pouvait même pas oublier son enfance, ces promenades du dimanche sous les arcades de Chambéry, cette hésitation de Maurice Farges au moment d'entrer dans le café des Quatre et Clémentine qui s'en indignait, qui prenait la main de son fils : « Viens, Michel, viens, il est trop mesquin. »

Maurice Farges suivait à quelques pas et ils retournaient chez eux, sans avoir « rien dépensé » — cette expression où Michel s'englue.

C'était au tour du père de saisir dans l'escalier la main du fils :

« On va se faire cuire des marrons, Michel. »

Maurice Farges s'asseyait dans la cuisine, Michel en face de lui et ils fendaient ensemble, d'un coup de couteau, les marrons lisses.

Plus tard, Clémentine se plaignait de l'odeur, du fourneau que Maurice avait sali, et elle mangeait à contrecœur, en haussant les épaules, quelques-uns des fruits rôtis qui tachaient les doigts de noir.

Ce carnet de chèque déjà ouvert sur le bord de la caisse, dans le drugstore Saint-Germain, cette manière de répéter : « Sylvie, Sylvie, j'achète n'importe quoi si tu ne choisis pas », c'était la revanche de Michel Farges, son effort infructueux pour oublier et s'affirmer différent.

Je refusais et il m'en voulait. Et il m'eût reproché d'accepter.

Il me rejoignait devant la librairie, m'enlaçait, détaillait la liste des best-sellers, les titres des livres en pile. « De la merde, disait-il, des conneries. Je vais leur en fabriquer. » Il feuilletait un livre à la couverture bariolée, le rejetait, me révélait le nom de l'écrivain qui avait prêté sa plume à l'« auteur ». Il m'ouvrait les portes des cuisines éditoriales, soulevant les couvercles, me montrant comment et avec quoi on liait les sauces.

Je n'aimais pas ces tabliers sales de cuisiniers et leurs recettes, qu'il justifiait : « Qui les force à acheter ? »

Mais la littérature pour moi n'était pas seulement le bruit d'un tiroir-caisse.

Nous entrions chez Lipp. Michel serrait des mains, souriait, me présentait en me guidant vers le fond de la salle, à sa table réservée.

« Alberti », commençait Michel.

Portrait d'un écrivain qui le fascinait peut-être parce que l'homme avait été rongé comme Michel craignait de l'être, donnant à des livres signés par d'autres ce qu'il portait en lui. Les souvenirs du flic il les avait écrits. Ceux de la comédienne aussi. Et ceux du prêtre, et ceux du médecin. Mais pas ceux du tueur évadé, non, ce n'était que racontars. Le reste, vrai.

« Le fric », continuait Michel.

Alberti mettait en mots, en scène. On le payait bien. L'engrenage. Impôts, maison de campagne, deux divorces, la direction littéraire chez Claroux. « Il écrira, plus tard, pour lui. »

Alberti n'écrirait plus jamais autre chose que des livres truqués.

Il s'asseyait en face de nous, buvait, parlait d'une voix rauque de mon roman. « Bon, très bon. » L'avait-il même lu ?

« Tu feras un papier, n'est-ce pas ? » demandait-il à Michel.

J'avais oublié cette scène jusqu'à ce qu'elle surgisse, ici dans mon récit, que le geste de Michel, enveloppant mon épaule de son bras, me revienne, humiliant. J'entendais à nouveau la voix qui chuchotait contre mon oreille, reprenait plus forte pour Alberti :

« Qu'est-ce que tu en penses ? »

J'avais écrit un livre de désespoir et, je le crois, de vérité. Il devenait ce prétexte que Michel utilisait pour mieux me tenir, cet objet de commerce dont Alberti disait qu'il pouvait être un succès : « L'amour filial, la famille, ça recommence à être à la mode, on était allé trop loin.

– Le balancier », disait Michel.

Mon roman marcherait en province, décrocherait peut-être le prix des Libraires. Je « ferais cent mille », et achèterais un appartement à Paris.

Michel me serrait contre lui à nouveau.

J'ai détesté ce langage des coulisses, ce discours cynique – vrai ou faux, après tout, que m'importe? – qui transformait mon livre en petits paquets rectangulaires qu'on exposerait sous cellophane dans les supermarchés.

Alberti et Farges avaient d'abord ri de mon indignation. Si j'étais distribuée dans les supermarchés, disaient-ils, pour un premier roman, ma carrière était assurée.

Mais je n'avais pas partagé leur gaieté. J'analysais leur remarque. Elle prouvait qu'à vendre ses livres on se perdait. Je serais distribuée, mise, moi, sous emballage, exposée, vendue en solde, parce que j'étais mon livre, que l'amour que j'avais voué à mon père et la peine que j'avais ressentie s'y trouvaient enclos.

Je n'étais qu'une emmerdeuse, disait Michel. Seulement il avait cessé de rire. Puis Alberti avait posé sa main sur la mienne, affirmant qu'il ne fallait écrire que pour de l'argent. « Je vous assure – il se penchait vers moi, chuchotait presque – ou bien ne pas publier, garder ses manuscrits dans son tiroir, ou encore – il quittait la table – acheter un vélo. »

Il ajoutait, se retournant : « La meilleure solution. »

Il nous saluait d'un geste, donnait l'accolade à Guy Richet et à Arnaud de Rougerie qui entraient, faisait un signe à Portal et à Hassneri assis près du tourniquet.

« La littérature à l'estomac », murmurait Michel.

Morose, il émiettait son pain, buvait lentement son café, me parlant des romans d'Alberti, « une rigueur à la Gracq, une tension et puis, et puis – il rentrait la tête dans ses épaules –, le flic, la comédienne, le prêtre, Alberti a renoncé. Il est devenu un prolétaire propriétaire et millionnaire. Ce n'est pas incompatible ».

Silence.

Je n'avais pas voulu citer les noms de ceux qui refusaient de forcer leur talent et poursuivaient avec orgueil une œuvre austère. Ainsi Markos.

Mais Markos depuis s'est jeté sous une rame de métro.

Silence.

Je n'avais pas voulu citer les noms de ceux qui cherchaient à convaincre et non à vendre, « intellectuels, artistes », aurait dit Alberti par dérision, mais je préférais ces termes à ceux de mercenaire ou d'écrivain fantôme.

Michel n'avait pas supporté mon silence. Il m'avait prise par le bras – encore un geste de possession devant Richet et Rougerie, Portal et Hassneri, tous les autres entre qui nous passions – il me disait :

« J'en ai marre de tes grands airs, tu vas comprendre, je vais t'expliquer. »

46

Une fois de plus, Michel Farges se justifiait.

J'avais rêvé d'un écrivain intransigeant, d'un héros de roman, d'un ambitieux qui eût ressemblé à Julien Sorel. J'eusse accepté un prince du mal comme Vautrin, aimé même, qui sait, le défi cynique de Rastignac. Il me fallait écouter Michel, raisonneur, médiocrement réaliste, pleurnicheur quelquefois, comme écrivait Véronique Dumas.

« Que voulais-tu que je fasse ? » murmurait-il.

Dans *Les Illusions perdues,* j'avais haï la veulerie de Lucien de Rubempré, ses mièvreries de fille, et il me semblait que je les retrouvais chez Michel, complaisant et – mon jugement tombait à nouveau – lâche.

Ma sévérité était excessive. Le besoin de justification de Michel marquait ses hésitations. Il ne pouvait pas être qu'Alberti. Il ne savait pas devenir Emmanuel Chaves. Il ondoyait, il hésitait.

Nous marchions côte à côte sur le boulevard Saint-Germain. Chaque fois qu'il tentait de prendre mon bras ou de s'appuyer à mon épaule, je me dégageais. S'il se taisait, je m'arrêtais, le regardais pour l'obliger à poursuivre. Il devenait hargneux. Et je préférais sa voix rageuse et hostile. Il s'emportait, m'accusait d'appartenir à une génération de jouisseurs, de paresseux sans ambition, sans autre besoin que celui de rêver.

« Nous... » commençait-il.

Je disais : « Toi... »

Il était habile en effet à disparaître dans la foule anonyme, grain d'une classe sociale exploitée et humiliée. La société était hiérarchisée, expliquait-il, un fils d'ouvrier qui devenait un intellectuel n'avait devant lui que des impasses.

Il serait traître, toujours.

Le boulevard Saint-Germain est plus long qu'il ne semble ou bien les explications de Michel s'étiraient-elles, comme une dissertation bavarde et attendue. Il n'avait pas accepté d'être un homme du pouvoir, haut fonctionnaire ou ingénieur, rouages qui font fonctionner la machine.

Il avait renoncé à l'université pour ne pas être dupe d'une culture qui appartient aux « autres » — « Servoise ou Portal ». Il choisissait de demeurer un marginal — la seule issue — un hors-la-loi, artiste, écrivain, grand avec un peu de chance, besogneux parce que ce sont les modes qui décident de ce qui est génial; et que d'ailleurs il n'avait pas le temps de l'être, obligé aussi de gagner de l'argent.

Enfin ce mot.

Je répétai, méprisante :

« L'argent, oui. »

Il niait, me secouait, violent. Et j'aimais qu'il le soit.

Seulement quoi, quoi faire? La révolution? Il s'écartait, s'emportait. Je devais lire les journaux, apprendre ce que devenaient les ouvriers, là-bas, dans les pays où la révolution se prétendait victorieuse.

Il essayait, disait-il, de demeurer lucide, authentique — le mot grinçait — raflant le maximum de fric pour être libre, tentant de ne pas signer une seule page qui le salisse, mais écrivant d'autres pages sous d'autres noms parfois.

Il avait baissé la voix.

La veille, nous avions ri ensemble quand je les avais tous qualifiés, lui, Mesnard, Alberti, de proxénètes. Ce soir, Michel parlait de putains et nous demeurions graves.

« Tu es le plus malin en somme », ai-je dit.

Il croyait que j'étais convaincue et reconquise.

Il s'approchait de moi,

« Je vais te raconter l'histoire de Borowski », disait-il.

Il commençait. Monica Sundberg – je le laissais m'enlacer, pour savoir – l'avait présenté à Jerzy Borowski, « un type extraordinaire, une sorte de diable ».

Michel riait, s'interrompait. Je l'ai repoussé.

« Pourquoi n'essaies-tu pas d'être seulement toi-même ? Tu n'aimes pas ce que tu es devenu. Tu n'aimes pas tirer ton épingle du jeu. Tu dois... »

Je n'ai pas pu aller au-delà. Michel m'insultait surpris par ma question, lui qui imaginait avoir clos le débat. Je le rouvrais. Je m'enfonçais. Je n'avais donc accepté aucune de ses circonstances atténuantes, de ses belles constructions abstraites dont il était absent. Je disais à nouveau : « Toi... »

Il m'avait saisie aux épaules. Il avait les traits tendus par la colère et parlait presque sans desserrer les lèvres.

« Je ne suis rien, disait-il, un écrivain de merde, je ne veux rien être de plus, tu m'emmerdes. »

La belle façade de « l'homme le plus malin », de celui qui avait tiré son épingle du jeu, se lézardait.

J'avais, j'ai plus encore, pitié de lui.

Sa révolte contre moi, l'autodestruction qu'elle exprimait me le rendaient proche. Une fois de plus sa complaisance s'était brisée au premier choc. J'ai pris son bras. Il a refusé mais j'ai insisté, murmurant que je ne le jugeais pas, que chacun conduisait sa vie comme il pouvait, qu'il m'était facile à moi qui n'avais rien tenté, qui avais lâchement décidé de ne pas changer de place, de lui donner des conseils. J'étais jeune, ridicule et prétentieuse, je le reconnaissais.

Je m'appuyais à lui. Je faisais pénitence. J'ai dit pour achever de le convaincre qu'il m'avait rendue jalouse en me parlant encore de Monica Sundberg. Peut-être même était-ce vrai.

Il me laissait prendre son bras, tout en m'accusant d'être stupide, « conne ». D'ailleurs, ajoutait-il, il ne voulait pas me parler de Monica mais de Jerzy Borowski, « le diable, tu sais ».

47

Revoici enfin Jerzy Borowski et Monica Sundberg.

Je les ai abandonnés trop longtemps, dans le salon de la villa de Jerzy Borowski, puis posant pour le photographe sur le perron.

J'ai laissé Borowski, le matin, au moment où il saluait Michel et Véronique Dumas qui s'éloignaient, les deux chiens noirs courant de part et d'autre de la voiture.

Je me suis déjà expliquée sur les raisons de mon vagabondage. Je veux laisser Michel vivant. J'accepte de retranscrire ses lettres d'amour à Véronique Dumas. Je peux même accuser Michel de lâcheté, montrer sa veulerie, parler de ses compromissions. Mais qu'il vive !

Seulement, au bout du labyrinthe que je construis, Michel me désigne Jerzy Borowski et Monica Sundberg. Et je ne peux oublier l'accident – le curieux accident – qui a coûté la vie à Monica et qui me rappelle qu'avant, au début de mon récit, dans ma vie, la police – l'inspecteur Leyris et le commissaire Jeannin – intervient parce que trois tueurs ont abattu Michel, rue des Carmes.

Il venait de quitter, précisément, Jerzy Borowski et Monica Sundberg.

Alors il me faut bien poursuivre, ne plus rêver

en regardant les bancs de brume qui s'accrochent aux pentes, ici, à Sauvan, ou la fumée des feux de bergers qui s'effiloche et s'enroule en volutes au ras du sol.

Je dois renoncer à la tranquillité méditative du paysage et reprendre la route, comme ce matin-là, quand je quittai l'hôtel où j'avais passé deux nuits. Je me dirigeais vers Paris, pensant aux lettres de Michel et aux remarques de Véronique, aux photos, à celle qui représentait Jerzy Borowski en uniforme sombre, un col haut le forçant à tenir sa tête levée, la décoration – une étoile à cinq branches – brillant sur sa poitrine.

Cet homme me hante. Si je n'avais pas entendu sa voix, si je ne l'avais pas rencontré – je ferai le récit de notre rencontre – j'aurais le sentiment de l'avoir créé, tel un personnage de roman, qu'on fait surgir de temps à autre afin de relancer l'intrigue.

Michel m'avait parlé de lui longuement, le soir de notre réconciliation sur le boulevard Saint-Germain, mais je suis incapable de reconstituer ce qu'il m'a révélé.

Mon portrait de Jerzy Borowski, je ne sais plus ce qu'il doit à Michel. Je l'ai composé à partir d'éléments divers. Il ne s'agissait parfois que d'un article relatant une présentation de mode : Borowski était debout sur la scène, au milieu de ses mannequins, ou bien agenouillé devant Monica Sundberg, disposant sur le sol la traîne d'une robe du soir.

J'ai recueilli aussi des allusions. Alberti, Chaves – et même Betty Vanier – n'étaient pas disposés à me confier leurs sentiments, mais je me tenais devant eux, insistante, et à la fin, pour se débarrasser de moi, ils avaient une exclamation, ou un soupir, que j'interprétais.

« Borowski, m'avait même avoué Alberti, peut être diabolique. Il aime tirer les ficelles. »

Il avait repris presque mot pour mot une phrase de Michel. Chaves précisait : « un mégalomane ». Et Betty Vanier, pour me congédier, murmurait :

« Une femme ne résiste pas à Borowski. Avec lui, il faut céder. Pourquoi pas ? »

J'ajoute peut-être à ces indications déjà romanesques une part d'imaginaire. Il me plaît de croire que Michel Farges a subi l'influence d'un homme machiavélique qui, tel Vautrin, règle le jeu ou souffle les répliques.

Borowski disposait-il de cette puissance maléfique ? Michel l'avait suggéré et un article – je l'ai cité – avait repris la thèse. Qui saura la vérité ?

J'avais découvert, parmi les photographies dissimulées entre les toiles du tableau, un rapport dactylographié, non daté et sans signature. Je n'en ai pas compris le sens. Sous le titre *Opérations en cours,* il donnait des listes de chiffres, sur deux colonnes. Je reproduis ici quelques lignes qui ne comportent pour moi aucun repère.

193201	*420602*
81233	*17098676*
193615	*569731*

S'agissait-il des éléments d'un code ? De numéros de comptes bancaires et des sommes dont on les créditait ?

Michel Farges ou Monica Sundberg possédaient-ils la clef qui permettait de traduire ces nombres ? Quels trafics dissimulaient-ils ? Qui compromettaient-ils ? Baynac et Lacroix, deux hommes dont la carrière publique dépendait de leur réputation ? Pour reprendre ce rapport, faire taire Michel ou Monica, qui avait donné l'ordre de tuer ? Borowski ou l'un de ces exécuteurs que les pouvoirs utilisent parfois ?

Qui le saura ?

Un fait demeure : Jerzy Borowski avait fasciné Michel.

Il était l'étranger dont l'origine se perdait dans la guerre. Polonais ou Russe – plutôt Polonais, m'a confié Chaves – il avait gagné les Etats-Unis, dans les années quarante-cinq-cinquante. Pour certains journaux, il s'était évadé d'un camp de concentration nazi, parce que juif. Pour d'autres, sa mère était allemande, et il avait dû fuir la Pologne à l'entrée des Russes. Personne ne faisait état d'une carrière militaire : pourtant, j'avais vu sa photo en uniforme et sa décoration est celle d'un héros.

On le disait riche en millions de dollars et sa fortune – « l'argent » – avait dû aussi attirer Michel Farges. Comment l'avait-il gagnée ? Aux Etats-Unis, dans les affaires, prétendait-on. On ne pouvait être plus vague. En même temps, on affirmait qu'il avait commencé comme acteur à Broadway, ce qui l'avait conduit, dans les années 50 – toujours – à devenir producteur de cinéma puis de télévision indépendant, très vite efficace, prenant sous contrat quelques bons scénaristes écartés des studios au moment de la persécution anticommuniste de McCarthy.

Puis – vers 1960 ? – il s'était installé en Europe – Londres avant Paris –, montant quelques films à grand spectacle qu'il tournait en Yougoslavie, en Espagne ou en Hongrie, obtenant le concours de milliers de figurants, des soldats que les gouvernements lui louaient et qu'il faisait manœuvrer lui-même, metteur en scène à l'occasion. Une revue de cinéma l'avait surnommé, au cours du tournage d'un film de guerre dont l'action se situait durant la campagne de Napoléon au-delà des Pyrénées, « Borowski, l'aigle ».

Le surnom lui avait sans doute plu puisque quand il avait ouvert une maison de couture, place Saint-Sulpice, il avait choisi comme label de ses créations un aigle dont les ailes déployées couvraient ses initiales J. B.

J'essaie de ne rien ajouter à ces faits. Mais quand j'ai vu dans les vitrines de Borowski, à l'un des coins de la place, ces aigles impériaux, auxquels s'accrochaient des foulards, des robes noires et des tailleurs gris, je n'ai pu m'empêcher de penser aux tableaux de Monica Sundberg.

Je n'affirme pas que l'homme au masque d'oiseau, qu'elle représentait tenant une femme enlacée, était « Borowski l'aigle », mais comment éviter le rapprochement et ne pas imaginer que Monica craignait Borowski et se laissait guider par lui ?

Je suis allée d'une vitrine à l'autre. Les aigles disparaissaient parfois presque entièrement sous le tissu et l'on n'apercevait que leurs becs et leurs serres. J'observais les passantes qui s'arrêtaient devant les vitrines. Elles ne prêtaient aucune attention à la décoration baroque. La plupart des boutiques du quartier Saint-Germain composent d'ailleurs des étalages qui se veulent artistiques et ceux de Borowski suivaient cette mode.

J'attribue donc peut-être un sens à ce qui n'en a pas. Il est si tentant d'établir des correspondances, de formuler des hypothèses, de lier les fais entre eux.

Jerzy Borowski pourrait être l'un de ces agents de l'Est qui, dans le grand flot des réfugiés de l'après-guerre, ont pris pied ici. Leur réussite ne s'explique que par les facilités dont ils ont disposé et les appuis souterrains qui, de là-bas, leur furent prodigués. Ils ont tendu leur toile et retenu ceux qui s'en approchaient. Des ministres, des journalistes, des écrivains. Baynac, Lacroix, Farges ?

Mais je vais au-delà de ce que je peux prouver.

C'est Monica Sundberg qui avait conduit Michel Farges à la propriété de Borowski à Saint-Cloud. Et ce fut décisif pour sa carrière.

J'avais attribué sa réussite à la publication de son premier roman, au succès qu'il avait recueilli, à l'appui que Betty Vanier lui avait accordé, pariant sur cet ambitieux dont elle pressentait l'énergie et le talent.

Je l'ai écrit. Ce n'est pas faux mais incomplet. La réalité comporte plusieurs facettes. Sans Monica Sundberg et Jerzy Borowski, Michel Farges eût-il accédé en quelques années à la notoriété d'un romancier estimé et d'un chroniqueur littéraire redouté ? J'en doute maintenant.

La carrière de Michel a commencé aussi – surtout – dans la propriété de Jerzy Borowski.

Le parc et la villa l'avaient stupéfié.

Stupéfié : je maintiens le mot.

Farges habitait encore deux petites pièces dans le quartier des Gobelins. Chez Claroux, il ne disposait que d'un bureau minuscule. Chambéry, la maison natale et l'appartement conjugal étaient à portée de mémoire.

« Vous êtes chez vous », disait Jerzy Borowski en l'accueillant.

Les projecteurs dans le salon à plusieurs niveaux, les tableaux – un Kandinsky bleu et rouge –, les femmes : Monica qui tenait toujours

Michel par la main, Carla, d'autres, « stupéfiaient » Michel.

Il découvrait pour la première fois le naturel du luxe et de la fortune. Borowski le présentait à Lasnoy, le directeur de *Présent* :

« Voilà l'homme qu'il vous faudrait, Lasnoy. Monica me dit que c'est le plus brillant des jeunes écrivains qu'elle ait rencontrés, et Dieu sait... »

Borowski, Lasnoy, Monica et bientôt Farges, tout le monde riait. Arnaud de Rougerie, sa petite taille serrée dans un costume cintré, s'approchait.

« Farges ? disait-il. J'ai aimé votre roman, vous êtes un écrivain de race, je m'emploierai à le faire savoir. »

Borowski s'était assis sur les marches, Carla Cavalieri près de lui. Il faisait un signe à Michel, l'invitait à le rejoindre. Il voulait un beau texte, disait-il, poétique, inspiré, quelque chose qui se drape, « de la soie », cinq ou six pages – il baissait la voix – qu'il devrait signer, comme s'il les avait écrites, parce que le monde est ainsi, et que c'est lui Borowski qui avait créé la collection, mais les mots, pas son affaire, pas sa langue.

« Voulez-vous m'écrire ça ? »

Cela resterait entre eux. Il chuchotait comme si Carla Cavalieri avait pu les écouter mais, souriante, immobile, elle regardait devant elle, indifférente.

« Naturellement – Borowski se levait –, l'argent n'est pas un problème. »

Il devinait l'hésitation de Michel, se penchait, s'appuyait à lui.

« Plus vous demanderez, et plus on vous estimera. Je ne suis pas dupe, mais je respecte les règles. »

Il riait et ajoutait :

« Monica vous expliquera. »

Je n'ai pas retrouvé ce premier article, écrit par Michel et signé Jerzy Borowski. Il a paru dans une revue de mode américaine et – m'a dit Alberti – a contribué à lancer Borowski comme grand couturier parisien.

Il faut peu de chose parfois dans ce monde d'apparences pour provoquer un événement. Le ton de l'article, la fantaisie avec laquelle Farges avait utilisé le jargon des sociologues de la mode pour les ridiculiser séduisirent et étonnèrent à New York. Borowski qu'on avait pris pour un aventurier était donc aussi un intellectuel. On l'interviewa et sa photo en quadrichromie parut dans *Time* sous le titre : « *The new parisian style of an american polish modelist.* »

J'ai lu cette interview et j'ai longuement regardé la photo de Borowski. Il sourit, ironique, les mains croisées derrière la nuque, assis dans un fauteuil d'osier. A l'arrière-plan, on devine des silhouettes de femmes, les vitrines de la place Saint-Sulpice et les tissus accrochés aux ailes des emblèmes.

L'assurance des déclarations de Borowski, leur arrogance même me surprennent encore. Méprise-t-il à ce point les autres ? Ou bien s'est-il laissé prendre à sa mystification ? L'écriture est, déclare-t-il, sa seule passion. Metteur en scène, et couturier, il a écrit avec des images et des corps, explique-t-il. Il va enfin utiliser les mots.

Je connais la suite. Alberti d'abord puis Chaves m'ont permis de la reconstituer. Au bout, il y a ce livre qui est posé à droite de ma machine à écrire et que je feuillette. La couverture représente Borowski qui retire de son visage un masque de comédie italienne.

Des traits de Borowski on ne voit que la partie supérieure : le front, les sourcils, les yeux. Le masque dissimule encore la bouche et le menton. La photo suggère un visage double, le masque et son bec appartenant à Borowski autant que ses yeux d'homme.

Ce livre est sur ma table, ici, à Sauvan.

48

Une nouvelle fois, je suis arrêtée dans mon récit par son invraisemblance.

Si je ne pouvais feuilleter ce livre, signé Jerzy Borowski, en lire et relire le titre et le sous-titre, les retranscrire : *Ma vie sans masque – Histoire véridique d'un créateur vagabond,* je ne croirais pas à son existence.

Cette couverture qui paraît dévoiler le sens du tableau de Monica Sundberg, comment imaginer qu'elle existe ?

Souvent, quand je corrige les pages que j'ai écrites, que je remonte ainsi une nouvelle fois aux origines de mon enquête et de ce qui, peu à peu, devient un livre, je m'interroge sur la place que j'ai donnée à ce tableau. J'ai essayé de ne pas tricher. J'ai voulu ne pas laisser les mots m'entraîner au-delà de ce que j'avais vécu et entendu.

Pourtant, j'ai peut-être involontairement exagéré l'importance de certains événements, attribué une signification à ce qui n'en avait pas.

J'ai décrit le tableau de Monica Sundberg. J'ai dit que le thème de ce tableau – une femme que je croyais soumise – avait été une des raisons de ma séparation d'avec Michel. Aurais-je écrit cela si, plusieurs mois plus tard, Michel ne m'avait légué ce tableau et si je n'avais découvert, plus tard encore, derrière la toile, ces photographies indiscrètes ?

Il est difficile, quand on a déjà parcouru un chemin, d'en refaire l'itinéraire avec innocence. L'oiseau mort, ce petit rapace noir, qu'ils avaient placé sur la table de mon bureau, au-dessous d'une photo lacérée de Michel Farges, avait-il vraiment un rapport avec le tableau de Monica ? J'aurais pu charger de sens non pas l'oiseau mort mais le gant de cuir qu'ils avaient laissé aussi. Je m'aperçois que, dans mon récit, il suffit d'une myriade d'oiseaux migrateurs rassemblés dans les arbres proches de la villa de Pierre Mithois pour que j'établisse des correspondances, comme si je voulais impressionner le lecteur.

J'agis de même quand je décris ces aigles de bois doré que Jerzy Borowski a placés dans ses vitrines de la place Saint-Sulpice. J'attribue à ce décor baroque d'une boutique de mode une importance qu'il n'a peut-être pas. Comme s'il était nécessaire dans ce récit où je relate l'assassinat d'un homme et la mort d'une femme d'ajouter des battements d'ailes !

Oublions-les. Tenons-nous-en aux faits. Ne parlons plus jamais de cet homme au masque d'oiseau, de ce tableau de Monica, du petit rapace noir abandonné mort sur mon bureau. Ouvrons le livre de Jerzy Borowski, lisons les premières phrases :

« *Mon nom est Jerzy Borowski. Je suis un créateur vagabond. J'aime le surnom d'aigle qu'on m'a donné parfois. L'oiseau royal, dans son vol sans entraves, va d'un pays à l'autre, d'une passion à l'autre. Il est insaisissable. Je me suis voulu ainsi et tel je voudrais qu'on voie ma vie.*

« *Je suis né dans un pays de montagne, où les aigles sont encore nombreux. Enfant, je les crai-*

gnais et les admirais, mais la guerre a chassé les aigles. »

Je n'invente pas ces lignes. Chacun peut les découvrir au début du livre de Jerzy Borowski. Faut-il que je les rejette parce qu'une nouvelle fois la spirale se ferme, pareille à ces aigles qui dessinent des cercles concentriques avant de fondre ?

On connaît la comparaison, je l'ai déjà employée. Mais qui m'expliquera pourquoi à chaque étape nouvelle dc mon enquête je retrouve ce signe, comme si toute cette période de ma vie était placée sous la menace d'un oiseau carnassier ?

J'essayais d'expliquer ce sentiment à Cécile Devun.

J'étais arrivée à Paris au terme d'une longue étape. Après les deux nuits passées dans cet hôtel de montagne, à examiner les photographies, les listes de chiffres, à lire les lettres de Michel Farges, à essayer de comprendre quel rôle avait pu tenir Véronique Dumas, j'avais hâte de marcher le long du boulevard Saint-Germain, jusqu'à cette rue des Carmes que Michel Farges avait empruntée une dernière fois dans la nuit du dimanche 1er juin.

Cécile Devun avait retardé son départ en vacances pour me rencontrer, disait-elle, bavarder avec moi.

« Je m'inquiète, Sylvie, murmurait-elle, après m'avoir embrassée, me regardant avec sévérité. Tu continues, n'est-ce pas ? Michel Farges, toujours ? »

Elle prenait ma valise, la portait dans la chambre du fond, celle que j'avais déjà occupée plusieurs fois et dont j'aimais le silence, la lumière tamisée par la verrière qui fermait la cour. Cécile s'asseyait sur le lit, m'ordonnait d'un geste autoritaire, comme on en a pour les enfants indisciplinés, de m'installer près d'elle. Elle s'était renseignée auprès de Lasnoy et de Sabra : – « Tu sais que Claude est un ami de Lasnoy ? » Elle avait fait toucher Laurent Claroux et téléphoné à Alberti. Claude ? – « Tu sais combien il peut être efficace, un bulldozer quand on le met sur une affaire » –, avait vu quelqu'un à l'Intérieur, très près du ministre.

Elle m'embrassait à nouveau :

« Ma petite Sylvie, chuchotait-elle, je te fais du thé ? »

Elle serrait mes mains. Ses attitudes, ses phrases : « Claude, Claude, mon mari, etc. », je les connaissais. Elle me semblait jouer une fois encore – à la perfection, il est vrai – le rôle de l'amie sans inventer une seule réplique.

Comment pouvait-on vivre ainsi, à jamais définie, répétant jour après jour le même emploi ?

De la voir et de l'entendre me rapprochait de Michel. Je retrouvais sa volonté d'échapper aux répertoires. Il avait refusé d'être seulement l'enfant pauvre diplômé qui fait une brillante carrière ou l'écrivain doué qui se contente de recommencer son premier livre. Il exigeait la lucidité. Il se voulait cynique et demeurait naïf. Il faisait l'éloge des « putains royales » et recherchait avec des jeunes femmes – moi ou Véronique Dumas – une passion d'adolescent. Il n'avait jamais pu tenir un rôle jusqu'au bout de la pièce, incapable d'apprendre un texte par cœur. Il voulait inventer chaque tirade et ne jamais la réciter plus d'une fois. Difficile de rester longtemps à l'affiche avec de telles exigences. Peut-être même impossible de vivre longtemps.

Cécile continuait de parler en me versant le thé.

Toutes ses informations, disait-elle, confirmaient que l'assassinat de Farges n'était qu'un de ces hasards malheureux, aussi stupide qu'un accident de la circulation. Je n'étais pas raisonnable de m'obstiner. Au ministère de l'Intérieur, ils avaient – « vraiment, Sylvie, mon mari en est tout à fait certain, et tu connais Claude... – « exploré » à fond, Sylvie, à fond » toutes les hypothèses, parce que le meurtre de Farges, après tous les autres – Cécile en convenait, la liste était longue et inquiétante – avait ému le président, le ministre, etc.

« Or, rien, rien, Sylvie. »

L'accident, voilà le probable.

J'ai eu tort de lui parler du tableau de Monica Sundberg, de l'inspecteur Leyris, de Jerzy Borowski et des aigles dans la vitrine.

Au fur et à mesure que j'évoquais ces indices et relatais les événements que j'avais vécus et les hypothèses que j'en déduisais, je sentais que les mots que j'employais étaient impuissants à rendre ce qui s'était produit, et ce que je ressentais.

Quand je fis état de l'agression que j'avais subie dans le parc de Chambéry, Cécile s'exclama. Elle aussi, dans le couloir de l'immeuble, avait dû affronter un rôdeur. Est-ce qu'elle en faisait toute une histoire ?

On les avait cambriolés deux fois et les voleurs avaient laissé dans l'appartement des ordures – « un rat mort, Sylvie, tu vois, tu n'es pas la seule » – et déchiré les livres et les dossiers. Il fallait admettre désormais que la vie dans les villes comportait certains périls. Qu'y faire ?

« Ma petite Sylvie, ajoutait-elle, quelle imagination tu as ! – elle riait, s'agenouillait devant moi – Mais où vas-tu chercher ça ? »

J'ai renoncé à poursuivre. J'aurais pu lui montrer les photos que je possédais, mais qu'eût-elle inventé pour se rassurer ?

Elle pérorait.

« Tu n'as aucune preuve, disait-elle. Tu te racontes des histoires, ma chérie. »

Elle dévidait nos souvenirs d'enfance. J'étais une romancière-née.

« Rappelle-toi. »

Je baissais la tête. Je ne répondais plus. A quoi bon ? Je ne pouvais lui reprocher son scepticisme. Moi-même il m'arrivait de douter, parce que j'étais seule à savoir, à comprendre Michel, à deviner les liens qui l'unissaient à Monica ou à Véronique et à pressentir ce qui l'attachait à Jerzy Borowski. Seule à imaginer les choix qu'il avait pu faire.

« Tu seras raisonnable, n'est-ce pas ? » reprenait Cécile.

Elle voulait partir le lendemain matin, sans inquiétude

Je dis ce qu'elle espérait, mais j'eus pour elle un peu de mépris. Et j'éprouvais de l'orgueil.

CINQUIÈME PARTIE

49

L'ORGUEIL et le mépris furent mes armes.

Sans elles, je n'aurais pas osé descendre la rue des Carmes jusqu'à la place Maubert, retrouver la foule hésitante du marché, en observer la paisible et lente errance entre les bancs chargés de fruits, à quelques mètres du lieu, là, entre deux voitures, où l'on avait découvert le corps de Michel.

Avait-on fait remarquer que l'hôtel de police du Ve arrondissement était situé en face de l'emplacement du meurtre et qu'il avait fallu de l'audace ou de l'inconscience aux tueurs pour attaquer ainsi un passant, sous les fenêtres d'un commissariat ? Je ne me souvenais plus des commentaires des journalistes mais il me sembla que cette constatation excluait le crime de rôdeurs. Trois hommes avaient guetté Michel Farges, veillant à ne pas être surpris par les agents, l'un d'eux sans doute faisant le guet.

Je traversai plusieurs fois la rue, essayant de comprendre comment un agent, adossé à sa guérite, avait pu ne rien voir et ne rien entendre. Je restai un long moment immobile au bord du trottoir, entre deux voitures. Il eût fallu se mettre à crier le nom de Michel Farges à la manière des pleureuses qui n'en finissent pas de se lacérer le visage, ou bien se transformer en brasier, pour obliger cette foule à s'interroger, lui rendre présente et vivante la mort de Michel, en lui offrant le spectacle d'une immolation.

Je n'étais pas prête à ce sacrifice, mais cette pensée excessive m'exalta. Je me reprochais ma lâcheté. Aimer, c'est prendre le risque de mourir. Je n'aimais pas assez Michel.

Je m'installai à la terrasse du café où parfois nous descendions prendre notre petit déjeuner. Je crus reconnaître le garçon à sa faconde bourrue. J'imaginai un instant que Michel allait sortir de la maison de la presse, à l'angle de la rue, sa dizaine de journaux sous le bras et qu'il allait me rejoindre, parcourant les titres du regard.

Mais les volets de l'appartement de Michel étaient fermés et quelqu'un – Gilles peut-être – avait retiré les plantes du balcon.

J'étais à ce degré d'émotion qui rend insensible. La douleur ne resurgit qu'après, quand le choc est passé.

Je me suis éloignée par le boulevard Saint-Germain et, aux regards étonnés de certains passants, j'ai su que je pleurais.

Il me fallut de l'orgueil pour poursuivre et m'obliger à la fidélité. L'orgueil me séparait de tous ceux qui se contentaient de gérer prudemment leur vie et pour lesquels j'avais du mépris.

La mienne était, serait, différente et ne se réduirait pas à une suite d'actes sans importance. J'étais la sœur-épouse de Michel Farges.

L'orgueil et le mépris me donnèrent ainsi la force d'une obstination aux origines ambiguës qui m'était nécessaire pour pousser la porte des éditions Claroux, rue Bonaparte.

Elles occupaient un immeuble, sur le côté gauche, non loin de la rue Jacob, mais l'on apercevait encore la place Saint-Germain. Sartre avait habité une maison voisine. D'autres éditeurs se trouvaient à quelques centaines de pas. J'avais dîné chez Lipp, de l'autre côté du boulevard, avec Michel et Alberti puis nous avions traversé cette place, leur quartier, leur village. « Ici, avait dit Michel – je crois me souvenir des deux mots qu'il employa – tout est frelaté et symbolique. » Alberti près de qui je marchais avait ajouté : « Encore de la littérature à la Farges. Ici c'est comme ailleurs. On travaille pour du fric, et on pense à autre chose en se faisant un grand cinéma. »

Je n'avais cru ni Michel ni Alberti. J'avais le nez levé, comme une provinciale qui a écrit son premier livre et qui passe devant la table où s'est assise Simone de Beauvoir.

Mais Michel Farges était mort ainsi que Sartre.

Les éditions Claroux avaient créé au rez-de-chaussée une librairie, – la librairie Claroux – où étaient exposés et vendus d'abord leurs livres. Il fallait ainsi, pour accéder au hall de réception décoré des portraits des grands écrivains de la maison, passer entre les rayonnages, comme si Laurent Claroux avait voulu inciter ses futurs auteurs à une humilité respectueuse.

Je voyais les photos de Robert Portal, d'Arnaud de Rougerie, de Richet, de Servoise et même de Mesnard.

Mais on avait déjà retiré le portrait de Michel Farges.

Mépriser donne une lucidité amère.

Je n'étais plus dupe du décor. J'en voyais l'artifice et la médiocrité. Je m'avançais sans timidité – un an, décidément, m'avait changée – vers ces auteurs qui bavardaient entre eux, entourant Betty Vanier dans un coin du hall.

Je reconnaissais Arnaud de Rougerie, pétulant, qui se tournait vers moi afin d'élargir son auditoire. Il hésitait à me remettre, se souvenant de moi pourtant, et je devinais sa curiosité de Don Juan prétentieux pour une jeune femme « point trop laide », comme il eût dit. Il se penchait vers Betty Vanier, l'interrogeait, mais j'étais déjà près d'eux, lançant mon nom, demandant à rencontrer Alberti, Betty Vanier aussi, plus tard, si elle le voulait bien. Je la rassurai. Ce n'était pas au sujet de mon roman. Je souriais, niant d'un haussement d'épaules leurs préoccupations mesquines. Peu m'importait le succès. J'insistais, obligeais Betty à téléphoner cependant qu'Arnaud de Rougerie s'exclamait :

« Mais oui, bien sûr, quelle émotion votre roman, l'amour filial quel grand thème ! »

Il s'excusait de ne pas retrouver le titre du roman.

« Tant de livres, n'est-ce pas ? »

Mais ce n'était pas l'essentiel puisque demeurait l'émotion.

Alberti ne pourrait me recevoir que dans une heure, pour quelques minutes seulement, précisait Betty Vanier, était-ce vraiment urgent ?

Je les laissais à leurs ragots.

Dans la librairie, je suivis pas à pas les rayonnages, de titre en titre, mon doigt glissant sur ces morceaux de vie, ce temps réduit à des mots, ces vérités ou ces faux-semblants, ce sang, ces pirouettes et ces *visages*.

Ce dernier mot était-il sur mes lèvres ou seulement maintenant sous mes doigts parce que c'est à ce moment-là — à ce moment-ci — que je me suis arrêtée devant le livre de Jerzy Borowski, que j'en ai découvert la couverture poussiéreuse comme si, sous le masque d'oiseau retiré, le regard de Jerzy Borowski voulait demeurer voilé.

J'ai acheté le livre, « l'un des derniers exemplaires, me disait-on, peut-être même le dernier. Un très grand succès il y a quelques années, l'un de nos best-sellers », mais quand je suis entrée chez Alberti, je ne l'avais toujours pas ouvert.

Alberti était amical et presque chaleureux. Il me parut vieilli. Le visage amaigri, des poches de fatigue sous les yeux, les paupières gonflées comme certaines femmes à leur réveil. Je remarquai ses mains, longues, l'indécision de ses gestes, sa voix un peu fluette et toutes les allusions que j'avais entendues mais ignorées il y a un an me revinrent en mémoire. « Notre Albertine », avait dit devant moi Laurent Claroux. Je n'avais cru qu'à une plaisanterie innocente.

Alberti se disait surpris et heureux de ma visite, mais il avait si peu de temps à m'accorder, entre deux rendez-vous. J'avais la chance de vivre en province, « loin des rumeurs » – il désignait les bureaux voisins, s'interrompait pour que j'écoute les bruits de machines à écrire et la voix de Betty Vanier qui assurait, sans doute à un journaliste, que le prochain roman de Rougerie était « superbe, tu verras ».

Je pouvais, reprenait Alberti, écrire ce que je voulais, au rythme que je choisissais. Paris, conclut-il, détruisait le talent. Il s'inquiétait de mon prochain manuscrit.

J'ai posé le livre de Jerzy Borowski sur son bureau, puis j'ai attendu. Je n'avais rien prémédité. Simplement, ce livre que je venais de découvrir contenait, j'en étais sûre, les réponses à certaines des questions que j'avais préparées.

Il prit le livre, le feuilleta, me regarda d'un air

interrogatif avant de le rejeter, se frottant les mains comme s'il avait voulu se nettoyer de ce contact.

« Que voulez-vous avec ça ? » demanda-t-il.

Il savait bien. J'avais aimé Farges. Je n'avais pas accepté qu'on le tue une deuxième fois par le silence. Je voulais qu'il me parle de Jerzy Borowski et de Monica Sundberg : « Vous savez quelle est morte aussi ?

– Un accident, murmura-t-il. Un accident. »

Je désirais qu'il lût sur mon visage le mépris et la colère, puis je me repris. Je voulais qu'il me parle de Véronique Dumas, de Michel et de Michel encore.

Je me tus.

Il avait fait basculer son fauteuil en s'appuyant des deux paumes à son bureau. Il laissait retomber sa tête sur sa poitrine, et j'aperçus sa calvitie comme l'aveu de la faiblesse qu'il cherchait – comme jadis Michel – à dissimuler.

« Et après, demanda-t-il, quand...

– Pour savoir, seulement pour savoir. »

Il se redressa et m'observa. On frappait à la porte. Il bougonna, se leva, le visage hostile.

« Rien, dit-il, rien à dire, simplement les conneries, la merde dans laquelle on vit tous, presque tous. »

Il me raccompagnait, restait près de moi sur le palier. De la fenêtre, j'apercevais la place et les couleurs grises.

« C'est ce que vous voulez savoir ? »

Je répondis oui.

50

D'ABORD, Alberti ne dit rien.

Il m'invita une première fois dans ce restaurant de la rue des Ciseaux, proche de la place Saint-Germain, où je devais le retrouver à plusieurs reprises. La salle était longue et étroite, mal éclairée mais Alberti occupait une table proche de l'unique fenêtre.

« Ma table », dit-il quand je me fus assise en face de lui.

Il souleva le rideau de dentelle et regarda la rue. Peu après un jeune homme s'arrêta devant la vitre. Grand, fluet, très brun, il portait une veste de toile de jute aux épaules rembourrées et une chemise à col ouvert. Ses jambes longues étaient serrées dans un pantalon de velours. Il était beau, avec une vraie noblesse de traits, le front dégagé, le nez droit, le menton volontaire. Il avait cette dureté de visage qu'on prête aux Grecs mais sans la gravité un peu prétentieuse qu'ils se donnent. Alberti lui fit un signe, l'invitant à nous rejoindre, et l'autre me regarda souriant avec gentillesse, semblant solliciter mon autorisation. Alberti, que j'observais, paraissait rajeuni, les yeux vifs, une surprise joyeuse transformant son visage.

« Jean-Marc », murmura-t-il.

Jean-Marc s'assit entre nous, s'excusant de

nous importuner peut-être. Il parlait à Alberti avec tendresse, lui reprochait de boire trop, décrivait les émissions de radio qu'il mettait sur pied, consacrées aux jeunes romanciers. Il m'interrogeait, me demandait d'y participer. Son enthousiasme et sa sincérité me surprenant, je lui fis part de mon étonnement.

« Mais j'aime les livres, dit-il simplement, je ne peux vivre sans eux. »

Je ne sus que répondre tant cet aveu, pourtant banal, paraissait déplacé dans ce milieu que je commençais à connaître. Il se pencha vers Alberti, l'empêchant de porter un nouveau verre de vin à ses lèvres.

« J'ai beaucoup de chance, je ne touche qu'aux livres que j'aime vraiment. »

Alberti se taisait, songeur, les yeux baissés, les deux mains entourant son verre; puis il dit à mi-voix :

« Sylvie a bien connu Farges. »

Il y eut un silence. Jean-Marc se leva, on l'attendait au studio d'enregistrement. Il me proposa à nouveau de m'interviewer bien que n'ayant pas lu mon livre, avouait-il.

« Mais – il souriait – j'imagine.

– Un vrai livre », dit Alberti à voix basse.

Jean-Marc hésita, me demanda d'un ton presque suppliant de veiller sur Alberti qui bougonnait, heureux de cette attention. Jean-Marc tint ma main quelques secondes.

« Farges, murmura-t-il, je l'aimais beaucoup, mais il s'est détruit. »

Ce sont ces mots, je crois, qui ont obligé Alberti à parler et à me revoir, dans ce même restaurant, où il venait chaque fois qu'il pouvait éviter l'un de ces déjeuners de travail où l'on discute articles, contrats et manuscrits dans une atmosphère de fausse familiarité.

« Ici, je suis à l'abri, expliquait-il. Ils ne l'ont pas encore envahi. »

Je l'écoutais, patiente, acceptant qu'il me parle de lui, des « autres » : Claroux, Richet, Portal, Rougerie, Mesnard, Servoise, qui un jour ou l'autre découvriraient ce lieu et en chasseraient Alberti comme ils l'avaient déjà conduit à abandonner un bistrot rue des Canettes, un autre rue du Dragon. Les petites rues du quartier dessinaient ainsi des itinéraires de fuite ou de rencontre.

« Je ne peux plus les supporter », murmurait Alberti.

Je pense à lui avec émotion. Je ne l'avais pas imaginé si blessé. Mais il suffisait de le voir boire, calmement et résolument, pour comprendre son désespoir. Il mangeait peu, chipotait plutôt, commandait coup sur coup plusieurs cafés, quatre parfois, qu'il avalait par petites gorgées, puis il se faisait apporter un cigare et restait ainsi, en face de moi, les yeux mi-clos, le menton appuyé sur les paumes.

Je ne cherchais pas à briser son silence. Il disait lentement, le cigare serré entre ses dents :

« Farges, un ami dans ce milieu. Je l'ai prévenu, mais – il se rejetait en arrière – trop tard pour qu'il y échappe. »

D'un geste, mouvement de la main puis de la tête, il commandait un autre café.

« Un moment, j'ai pensé qu'il réussirait. »

Bien sûr, dans ce récit, j'associe des phrases prononcées à des moments différents, puisque j'ai déjeuné avec Alberti cinq ou six fois il me semble. Il m'avait demandé de passer rue des Ciseaux vers une heure, quand je le voulais, « si vous êtes dans le quartier et si je suis là ». Il montrait ma place.

La table proche de la fenêtre lui était exclusivement réservée et il avait averti le patron d'avoir à m'y installer même si j'étais seule. « Une amie de Michel Farges », avait-il dit.

Le patron, un homme maigre, aux phrases courtes et à la poignée de main ferme, avait hoché la tête et dit :

« Il nous manque, Michel Farges, pas deux comme lui. »

Une expression toute faite mais qui m'avait émue. Alberti l'avait deviné et me prenant les mains, il murmurait que parfois il se demandait si « ce n'était pas mieux ».

« Michel a peut-être choisi, pour ne pas pourrir – il souriait, ajoutait, avec une amertume exagérée – comme moi, Sylvie, comme moi. »

Il se confiait pour me faire oublier Michel, plaçait un jour, devant moi, sur la table, une enveloppe bistre, soigneusement fermée. « N'ouvrez pas, seulement chez vous » et il m'avouait comme un secret honteux qu'elle contenait ses deux premiers romans : « Ceux-là, c'est moi. J'y tiens. »

Les critiques unanimes avaient salué la naissance d'un écrivain dont « *le talent a les mille facettes d'un diamant noir* ».

On avait annoncé que les jurés des prix littéraires – Goncourt pour le premier livre, Renaudot pour le second – allaient couronner des œuvres d'une telle qualité.

« Comme un con, disait Alberti, je les ai crus. »

Guy Richet puis Arnaud de Rougerie lui avaient été préférés. « Pourquoi pas, disait-il, qu'est-ce qu'un vrai livre ? Et pourquoi dix personnes choisiraient-elles le mien ? »

Il avait perdu à cette loterie et comme un

joueur malchanceux il avait misé à d'autres tables. Il écrivait vite, avec une efficacité de scénariste. Il avait besoin d'argent.

Ce mot, que j'ai tant hésité à écrire, Alberti l'employait calmement. Claroux lui avait proposé des livres à reprendre, des confidences à recueillir et à « mettre en forme ». De succès en succès, Alberti avait acquis de l'autorité et du métier. Il flairait les bons sujet, les personnages pittoresques, actrices, médecins ou flics qui devant les caméras défendaient avec bagou les livres qu'ils avaient à peine lus, mais écrits. Il était devenu directeur littéraire et bon fabricant. Mercenaire, comme eût dit Michel.

« Quand Farges m'a apporté le projet Borowski... »

Alberti avait insulté Michel, gueulé. Qu'avait-il besoin de se coller la peau d'un autre sur le visage ?

« Tes romans marchent, non, qu'est-ce que tu veux, plus de fric ?

– Une bonne idée ou pas », répondait Michel.

Excellente idée, avait hurlé Alberti, cent mille exemplaires, aux enchères à la Foire du livre de Francfort, traductions allemande, américaine, italienne assurées. Des droits jusque-là. Et Alberti, d'un mouvement de la main, à hauteur de la bouche, faisait comprendre que le dégoût viendrait, que cet argent gagné ainsi, un jour il faudrait le vomir.

« Vois Claroux, disait-il, traite directement avec lui, ne me mêle pas à ça. »

Il ouvrait la porte de son bureau, ajoutait :

« Ne te laisse pas bouffer, Michel, si toi, toi aussi, merde, les autres alors ! »

Je n'invente pas ce dialogue. Je le recompose à partir de ce que m'a dit Alberti. J'imagine que Laurent Claroux s'est montré enthousiaste, qu'un déjeuner a eu lieu, chez Lipp sans doute, et qu'on y a arrêté les termes du contrat : tel pourcentage pour Jerzy Borowski, tel autre pour Michel Farges, les droits étrangers partagés équitablement entre l'auteur – Jerzy Borowski, bien sûr – et l'éditeur.

Le livre est là : *Ma vie sans masque.* Je l'ai lu et relu. J'en ai parlé à Alberti. « Un bon produit », a-t-il dit.

Plus que cela. A chaque ligne, je découvre la trace de Michel et j'entends sa voix. Curieux échange : Jerzy Borowski prétend se démasquer et Michel se dissimule sous le visage de l'autre. Qu'a-t-il appris en écrivant ? Il fallait bien que Jerzy Borowski se confie.

Chaque matin, Michel se rendait à Saint-Cloud dans la propriété de Borowski. Ils s'installaient l'un en face de l'autre dans le salon. « Pas de magnétophone, avait dit Borowski, on ne sait jamais. » Il entraînait Farges dans le parc.

« Vous prendrez des notes, précisait-il en serrant l'épaule de Michel, et vous inventerez. »

Mais à parler sa vie on la dévoile.

« Je n'ai vu qu'un manuscrit très raturé, disait Alberti. Borowski a beaucoup coupé. »

Peut-être un passage où il racontait comment il était devenu ce héros, portant sur son uniforme une étoile à cinq branches; peut-être celui où il expliquait les vraies raisons de son passage à l'Ouest.

Cet homme qui aimait le spectacle et la gloire – et Borowski était de ceux-là – n'avait pu résister au plaisir d'étonner cet écrivain, cet intellectuel, Michel Farges, que je savais habile, capable aussi d'une fausse naïveté pour pousser Borowski à se confier. L'un et l'autre, après, liés par ce livre où leurs voix se mêlaient, l'un dépendant de l'autre, l'un tenant l'autre.

Je suggérais ces hypothèses à Alberti mais il les écartait, m'accusant, comme l'aurait fait Cécile Devun, de me raconter des fables.

La vérité était plus sordide. Le livre avait rapporté beaucoup. Michel avait découvert que les mots sonnent parfois comme des pièces. Il avait acheté un appartement, puis ceci, cela, oublié les impôts, dû s'engager à écrire d'autres livres pour les payer. Borowski – « pourquoi! je n'ai jamais très bien compris pourquoi », ajoutait Alberti – tenait à apparaître comme un auteur, un chroniqueur et il commandait à Michel des articles et des nouvelles qu'il payait bien.

« On ne s'est presque plus rencontrés, disait Alberti. Borowski, Monica, connais pas. »

Alberti prenait mon verre où j'avais à peine trempé mes lèvres.

« Dommage de laisser ça, murmurait-il, ce vin est excellent. »

Il buvait, respirait mieux.

« Il y a eu votre livre, vous, continuait-il, un petit intermède. J'ai cru que Michel allait se ressaisir, puis Monica encore. Je ne le voyais plus que dans les réceptions, chez Claroux ou ailleurs. »

J'avais prononcé lentement le nom de Véronique Dumas. Mais Alberti – je crois qu'il ne mentait pas – ignorait tout de cette femme que Michel peut-être avait tenu à dissimuler, parce qu'il l'aimait. Il continuait de s'afficher avec Monica, jusqu'à ce dernier soir, où il quitta l'hôtel particulier des Claroux en sa compagnie, Jerzy Borowski s'éloignant avec eux.

« Borowski... »

Alberti haussait les épaules, à quoi bon poursuivre, disait-il, pourquoi accuser Borowski, les autres, Baynac, Lacroix, Richet, Rougerie, Servoise ou Portal, les autres ne valaient pas mieux. Borowski, au moins on le savait sans scrupules, un aventurier : « Les autres ont tué Michel, pas Borowski. »

Nous sortions dans la rue des Ciseaux. Alberti, les bras croisés, marchait à pas lents, murmurant que même si Borowski avait dirigé l'arme, les autres étaient responsables.

« Moi aussi », ajoutait-il.

Il bougonnait, au moment où nous arrivions sur la place Saint-Germain-des-Prés.

« Laissez tomber, rentrez chez vous. »

Au coin de la rue Bonaparte, Laurent Claroux, Arnaud de Rougerie et Richet bavardaient joyeusement. Alberti s'immobilisa, attendant qu'ils s'engagent dans la rue et pénètrent dans la librairie Claroux.

« Vous les avez vus, dit-il ? Heureux de vivre. »

51

Je pense souvent à cette réflexion d'Alberti, au dépit et à l'amertume qu'elle révélait. J'entends encore sa voix devenue plus aiguë. Je me souviens de son hésitation, il me serrait la main comme s'il voulait rapidement me quitter et en même temps continuait de bavarder, soucieux de ne montrer aucune hâte à rejoindre Laurent Claroux, Richet et Arnaud de Rougerie. Il cherchait à les éviter mais il désirait aussi partager leur gaieté ou en connaître la raison.

Il observait l'entrée des éditions Claroux, guettant ou espérant le départ de l'un ou de l'autre. Inquiet, s'efforçant pourtant de me sourire mais préoccupé de l'alliance qui s'était peut-être nouée contre lui durant leur déjeuner. Peut-être même était-ce de lui qu'on riait ?

Je reconnaissais les travers de Michel Farges, son angoisse devant l'autre, son incapacité à être soi, sa vulnérabilité comme si sa vie était menacée par un ragot, un livre publié ou un article qu'on n'avait pas écrit.

J'avais pitié. Je me sentais si vieille, sûre déjà qu'on vit seulement de soi, de ce que l'on donne et non de ce que l'on prend ou jalouse.

Je me décidai à faciliter la tâche d'Alberti, affirmant que j'étais pressée, que je l'abandonnais s'il voulait bien. Il m'embrassait, distrait, s'interrogeant sûrement sur ce que les autres avaient dû manigancer, ce qu'ils se chuchotaient en traversant la librairie, puis serrés les uns contre les autres dans l'ascenseur. Ils étaient les puissants, l'éditeur – le patron –, les deux romanciers à gros tirages et bien en cour; l'académicien Arnaud de Rougerie donnant même le ton dans un hebdomadaire et quelques dîners influents.

Je vis autour de la bouche d'Alberti cette petite grimace qu'y dessine l'envie et qu'il ne réussissait pas à me dissimuler.

Je n'aime pas ce sentiment médiocre et j'avais détesté Michel quand, quelquefois, trop souvent, il s'y soumettait, comptabilisant les succès des uns et des autres, s'arrêtant devant la vitrine d'un libraire pour regarder quels livres y étaient exposés, ou encore, en fin de semaine, cherchant dans les hebdomadaires la liste des meilleures ventes, comme le joueur d'une loterie qui examine le tableau des gagnants. Il savait toujours quels seraient les prochains invités de Longin, à la télévision, et il regardait l'émission, tel un boxeur qui évalue ses rivaux.

« As-tu remarqué les cheveux? murmurait-il. Hassneri, s'est fait boucler, jeune romantique, n'est-ce pas? Il gagne sur les deux faces, dames et messieurs. »

J'enrageais. Michel semblait parfois incapable de voir et d'écouter, indifférent aux idées qui s'échangeaient, aveuglé par cette lutte pour le succès qui me désespérait.

Je lui avais reproché son attitude, l'impasse dans laquelle il était engagé. « Pas d'autre solution », disait-il.

Quand Chaves lui-même puis Vuillebaud et

Rambert avaient participé à l'émission, je me souviens de sa jubilation et de sa hargne.

« Eux aussi, tu vois, disait-il, même ceux qui se cachent, un jour... »

Il les accusait d'être des publicitaires avisés, veillant à ne pas user leur image, n'apparaissant que tous les quatre ou cinq ans.

Comment pouvait-on écrire – vivre – dans un tel climat ?

J'ai haï Michel, mais mon ressentiment ne durait pas. Il dessinait, afin de se détruire à mes yeux et aux siens, sa caricature.

Pas assez corrompu, Michel, pour n'être que le produit normalisé d'une littérature du spectacle et du commerce.

Alberti, comme lui.

Le directeur littéraire des éditions Claroux s'était éloigné pourtant à grands pas, courant presque, s'engouffrant dans la librairie dont les portes, quand je passai devant elles quelques minutes plus tard, battaient encore.

J'ai descendu la rue Bonaparte jusqu'à la Seine puis j'ai pris les quais.

Je me promenais dans Paris, dans la vie de Michel et peut-être dans la mienne. Je n'avais d'autre ambition que d'aller modestement au bout de mes sentiments et de mes idées. Etait-ce la longue agonie de mon père qui m'avait donné cette sagesse qu'est l'intransigeance ?

On meurt si vite et si mal, qu'il ne faut pas émincer sa vie.

Je m'arrêtais devant les étalages des bouquinistes. A trois reprises je découvris mon livre parmi les centaines de romans, les millions de mots qui s'entassaient sous les petits auvents de bois vert.

Je l'avais écrit, voilà ce qui m'importait. Qu'il se vendît ou pas était l'affaire de M. Laurent Claroux, non la mienne. Mais Michel, mais Alberti, mais Arnaud de Rougerie ou Richet pourquoi écrivaient-ils sinon pour ne pas se trouver là, parmi les livres soldés, sur lesquels le bouquiniste avait écrit à l'encre noire un chiffre, *17, 28,* le prix de nos vies ?

Il fallait être dément pour mettre sa vie à ces enchères truquées de la librairie. Ou bien, alors, devenir un truqueur à la manière de Richet ou d'Arnaud; un simple mercenaire façon Alberti. Mais Michel Farges, si hésitant, si désireux d'être aimé, si naïf qu'il mesurait l'amour qu'on lui portait au prix qu'on lui payait ses livres.

Ainsi sont les putains, m'avait-il dit un soir d'amertume. Encore n'offrent-elles que leur corps.

Je remuais les livres et mes souvenirs.

J'allais le long des quais, écartant d'un regard les suiveurs, des jeunes gens, un homme respectable qui pouvait avoir l'âge de Michel mais avec en plus l'assurance, cette dignité que donne la maturité et qui m'emmerde.

Pourquoi rayer ce dernier mot comme j'en ai la tentation ? Pour le remplacer par un verbe guindé, et parler d'ennui par exemple ?

Je ne me suis jamais ennuyée avec Michel.

Il m'a irritée, révoltée, scandalisée une ou deux fois mais les quelques phrases, qu'à la hauteur du Pont-Neuf, ce promeneur bien mis a prononcées ont suffi à m'emmerder. Je le lui ai dit, le laissant coi, traversant le pont, rêvassant dans l'île de la Cité.

Michel m'avait indiqué que Servoise habitait là-haut dans l'un de ces appartements qui donnent sur la Seine. Il avait ricané : « Facile de jouer les désintéressés quand Papa vous lègue ça. » Et il m'avait montré, ce soir-là, sortant d'un restaurant, les terrasses du dernier étage couvertes de lierre.

L'envie encore, détestable, avivée par un sentiment que je comprenais mieux, celui – je l'ai exprimé déjà – d'être volé de sa révolte ou de l'avoir bazardée en échange d'une centaine de mètres carrés au cinquième étage au coin de la rue des Carmes et de rencontrer un Monsieur qui l'a rachetée parce que c'est chic, qu'il l'aime bien et que cette dépense ne le prive de rien. Michel découvrait ainsi une curieuse lutte des classes à front renversé : Portal et Servoise dans le « bon » camp, Michel dans l'autre, les riches avec les gueux, le gueux avec les riches.

Commun et sans grande signification, j'en suis sûre, parce que les idées se sont mêlées, que le front passe en chaque individu.

Mon père était ouvrier et je ne me reconnais pas dans ceux qui prétendent défendre leur classe.

Mais Michel Farges n'était qu'un vieux jeune homme de cinquante ans avec des culpabilités et des remords, un père ouvrier qui venait de mourir et un fils qui le reniait. J'avais besoin de me convaincre de cela comme s'il me fallait, vite, défendre Michel que j'avais mis en procès. J'étais seule aussi et la nuit approchait se glissant sur la Seine avec ses ruses grises et rouges.

J'ai téléphoné à Jean-Marc, l'ami d'Alberti, qui avait l'âge de Gilles Farges.

Il paraissait heureux de m'entendre.

« Vous venez, disait-il, j'ai encore le studio pour deux heures. Apportez votre livre. Vous en parlerez. Pas moi. Je vous le répète, je ne l'ai pas lu. »

J'aimais sa franchise renouvelée.

J'ai acheté mon livre comme si je récupérais une part volée de ma vie.

« Je ne l'espérais plus », disait Jean-Marc en me guidant dans les couloirs concentriques qui divisent la Maison de la Radio.

Alberti lui avait souvent parlé de moi, « Michel Farges aussi », ajoutait-il plus bas. Nous nous sommes assis de part et d'autre de la table octogonale dans ce studio préparé pour une répétition musicale et où les partitions sur les pupitres ressemblaient à des oiseaux blancs, prêts à l'envol.

Jean-Marc baissa le bras. Je devais parler. Une lampe rouge clignotait au-dessus d'une vitre derrière laquelle deux hommes et une femme nous observaient dans notre cage.

J'entendais un bourdonnement sous lequel je distinguais mal la voix de Jean-Marc.

« Votre roman, paru il y a un peu plus d'un an, s'intitule *La Chambre de mon père,* voulez-vous... »

Ma gorge se noua.

Que pouvait-on dire de ce qu'on avait écrit déjà, sinon trahir cette voix muette qui dictait les phrases que l'on avait tracées ?

Jean-Marc souriait, m'encourageait d'un mouvement de tête.

« Je voudrais, ai-je commencé, parler de Michel Farges. »

Ma gorge s'est alors ouverte.

Jean-Marc me faisai signe de baisser la voix, d'aller plus lentement mais j'avais toutes ces choses à dire que je m'étais murmurées le long des quais, la sincérité de Michel et sa peur de perdre.

« Il n'était pas heureux de vivre », ai-je répété.

Mais pouvait-on l'être ? Le milieu de la vie passé, il fallait, si l'on tenait à exister hors de la vie quotidienne, au-dessus d'elle, créateur ou politique, être saint ou salaud. Il n'existait plus de voie moyenne. Et Michel Farges qui l'avait compris demeurait incapable de choisir, refusant de disparaître dans l'anonymat, trop tard pour cela.

« Je dis, ai-je conclu, qu'il a marché vers sa mort lucidement. »

Jean-Marc croisa les bras au-dessus de sa tête. Une lampe rouge s'alluma et quand on débloqua la porte du studio, les partitions s'envolèrent, retombant lentement sur la moquette grise.

52

JEAN-MARC m'a gardée près de lui une nuit.

J'aimais qu'il fût cet homme de mon âge, seulement fraternel, qui m'ouvrait la porte de son appartement aux murs blancs.

Je m'étais assise dans la cuisine cependant qu'il préparait le dîner et, quand le téléphone sonna, il dit sans cesser de battre les œufs :

« Ce soir, je ne suis qu'avec toi. »

La scène peut paraître ridicule.

Jean-Marc avait noué autour de sa taille un tablier bleu à rayures blanches et retroussé les manches de sa chemise. Ses gestes étaient précis et son attention soutenue, cependant qu'il m'interrogeait sur le dessert que je préférais. Je riais. Nous devenions futiles.

J'avais toute une partie de l'après-midi, dans la rue, subi la chasse des suiveurs. L'absence de désir de Jean-Marc me rassurait. Sa gentillesse et sa tendresse me rendaient bienheureuse. Je n'avais à échanger que des sentiments et des idées, sans avoir à payer de mon corps comme tous l'avaient espéré. J'avais même découvert aux côtés de Michel la charge de violence que contient le désir de l'homme, cette efficacité qui l'anime, ce souci d'atteindre un but, ce combat qu'il engage pour nous plier, car il croit – Michel pareil aux autres – que son désir est la preuve du nôtre.

J'écris « nous », comme une petite féministe, dont Michel se fût moqué. Il n'acceptait pas – je l'y avais contraint pourtant plusieurs fois – que je me dérobe à ses caresses ou bien que je prenne l'initiative.

Je l'avais fait aussi. J'avais réussi à l'émouvoir. J'avais senti gonfler son sexe dans ma main. J'avais été plus audacieuse encore. Mais il était alors inquiet comme si mon désir et mes inventions amoureuses lui eussent révélé un passé de turpitude et une avidité qui le menaçaient. Il ne parvenait pas à associer en moi la liberté du désir et l'honnêteté. Putain ou femme frigide et soumise, il n'avait pas réussi à dépasser ce stupide dilemme.

J'ai dit lentement à Jean-Marc qui avait respecté mon mutisme :

« Michel Farges, un homme traditionnel, mais je l'ai aimé. »

Jean-Marc commençait à raconter puis il s'interrompait, me précisait – tant pis si une fois de plus la scène peut sembler ridicule, je n'écris pas pour les imbéciles – qu'il n'y avait jamais rien eu de sérieux entre lui et Michel, seulement une attirance dont Michel avait eu peur.

Jean-Marc n'était qu'un jeune lycéen qui écrit de la poésie. Il avait lu les romans de Michel et l'avait rencontré plusieurs fois. Entre eux était née l'une de ces amitiés que l'on dit littéraires et dans lesquelles un homme se dore à l'admiration d'un adolescent et se regarde en lui.

Farges l'avait aidé, expliquait Jean-Marc, lui confiant cette émission de radio hebdomadaire dont il avait la charge. Geste rare dans ce métier où chacun garde jusqu'à en crever ce qu'il possède afin de ne rien donner à l'autre tant il craint de voir une influence grandir et un concurrent apparaître.

J'écoutais Jean-Marc avec émotion. J'aimais le portrait qu'il brossait de Michel. Il me décrivait un homme généreux, vivant et attentif, ne détestant que l'arrivisme, mais, avais-je rétorqué, il en était habité.

Jean-Marc refusait cette hypothèse. L'ambition personnelle chez Michel, prétendait-il, n'était qu'une façade. Il s'y livrait comme un ivrogne qui boit pour oublier de grands desseins perdus, des rêves collectifs, la révolution ou la mystique.

« Nous sommes plus sages, murmurait Jean-Marc, adaptés. »

Eux – Farges, Alberti et Chaves – avaient connu la guerre, l'engagement politique et même Mai 68.

« L'histoire ailleurs maintenant », murmurait Jean-Marc.

Je voulais lui parler de Véronique Dumas. Peut-être savait-il qui elle était et raconterait-il comment Michel Farges pour échapper à son ambition, ce vice, s'était jeté dans la passion, comme on se lance dans un abîme.

Mais Jean-Marc discourait. Il s'asseyait près de moi, me montrait une revue, y recherchait un texte.

Sa pensée était confuse. Nous étions plus vieux qu'Alberti ou que Farges, disait-il. Ils avaient gardé en eux la tentation de la révolte et se blessaient encore comme on le fait dans l'enfance quand on court et qu'on se déchire chaque jour les paumes et les genoux.

Je ne pouvais répondre. Peut-être la puissance de révolte fait-elle la jeunesse d'un homme? Peut-être pas.

Les fils sont si ténus en chacun de nous, entrecroisant corruption et intégrité, rébellion et lâcheté que je ne sais qui fut Michel Farges. Il a été tué et sans doute le désirait-il pour qu'on ne sache jamais.

Jean-Marc m'interrompait.

Il avait retrouvé dans la revue un poème que Sartre, normalien, avait écrit sur un cahier d'écolier. Une soixantaine d'années avaient passé, mais Jean-Marc lisant d'une voix sourde et tendue transformait ces mauvais vers que Michel eût pu signer.

Le poème était long. Je n'en ai retenu que quelques vers, recopiés ce soir-là.

« O peuple d'hommes mûrs avilis par les choses sérieuses
...
Je fais la nique à ces carcasses de fer, à ces engrenages qui veulent me saisir
Et dominant leur affreux grondement métallique
Ma voix aiguë leur crie
Je suis un petit garçon qui ne veut pas grandir. »

La chance et le talent avaient protégé Sartre. Il avait pu rester cet enfant auquel on pardonne tout, parce qu'il est le génie de la famille.

Mais Michel Farges n'avait eu ni assez de talent ni assez de chance – et que peut-on espérer qu'on vous pardonne quand on est le fils d'un menuisier ? – pour continuer de « faire la nique ».

Il s'était avili comme un homme mûr.

Jean-Marc s'indignait de mes accusations.

Il croyait Michel capable d'une « folie » pour nous séduire, nous, ses jeunes témoins, tenter par une provocation héroïque de reconquérir son fils. Et n'avait-il pas quitté superbement la scène, laissant cette question ouverte comme la plaie que fait une balle ?

Marché de dupes, naïveté d'adolescent. Je ne me laissai pas convaincre par Jean-Marc. Je l'interrogeai sur Michel, encore, cependant qu'avec une précise attention il préparait ma chambre, tirant les rideaux bleus, gonflant en quelques gestes les oreillers.

Il me conseilla de rencontrer Betty Vanier. Elle savait tout de tous. Elle n'était pas aussi noire qu'on le disait.

Une femme, plus dure que toi, murmura-t-il. Mais – il m'embrassait – il est si difficile d'être une femme aujourd'hui.

53

Betty Vanier que Michel Farges appelait la petite garce et la petite salope; elle qu'il souhaitait prendre comme modèle de l'ambitieuse sans scrupules; Betty qui m'avait semblé si hostile et sur laquelle, déjà, j'ai rédigé un chapitre sévère à partir des ragots que j'avais entendus et des notes de Michel, Betty, j'ai longuement parlé avec elle, d'abord dans le café qui fait l'angle de la place Saint-Germain et de la rue Bonaparte.

Elle m'a surprise.

Je m'étais rendue aux éditions Claroux en compagnie de Cécile Devun, qui, pour quelques jours, était revenue à Paris. Autoritaire comme toujours, Cécile avait décidé de sortir avec moi.

« Je ne te vois jamais », disait-elle.

Elle m'éblouissait et m'irritait. Elle avait le teint hâlé, le ventre plat, un allant que je lui enviais. Je me sentais lourde, laide et forte, seulement de mes obsessions.

Cécile, joyeuse, m'avait surprise alors que je rentrais de chez Jean-Marc.

« Tu découches, cria-t-elle du fond de l'appartement, tout va bien alors ? »

Elle m'embrassait, m'expliquait les raisons de son séjour à Paris : un juge, des dossiers, Claude qui, etc. Puisque j'allais à Saint-Germain, elle venait avec moi bien sûr, on dînerait toutes les deux. Elle avait déjà consulté les programmes des cinémas du quartier.

« A moins que je ne te dérange, ajouta-t-elle en serrant mon bras. Tu me le présentes ? »

Je n'avais pu me dérober et je l'avais écoutée me raconter ses vacances, la Corse qui, la mer qui, Claude et son fils qui, etc.

Elle m'accablait d'un bonheur qui m'effrayait, m'obligeant à me reconnaître différente, telle une infirme qui découvre qu'elle ne courra jamais.

Je n'irai pas, comme Cécile me le proposait, écrire dans sa grande maison construite au-dessus des rochers. Le matin, au petit déjeuner, je ne bavarderai pas avec Claude et je ne partirai pas avec lui et Cécile vers le court de tennis ou le petit port. Ne viendra pas l'heure de l'apéritif ou du thé. Je n'atteindrai jamais cet équilibre conforme aux usages. Je ne pourrai m'appuyer à aucune règle sociale.

Je n'ai que moi pour me soutenir. Ma vie ne ressemblera jamais à ces tables élégamment dressées, verres de cristal, couverts d'argent et chaque invité à sa place, parce que la maîtresse de maison a préparé un plan de table et — elle sourit, si charmante — « mais oui, cher ami, vous devez vous y soumettre ».

A écouter Cécile, je me sentais proche de Michel, de Jean-Marc, d'Alberti et même de Jerzy Borowski, de Monica Sundberg ou de cette petite garce de Betty Vanier, que j'attendais dans le hall des éditions Claroux.

J'avais laissé Cécile à la terrasse du café à l'angle de la rue Bonaparte et de la place Saint-Germain. Elle allongeait ses jambes, s'étirait avec l'affectation d'une bourgeoise qui s'encanaille. Des années qu'elle ne venait plus ici, disait-elle, regardant autour d'elle, me chuchotant que la beauté de ces jeunes hommes la troublait, que l'été parisien était la saison de la liberté.

« Claude a eu tort de me laisser rentrer. »

Plaisantait-elle ? Je la croyais capable d'organiser (j'emploie ce mot qu'elle utilisait souvent) une soirée « adultère » avec autant de précision et de détermination qu'un de ses dîners du mardi.

« Si je ne suis plus là, quand tu reviens, ne t'inquiète pas », murmura-t-elle.

Elle allumait une cigarette et, comme je m'éloignais, elle me fit un geste, me montrant la place ensoleillée, les terrasses, la nonchalance du Paris estival et dit très haut, pour ses voisins : « Sous les pavés la plage. »

Elle aussi, comme Portal et Servoise, avait volé la révolte pour s'en faire une parure et y trouver quelques plaisirs de plus.

Je préférais l'ambition brutale et nue de Betty Vanier.

Elle s'avançait vers moi, trapue, vêtue de noir, un chemisier de soie bouffant par-dessus une jupe-culotte un peu courte. Je remarquai ses chevilles fortes, sa démarche pesante. L'austérité de sa tenue dans cet été flamboyant, la raideur de son attitude et sa coiffure même, cheveux blonds ramenés sur un seul côté du visage, exprimaient une volonté de s'affirmer et le choix de la singularité, qui dans leur excès même me séduisaient. Elle n'était pas de la même race que Cécile.

Je la regardais avec sympathie et presque de l'admiration.

Le devina-t-elle ? Elle fut amicale, me présentant Vittorio Morini que je n'avais pas aperçu mais qui était descendu avec elle.

« Je viens de lui donner votre livre », disait-elle.

Elle précisait que le thème avait intéressé Morini. Elle l'interrogeait, autoritaire. Il répondait d'une voix hésitante marquée par un fort accent italien, que les femmes doivent tout à leur père et les hommes tout à leur mère, si bien que – il riait, décrivait un cercle avec ses mains – nous étions hommes et femmes liés définitivement, « l'un dans l'autre ». Impossible de nous séparer.

Il nous entraîna vers la rue Bonaparte.

« Criminel, disait-il, de rester enfermés. »

Je retrouvai ainsi Cécile Devun que la présence de Vittorio Morini enchanta.

Il s'était assis près d'elle et, placée près de Betty Vanier, penchée vers elle que je sentais complice – ce qui m'étonnait –, je chuchotai ces noms, Borowski, Monica Sundberg, Véronique Dumas, Michel bien sûr, Michel encore.

Elle m'observait de ses yeux gris, m'écoutant avec attention, se tournant vers Morini et Cécile Devun afin de s'assurer qu'ils ne l'entendaient pas, tout à leur marivaudage, Cécile la tête rejetée en arrière, riant à gorge déployée dans un laisser-aller qui me surprenait, Morini la dévisageant avec acuité et ironie.

Betty me fit à nouveau face.

« Moi aussi, je voudrais savoir qui l'a tué », dit-elle.

Elle ajouta, plus bas encore :

« J'ai beaucoup cru en lui, j'ai voulu que lui et moi – elle hésita – que notre couple réussisse. »

Nos visages étaient proches. Je pouvais voir les grains et les rides de sa peau, découvrir qu'elle avait des traits ingrats, le menton trop prononcé, des sillons profonds à la commissure des lèvres. Sa beauté n'était qu'illusion, séduction faite d'artifice et d'intelligence. Elle devait à chaque instant prendre garde à ne pas se laisser surprendre, tendue, tel quelqu'un qui pour paraître plus grand se dresse sur la pointe des pieds, s'efforçant au naturel.

« Mais vous savez très bien », continua-t-elle.

Elle lança un coup d'œil vers Morini, reprit, m'expliquant en quelques phrases que Michel était trop préoccupé de lui-même, de sa réussite pour s'intéresser vraiment à une femme et l'aider. Elle rejoignait Colette Bussi.

« J'avais besoin de lui. »

Elle lui avait fait confiance et avait découvert un homme égoïste, traditionnel, qui refusait qu'elle ait sa vie propre et pense à sa réussite.

« J'écris aussi », dit-elle.

Michel manquait de générosité. Elle eut un geste inattendu, me prenant la main avec affection.

« Nous serons seules, Sylvie, toujours. Ils n'acceptent pas que nous voulions vivre vraiment. Il faut... »

D'une petite inclination de tête, elle me désigna Morini et Cécile qui continuaient leur jeu.

« Futiles, voilà, ce qu'ils veulent tous, nous devons rester sages, à notre place, rien ne compte vraiment de ce que nous faisons, ou alors... »

Elle retira sa main, me regarda avec une fixité qui me gêna. Son visage ainsi se transformait, massif, presque masculin, et j'y découvrais le désespoir, l'acceptation amère d'un destin de femme qui vieillit seule.

« Soyons laides, Sylvie, vite », acheva-t-elle.

Elle l'était déjà, marquée par les déceptions, l'effort qu'avait exigé l'ambition, ces rôles différents qu'elle avait dû jouer avec Richet ou Claroux, Hassneri ou Michel Farges.

Allumant une cigarette, elle regarda, amusée, Morini et Cécile.

Je sus qu'elle en avait fini avec les aveux.

Ce n'est que plus tard, durant le dîner auquel nous avait invitées Morini, qu'elle me parla de Borowski, de Monica et de Véronique Dumas. Elle profitait chaque fois d'un aparté de Morini et de Cécile pour me chuchoter rapidement quelques phrases brèves, souvent sous une forme interrogative. « Pour Monica vous croyez toujours à l'accident ? » dit-elle ainsi, ou : « Vous savez que je connais très bien (elle appuyait sur ces deux mots) Jerzy Borowski ? Michel vous a raconté nos soirées à Saint-Cloud ? »

Monica riait, ayant surpris la fin de la phrase, « Saint-Cloud, chez ce diable de Borowski ? » disait-il. Borowski ne l'avait invité que très rarement, il le regrettait. Les femmes qu'on rencontrait chez Borowski étaient superbes, « des oiseaux rares » et puis « une atmosphère », ajoutait-il à nouveau penché vers Cécile, « *Décaméron, Satiricon* ». Il chuchotait : « Plaisir, politique et business, voilà tout Borowski. »

Betty Vanier ne m'avait pas quittée des yeux.

« Vous saviez cela », murmura-t-elle.

Comme je me dérobais, elle poursuivit d'une voix dure :

« J'en suis persuadée. Vous le savez. Et vous avez tort de le savoir. Oubliez-le. Tout ça n'avait aucune importance pour Michel. »

Je la regardais avec insistance. Je voulais qu'elle continue de raconter.

« Pour moi aussi, dit-elle, pour Monica, seulement des gestes.

– Et les autres, Baynac, Lacroix ? »

Peut-être m'aurait-elle répondu, mais Cécile nous interpellait, se moquait de nos conciliabules. Morini ironique parlait de coup de foudre.

« Les femmes sont comme ça aujourd'hui, elles n'aiment plus qu'entre elles.

– Pourquoi pas ? Vous vous ressemblez tous, vous êtes d'un ennui ! » dit Betty en se levant.

Elle avait une agressivité insolente et Morini le comprit qui abandonna presque aussitôt Cécile pour se rapprocher d'elle. Il devait tenir à Betty par je ne sais quelle perversion. Peut-être aimait-il qu'elle le dominât, ou bien, vieillard bavard, trouvait-il dans ce corps disgracieux mais énergique, dans cette femme sans illusion, une source de désir ?

Nous marchâmes silencieux dans l'une des rues piétonnières qui conduisent vers la Seine. Au moment de nous séparer, sur la place Saint-Michel, Betty, le sac appuyé contre un mur, feuilleta un petit carnet puis griffonna quelques mots sur une carte de visite qu'elle me tendit.

« Voilà ce que vous vouliez, dit-elle. Mais l'adresse est d'il y a plus d'un an. »

Morini eut un geste fataliste.

« En un an... » commença-t-il.

Cécile riait encore, à contretemps, ne comprenant pas que le rideau retombait sur la scène que nous avions improvisée à quatre. Chacun reprenait son véritable rôle.

Dans le taxi, serrée contre moi, elle me vantait l'intelligence de Morini, son charme italien dont elle n'avait pas été dupe, mais qui l'avait amusée.

« Et toi ? » demanda-t-elle.

Elle n'attendait pas ma réponse, reprenait, m'expliquant combien Morini l'avait étonnée.

Juvénile, gai, plein de fantaisie, Morini ne ressemblait pas à ses livres. « N'est-ce pas ? »

Cécile parlait, parlait.

Le silence me convenait. J'avais glissé dans mon sac l'adresse de Véronique Dumas.

J'imaginai.

54

J'ai eu peur de retrouver Véronique Dumas, sa voix que j'entendais moqueuse et destructrice : « Foutez-moi la paix avec ce con de Farges », allait-elle dire.

Elle habitait rue de Tournon, au numéro 27.

Je suis passée plusieurs fois devant la façade ornée de cariatides, hésitant à entrer dans la cour pavée, revenant sur mes pas, décidée à renoncer et à interrompre mon enquête, là, sur le seuil, avant de parvenir au bout de la spirale, cette vie de Michel dont maintenant je connaissais les origines et les étapes, mais dont il me fallait encore nommer la mort.

Puis je me ravisai, la curiosité et la jalousie plus fortes que mon inquiétude.

Je descendis à nouveau la rue de Tournon, j'entrai dans la cour. Le piège se refermait.

Des pigeons aux plumes grises, avec des reflets noir et bleu, grouillaient sur l'escalier de marbre du bâtiment principal, celui du fond. Une jeune femme, petite et ronde, les cheveux rassemblés en chignon, leur jetait du riz à pleines poignées, plongeant sa main dans un sac de toile rouge. J'avançais et les oiseaux s'écartaient devant moi mais dès que j'avais fait quelques pas, ils se bousculaient à nouveau.

La jeune femme leva la tête, me dévisage, marmonnant avec un fort accent que l'immeuble était privé.

« Véronique Dumas ? » répétait-elle après que je l'eus interrogée.

Elle me montra la verrière d'un atelier qui occupait le dernier étage.

« Plus là. »

Elle recommença à envoyer du riz et je retrouve aujourd'hui, alors que j'écris, le froissement soyeux des ailes d'oiseaux autour de moi, le grincement de leurs pattes sur les pavés.

Je la questionnai, séparant mes courtes questions par des silences.

Elle dit : « le feu » et elle tendit le doigt vers la façade, à la hauteur du dernier étage. Je distinguai alors des traces noires sur la pierre qui s'élevaient comme avaient dû se dresser les flammes jusqu'à la toiture.

« Elle aurait pu, commença la jeune femme, mais les pompiers, tout de suite... »

On l'avait ranimée. J'imaginai le feu, les cris, la peur de Véronique et sa fuite. Elle habitait aujourd'hui aux Etats-Unis. Je pouvais écrire, le courrier suivait.

Je m'éloignai, regardant l'atelier puis quand j'eus franchi le périmètre qu'occupaient les oiseaux, je demandai, sans même réfléchir, si Monica Sundberg avait occupé l'atelier avant Véronique Dumas et parce que la jeune femme semblait d'un hochement de tête confirmer mon intuition, j'ajoutai que Borowski, Jerzy Borowski devait maintenant...

Je ne pus terminer. La jeune femme roulait son sac de toile, semblant le pétrir, puis se dirigeait vers la porte, un peu courbée, suivie par les oiseaux qui sautaient d'une marche à l'autre, se heurtaient cependant qu'elle leur parlait. Elle ne me répondit qu'une fois parvenue au perron. Elle leva alors le bras gauche, traçant un cercle qui englobait les immeubles et la cour. Les oiseaux effrayés par son geste s'envolèrent en un grand bruit d'ailes; allant pour la plupart se poser sur la verrière où ils faisaient crisser leurs pattes.

« M. Borowski, dit-elle – elle secouait vers moi son sac rouge comme si elle m'en menaçait – M. Borowski, le propriétaire de tout. »

Je sais que je ne peux faire comprendre ni ma peur ni le sentiment d'impuissance que j'éprouvai à cet instant, quand, la jeune femme ayant disparu, les oiseaux gris et bleu sont revenus en cercles lents, au-dessus de l'escalier, avant de s'y poser.

De loin, du bout de la lecture, ce que je décris, ce que je tente de communiquer peut paraître anodin et théâtral comme un de ces spectacles agencés pour provoquer l'inquiétude et dont les spectateurs de l'autre côté de la scène devinent la machinerie, le trucage.

Ainsi j'ai dit qu'un piège se refermait quand j'entrai dans cette cour du n° 27 de la rue de Tournon, mais il ne s'agissait après tout, si l'on réduit le réel à son apparence, que d'un immeuble du XVIIIe siècle, tranquille et cossu. Personne ne m'y a retenue. Une concierge y donnait quelques poignées de riz à une dizaine de pigeons affamés et me renseignait aimablement sur ses locataires, Monica Sundberg, puis Véronique Dumas. Et que Jerzy Borowski ait accueilli ses amies dans l'un des logements dont il était propriétaire ne pouvait me surprendre. Pourtant, j'étais fascinée et désespérée, quittant la cour lentement à reculons, comme si les oiseaux me menaçaient.

Je ne prétends pas faire partager ce que j'ai

ressenti : l'obligation de descendre la rue de Tournon, de tourner à gauche, vers la place Saint-Sulpice, d'aller vers Jerzy Borowski qui m'avait dit : « Venez me voir, il vaut mieux. »

Raisonnons : ma démarche était logique. Jerzy Borowski semblait tenir dans sa main tous les fils. Si je voulais savoir, il me fallait le rencontrer.

J'aurais donc pu simplement écrire que, décidée à mener mon enquête jusqu'à son terme, et n'ayant pu interroger Véronique Dumas, je poussai la porte de la boutique de Jerzy Borowski, place Saint-Sulpice.

Ceci qui semble la vérité est mensonge.

Je ne me soumettais à aucune logique mais glissais sans volonté le long d'une spirale dont la pente me remplissait d'effroi. J'avais commencé ma chute il y a plus d'un an, lorsque avec Farges j'étais entrée dans la cour de l'hôtel particulier des Claroux et que Borowski s'était approché de nous, qu'il m'avait saisie par le bras, très haut, presque sous l'aisselle.

Il avait commencé à m'entraîner et maintenant je passais entre les aigles dorés de ses vitrines, une femme me dévisageait, méprisante et moqueuse, essayant de me faire comprendre que cette boutique ne vendait pas à des gens comme moi qui s'habillaient de toile et de velours, qu'ici était le domaine de la soie, des crêpes de Chine, des étoffes moirées.

Quand je demandai à voir M. Jerzy Borowski, elle me toisa. Je répétai. Si j'écrivais que j'avais insisté pour obtenir ce rendez-vous, je laisserais croire à un effort de ma volonté. Or, je n'avais pas à vouloir mais à être présente et les événements se produisaient parce que j'en avais atteint le centre. Je ne fus pas étonnée qu'on me fît monter un escalier couvert de moquette bleue, qu'une secrétaire me désignât un fauteuil, et, sans que j'eusse besoin de regarder quand la porte s'ouvrit, je me levai.

Seulement à l'instant où je lui fis face, le réel se réduisit à lui-même. Jusqu'à ce que j'eusse fixé ses yeux, redécouvert la peau rose de son visage, la mollesse lascive de ses traits, cette douceur voilée du regard, j'avais cru – le mot n'est pas assez fort – que j'allais me trouver confrontée au jeune guerrier en uniforme noir, les cheveux rasés, le menton relevé, l'étoile à cinq branches brillant sur la vareuse ou bien que, surpris ainsi, Borowski allait remettre son masque, semblable au personnage du tableau ou à celui de la couverture du livre dont on ne voyait que les yeux et le front.

Mais Borowski me tendait la main avec simplicité et s'effaçait pour me laisser entrer dans son bureau. Je ne frôlai qu'un homme petit, aux cheveux trop blonds, teints sûrement, au cou fort, aux mains courtes et grasses, vêtu d'une veste cintrée aux reflets violets et d'une chemise blanche en partie recouverte par un foulard de même couleur.

Un tableau de Monica Sundberg, des oiseaux gris et bleu serrés les uns contre les autres sur les marches d'un escalier de marbre, était accroché sur le mur qui faisait face à l'entrée.

Je me crus à nouveau dans la cour du n° 27 de la rue de Tournon. Durant quelques secondes, le réel se fractura, les lieux et les temps furent confondus. Je ne voyais plus le couturier Jerzy Borowski qui, s'appuyant à sa table, m'observait en souriant, mais un personnage maléfique – le diable, avaient dit Michel et Alberti – qui avait le pouvoir de conduire les êtres, de les pervertir avant de les condamner.

Puis le téléphone sonna et autour du tableau, grand, je devinai le tissu tendu sur les murs.

Jerzy Borowski d'une mimique s'excusait tout en répondant au téléphone.

De sa main gauche, il déplaçait un petit bibelot, un aigle aux ailes déployées, les serres plantées dans le corps d'une femme nue, bras et jambes tendus.

« Voilà », dit-il en raccrochant.

Il vit que je détaillais le bibelot, le repoussa, me sourit, vint s'asseoir en face de moi. On l'avait appelé l'aigle, m'expliqua-t-il, puis il s'interrompit, le regard tout à coup brillant :

« Mais vous savez peut-être de moi plus que je ne crois ? »

Je ne répondis rien, mais j'eus sans doute l'un de ces mouvements par lesquels on se protège, la tête rentrée dans les épaules. Il m'observa, montra le tableau. Monica Sundberg avait peint ces toiles, pour se moquer de lui au début, puis elle en avait fait le thème de toutes ses œuvres.

« Je l'aimais vraiment », ajouta-t-il.

Je me taisais toujours. Je n'avais plus de questions à lui poser. Il me semblait que même son crâne se fût-il ouvert, je n'eusse rien deviné de Jerzy Borowski.

« Et ce tableau ? » reprit-il.

On me l'avait volé, répétai-je.

« Il m'appartenait, puis Monica... »

Le geste de sa main, lent, presque indifférent, signifiait sans doute que Monica l'avait repris, offert à Michel Farges.

Il se pencha, mit sa main sur mes genoux, mais il n'y avait rien d'équivoque ou de menaçant dans la pression qu'il exerçait, à peine insistante.

« Que voulez-vous savoir ? murmura-t-il. Me parler de quoi ? de Monica ? »

Il secouait la tête, chuchotait comme si nous

étions dans une chambre de deuil, répétant que Monica avait un caractère fantasque, qu'il ne fallait pas croire ce qu'elle m'avait confié.

« Elle a bavardé certainement, insistait-il.

— Mais on n'avait pas assassiné Michel Farges à cause de ce tableau ?

— Pourquoi l'aurait-on fait ? »

Il m'obligeait à le regarder. Un tableau n'était qu'un tableau, n'est-ce pas ?

« A moins d'imaginer, dit-il en retirant sa main, en s'appuyant au dossier du fauteuil, et qu'avez-vous imaginé, dites-moi ? »

Levé maintenant, retournant à son bureau, il avait une expression dure, une moue creusait ses joues et soulignait la forme de sa mâchoire. Il passa sa main dans ses cheveux d'un geste lent qui me parut vulgaire.

« N'imaginez pas, dit-il. Oubliez tout ça, écrivez vos livres. »

Sa voix dénuée d'émotion était telle que je l'avais entendue au téléphone.

« Où cela vous mènerait-il d'imaginer ? »

Il se dirigea vers la porte, l'ouvrit.

Quand je passai devant lui, il m'arrêta, serrant mon bras, presque sous l'aisselle. Un de ses proches amis, murmura-t-il, n'ignorait rien de moi et de ma vie. Ils évoquaient souvent ensemble cette petite institutrice, sympathique, adorable, qui a un vrai talent de romancière.

« Vous, chuchotait Jerzy Borowski, mais oui, vous. »

Il ne me lâchait pas, son visage proche du mien. Je connaissais cet ami, m'expliquait-il, mais peut-être ne l'aimais-je guère ? Qui apprécie les policiers aujourd'hui ? Et pourtant, Bernard Leyris m'estimait, comme femme et comme écrivain. « Sympathique », répétait Borowski.

« Nous disons chaque fois que nous parlons de vous – il s'interrompit, me fixa : têtue, Sylvie Mertens, dommage. »

Il desserra ses doigts et m'effleura l'épaule.

55

MARCHER lentement, ne pas se retourner, ne pas imaginer que Leyris attend dans l'escalier de l'immeuble de Cécile Devun.

Ne rien imaginer mais s'en tenir aux faits comme on s'appuie aux cloisons.

Et tout à coup, dans l'appartement de Cécile, je mettais ma main sur ma bouche parce que les sols et les murs se dérobaient et oscillaient, que Bernard Leyris était le complice de Jerzy Borowski, qu'ils allaient me tuer comme ils avaient tué Farges ou Monica Sundberg, ou bien me contraindre à la fuite. Mais je n'avais aucune des ressources de Véronique Dumas.

Je téléphonai à Pierre Mithois. Ce devait être le milieu de la nuit. Il s'éveillait lentement, répétant mon nom, m'interrogeant alors que j'étais incapable de parler, seulement désireuse d'entendre une voix. Peu à peu, il prit conscience de l'étrangeté de mon appel, de l'heure, de mon silence et son anxiété me rassura. Elle témoignait de son affection. Il proposa de me rejoindre : « Une heure d'avion, disait-il. Je suis à Paris demain à six heures? Tu veux? » Je dis que j'allais revenir. Un inspecteur était passé, me racontait-il, « intelligent, aimable ». Il avait posé quelques questions,

« mais rien, rien », précisait Pierre, cherchant peut-être à me faire comprendre qu'il n'avait parlé ni de la toile, ni des photos.

Je raccrochai et je quittai presque aussitôt l'appartement de Cécile.

Puisque Leyris s'était rendu chez Pierre Mithois, le téléphone devait être surveillé et ils savaient maintenant où je me trouvais.

Rappeler ainsi ma peur, mes obsessions et mes fuites, c'est peut-être me ridiculiser. Quelle petite conne, n'est-ce pas, de croire qu'ils pouvaient repérer l'origine de mon appel et me guetter dans la rue ou bien profiter de la nuit pour pénétrer dans l'appartement ! On ne prendrait en considération mes craintes que s'ils m'avaient tuée. Or, j'enseigne à Sauvan, j'habite au-dessus de la salle de classe, j'écris. On m'a laissée en vie. Je suis donc une petite conne qui dessine de la pointe de son crayon une spirale sur une page blanche, parce qu'elle s'ennuie ou qu'elle essaie de composer un second livre, à succès celui-là, mêlant le vrai et le faux, l'assassinat de Michel Farges et ces histoires rocambolesques de photos, de tableaux et d'oiseaux.

Je suis consciente de toutes ces invraisemblances.

D'une cabine, j'ai téléphoné à Jean-Marc pour qu'il me permette de finir la nuit chez lui.

Il ne m'a pas posé de questions, m'embrassant avec tendresse, allant et venant silencieusement autour de moi, sur la pointe des pieds, le corps serré dans une robe de chambre de soie mauve. J'ai voulu commencer à lui raconter mais il a posé la main sur ma bouche.

J'ai dit pourtant :

« Si l'on me tuait, on me croirait. Quelquefois, je le souhaite. »

Il souriait, bienveillant, un peu ironique.

« Mais non, chuchotait-il, mais non, on ne croit plus personne. Tout s'efface. »

Il me bordait et m'embrassait.

« Dors, mon amie, dors », chantonnait-il.

Je restai éveillée. Ma mort elle-même ne serait pas preuve de vérité. Jean-Marc disait vrai. Qui se souvenait de Michel Farges ? On avait tué depuis de façon plus spectaculaire. Si le nom de Farges s'inscrivait parfois à nouveau dans les articles, c'était à la suite de beaucoup d'autres, plus notables, qui servaient avec le sien d'introduction rituelle à l'actualité. Jacques Sabra, par exemple, dans le dernier numéro de *Présent* rappelait, pour expliquer les difficultés d'une enquête, que l'on n'avait découvert « *ni les assassins de Curiel, ni ceux de Fontanet, de Duprat, de Goldman, de Farges...* ». Il citait encore quelques victimes devenues des noms communs.

Quand un journaliste évoquait l'un de ces crimes, il ignorait toujours Michel Farges et préférait disserter du suicide de Markos. Portal ou Servoise, je ne sais plus, avait affirmé à ce propos qu'un intellectuel devait dans notre société choisir entre la trahison et le silence. Markos, concluait-il, avait héroïquement refusé l'alternative et trouvé dans la mort une issue.

Mais Portal et Servoise continuaient de vivre et de fleurir avec leurs phrases la mort des autres.

S'ils célébraient un écrivain assassiné, il ne pouvait s'agir que de Pierre Goldman, « Pierre l'obscur ». Trop terne Michel Farges pour que d'autres que moi s'intéressent à lui et je ressentais cela comme une dernière injustice.

Jean-Marc, le matin, pendant que nous déjeunions, avait posé devant moi un article publié quelques jours auparavant dans *Libération* à l'occasion du premier anniversaire de la mort de Goldman. Jean-Marc l'avait conservé à mon intention en soulignant quelques lignes, ici et là. Il avait donc compris ce que je tentais de réussir.

« *Courir après la mort de Pierre Goldman,* écrivait Libération, *c'était courir après sa vie et essayer d'en démêler les fils noués par lui dans la nuit* [...] *Depuis un an une équipe de* Libération *travaille sur cette mort, ordonnée et réglée comme une exécution. Pour qui ? Pour quoi ?* »

J'étais seule à conduire mes recherches et je me suis insurgée. Je voulais, dis-je à Jean-Marc, téléphoner, demander au journal de ne pas ignorer Michel Farges.

Puis je me suis calmée. Chacun choisit ses proches. D'ailleurs, *Libération* n'avait pas obtenu plus de résultats que moi.

« *Les preuves manquent,* poursuivait l'article. *Les pistes remontées ne l'ont pas été assez pour connaître encore le mobile de cette exécution capitale, et nous ne sommes pas en mesure de trancher dans les hypothèses* [...] *Tout porte à croire que les policiers ont quelques idées sur les tueurs de la place des Peupliers sans pour autant avoir les moyens de franchir les pas décisifs. Du moins, c'est ce que l'enquête policière laisse supposer et celle-ci n'a pas reculé devant l'utilisation des écoutes téléphoniques pour surprendre quelques indiscrétions* [...]. »

Ce texte confirmait mes craintes. Je n'étais pas cette petite conne qui imaginait l'intrigue d'un roman policier ou une mythomane qui vivait ce qu'elle rêvait et écrivait. Le corps d'un homme assassiné est toujours piégé. Son crime est un labyrinthe où l'on se perd et où l'on vous guette. Chercher « pourquoi » et « pour le compte de qui » les tueurs les avaient abattus était peut-être comme l'écrivait encore *Libération « un impératif pour tous ceux qui veulent échapper à l'imbécillité des avenirs aveugles »* mais pour moi, qui avançais seule, une démarche périlleuse.

Je dis avec complaisance à Jean-Marc : « Suicidaire.

– Ne t'obstine pas », répondait-il en relisant l'article.

Il ne semblait pas pourtant prendre au sérieux les dangers que je courais. Je lui avais parlé malgré ses réticences, lui tendant les photos qu'il regardait à peine, haussant les épaules, refusant même de m'écouter. Un espion, Borowski, un habile, utilisant et compromettant des ministres? Farges exécuté pour avoir découvert cela grâce à Monica ou à Véronique? Peu importait à Jean-Marc. Il n'exaltait que le geste de Farges et voulait en ignorer les circonstances. Chaque mort était pour lui une question intime et secrète. Mon enquête lui semblait vouée à l'échec.

« Ils peuvent tout contre toi, murmurait-il. Tu as de si faibles armes. »

Il me versait du café, me rappelait quelques affaires récentes et scandaleuses, qui n'avaient mis un terme à aucune carrière. Il insistait pour que j'écrive un vrai livre tiré de moi et non de cette boue que l'histoire dépose. Les journaux la recueillaient. Il me montrait une nouvelle fois l'article.

« Mais les livres, la littérature, Sylvie, autre chose. »

Le temps devait agir comme un tamis, la mémoire distillant l'émotion et les mots.

Chacun des mots que j'utilisais devait être une signature. Ainsi se construisait une œuvre.

Je n'avais pas cette ambition. L'œuvre naîtrait malgré moi ou n'existerait pas.

Sur le pas de la porte encore, Jean-Marc me répéta qu'il me fallait renoncer, que les fils de ces histoires étaient noués, que je ne pourrais pas aller plus loin et que je laisserais mon récit sans conclusion.

« Un livre pour rien », disait-il.

Il me tenait aux épaules, puis me prenait contre lui, en emprisonnant mon cou à la saignée de son bras.

« Tu peux publier, accuser, tout s'effrite, les gens imaginent le pire. Seule la perfection demeure, pour soi, tu comprends ? »

Il porta ma valise jusqu'à l'ascenseur.

« Ne te perds pas », dit-il.

Trop tard, Jean-Marc, trop tard.

56

Je n'ai revu ni Jean-Marc ni Borowski ni Cécile ni Betty Vanier depuis ce matin-là où, quittant Paris, m'éloignant des lieux que j'avais partagés avec Michel, j'entrai dans le domaine de ma mémoire, y traçant des itinéraires qu'une voiture qui paraissait me suivre ou une ville que je traversais orientaient.

La peur m'avait abandonnée aussi soudainement qu'elle m'avait saisie lorsque Borowski m'avait parlé de l'inspecteur Leyris. J'attribuais à un fatalisme soudain cette sérénité qui naissait plutôt de l'espace et de ce ciel enfin ouvert sur une campagne sans limites.

Je m'arrêtais pour regarder les étendues brumeuses de la fin de l'été, puis les premiers massifs bleutés. Je me persuadais que le but était atteint et que je ne pourrais plus rien tenter, qu'il me fallait maintenant relater ce que j'avais entrepris et vécu.

Le temps était venu d'écrire et de cela aussi naissait la paix. J'allais rendre présent Michel, refaire avec lui le parcours de sa vie. A la fin il serait aussi vivant que Borowski, que Morini ou que Jean-Marc. J'avais la certitude de trouver les mots qui lui rendraient justice. Un écrivain tue et venge. J'allais condamner ses ennemis et le réhabiliter, puisque j'essaierais de le comprendre.

Tels étaient mon état d'esprit et mon orgueil alors que je me dirigeais vers Lourciez.

J'ai traversé Chambéry, retrouvant le quartier où vivait Colette Bussi. J'ai reconnu la rue qu'elle habitait perpendiculaire à l'une des avenues principales. Je me suis arrêtée au carrefour. J'apercevais la maison de brique, le petit balcon sur lequel donnait la cuisine où nous avions parlé de Michel.

Mon enquête appartenait déjà au passé et je n'ai pas cherché à revoir Colette Bussi ni même, comme j'en avais eu l'intention, Gilles Farges. Je craignais qu'ils ne soient devenus différents, qu'ils ne m'annoncent la mort de Clémentine Farges et je voulais qu'ils restent tous tels que je les avais vus, tels que je les placerais dans mon récit.

J'ai longé le parc de la bibliothèque. Des enfants jouaient entre les buissons où j'avais été assaillie. A quoi bon revenir sur tout cela qui n'était que le ricochet du passé de Michel Farges ?

Je suis sortie de la ville exaltée par la beauté blonde d'un milieu d'après-midi. Je roulais plus vite, fenêtres ouvertes, tout au rôle que je m'attribuais.

Puis, je peux situer le lieu avec précision, l'angoisse et la peur sont revenues.

Ce sont des mots vides de sens, je sais, des mots vendus au détail, soldés même. Je les emploie parce qu'il faut bien que je raconte comment, au sommet de la longue côte que l'on emprunte à quelques kilomètres au sud de Grenoble, j'ai eu la sensation que je ne savais plus conduire, qu'un accident allait se produire! Je reconnaissais ma peur. J'avais déjà parcouru cette route revenant de Chambéry à Lourciez, il y a quelques mois, sûre alors d'être suivie. Ma vie se déroulait à l'envers. Je n'avais pas avancé. La même colonne de voitures m'emprisonnait.

Au début, je n'avais éprouvé aucune impatience, rêvassant encore, mais peu à peu je m'affolais. Derrière moi des conducteurs klaxonnaient, certains prenant rapidement la décision de doubler. Quand ils passaient à ma hauteur, ils haussaient les épaules ou m'injuriaient. Leur agressivité me blessait, me rappelait Borowski, Leyris et dans les derniers mètres de la montée, à l'instant le plus défavorable, je déboîtais, dépassant un camion au moment où une voiture venait à ma rencontre. Je crus, quelques fractions de seconde, que nous allions nous heurter, peut-être ai-je même fermé les yeux, mais je suis passée, dans le hurlement des klaxons, m'enfuyant le plus vite que je le pouvais, ma sérénité en miettes.

J'ai quitté la route principale pour m'arrêter au bord d'un champ, tenter de reprendre mon souffle et de retrouver mon calme.

Mais le mal était fait. Le sol à nouveau bougeait. J'énumérais les menaces qui pesaient sur moi. J'avais parlé à Jean-Marc. Or que savais-je de lui ? Dans ce milieu, les amitiés sont brèves. Un jour d'absence suffit à les renverser. Jean-Marc pourrait même ne pas songer à me trahir et le faire parce que les confidences paient. On troque un ragot contre un autre. On noue une alliance sur le dos d'un tiers. Michel m'avait décrit ces usages. « Nous sommes de petites bonnes femmes, avait-il dit. Nous aimons ça, cancaner. C'est le milieu littéraire, tout se sait, tout se dit. »

Je résume ses propos qui, sans doute, étaient plus nuancés que je ne les rapporte.

Michel avait ajouté, je me souviens, qu'on ne

comprenait rien au succès de certains livres si l'on oubliait la trame des petites calomnies et des grandes bassesses, des marchandages, de qui couche avec qui, et parfois des vraies passions qui liaient les gens du « milieu ».

« Un gang », avait dit Emmanuel Chaves avec humour. Mais recroquevillée dans ma voiture, je n'appréciais plus l'humour. J'accumulais les questions auxquelles je ne pouvais donner de réponses :

1. Que signifiait le passé de Jerzy Borowski? Pourquoi, dans ce livre où Michel Farges avait recueilli et transformé ses confidences, Borowski le dissimulait-il? Pourquoi cette photographie de soldat, entre les toiles?
2. Farges avait peut-être découvert ce que Borowski cachait derrière ces listes de chiffres.
3. Quel était le rôle de Monica Sundberg? Alliée de Farges? Morte à cause de cela?
4. Ces photographies, pourquoi? Glissées là à l'insu de Michel ou avec sa complicité?
5. Véronique Dumas, au service de Borowski? Pour tenir Farges?
6. Et si Michel Farges loin d'être celui qu'on mène et qu'on gruge avait été l'initiateur, le révolté qui veut faire sauter un monde qu'il hait? Qui accumule les pièces à conviction contre Borowski, Lacroix, Baynac. Pourquoi pas?
7. Leyris, quel jeu autour de moi? A quelle police appartient-il?

Que pouvais-je écrire, puisque j'ignorais les réponses? Comment accuser, défendre, expliquer si la vie et la mort de Michel Farges devenaient opaques?

Je n'avais réussi en quelques semaines qu'à me désigner aux tueurs. Pour le reste, malgré le legs de Michel, ses fiches, ses romans inédits, malgré mes trouvailles, je ne savais toujours rien. Et saurait-on jamais ?

Libération, parlant des enquêteurs qui avaient essayé de résoudre « *l'énigme obsédante* » qu'était la mort de Goldman, avait écrit, la formule m'avait frappée, qu'ils étaient allés « *de double fond en double fond* ».

J'aurais dit : de masque en masque.

J'écrirais mais comme on désespère, sachant qu'au terme de mon récit subsisterait l'inconnu, parce qu'au bout de la vie, on rencontre la mort.

On n'aimera pas cette grandiloquence et croira-t-on à la brusquerie de mes changements d'humeur ? Mais je suis ainsi.

On doutera même de la véracité de ce que je rapporte si j'ajoute ces détails vrais : je me désespérais au moment où l'ombre des massifs succédait à la lumière crue. Je m'accordais à la nuit qui venait. Et ce n'est pas là artifice. Le jour cessait vraiment avec brutalité.

Je démarrai, longeant le champ, des blés qu'on avait récemment coupés, où des oiseaux voletaient, tachetant de noir, devant moi, l'espace encore doré.

57

Ce que j'ai à dire maintenant défile comme une route sur laquelle on dévale imprudemment, avec une allégresse suicidaire qui vient de ce sentiment de liberté – une sorte de grâce – que donne l'indifférence aux risques pris.

Les pneus crissent, les virages se succèdent et pourtant on a l'impression de couper droit, touchant à peine le volant, comme dans un slalom esquissé quand on frôle les piquets, les évitant d'un mouvement de hanche, les skis glissant le long de la ligne de plus grande pente.

J'ai éprouvé ces sentiments quand, au lieu de me diriger vers Lourciez, j'ai pris les routes qui, par les crêtes puis les gorges, rejoignent la haute vallée du Bergo et le village de Sauvan. J'écartais les parois de la nuit, je faisais naître dans le cône blanc des phares les arbres et les à-pics, la fontaine d'un village puis à nouveau des pans de forêts, la rive nue d'un lac et la terre rouge des talus.

Je n'ai croisé jusqu'à Sauvan qu'une seule voiture comme si la montagne m'appartenait. J'y inventais mon itinéraire, créant cette route étroite et dangereuse où mon audace même me protégeait. Aucun obstacle ne pouvait s'y dresser puisque la véritable épreuve m'attendait au terme du voyage. Il me faudrait trouver la volonté d'écrire juste, de ne pas me laisser emporter par l'élan, de raconter seulement ce que j'avais vécu en tentant de retrouver Michel Farges. J'aurais à apprendre la lenteur patiente.

L'école où je logeais était un bâtiment sans grâce, un cube aux pierres recouvertes d'un crépi jaune. Les fenêtres ouvraient sur la vallée et les cimes qui surplombaient Sauvan.

Dès l'entrée, je reconnus cette odeur de craie et de tissu mouillé qui imprégnait les murs. Je traversai les pièces glaciales renonçant à allumer le poêle, et, sans même me déshabiller, je me pelotonnai dans le lit, soulevant les draps alourdis par le froid, immobile, guettant l'écho de ces phrases qui avaient surgi en moi alors que je m'approchais du village, répétant les premières, celles qui ouvriraient mon récit, relatant l'assassinat de Michel et posant cette question : « *Mais que sait-on d'un homme même si on l'a aimé ?* »

Ce que j'avais appris de Michel Farges était jeté en vrac dans ma mémoire, mots, souvenirs, intuitions, confidences ou visages, tout cela épars qu'il me faudrait assembler, et ce montage serait le mensonge et la condition pourtant pour que Michel Farges existe à nouveau. Je tracerais une deuxième fois ce faux-semblant qu'est un livre.

Je l'avais fait pour mon père, construisant pour lui, brindille après brindille, mot après mot, ce livre que je lui avais consacré, livre-chambre, livre-nid. Mais quand j'y pénétrais tournant les pages qui ne parlaient que de lui, je ne rencontrais que moi.

Ecrire c'est toujours parler de soi.

J'avais porté le masque de mon père.

J'allais coller sur ma peau les traits de Michel

Farges, tenter d'élucider sa mort et ne chercher à dire et à comprendre que ma vie.

Mensonge.

Livre-masque.

Farges avait agi comme moi. Ces personnages prête-nom, je les avais reconnus. Le Marc Foulier de *L'Acte rouge*, c'était lui. Je pensais même que, mettant en scène la vie de Jerzy Borowski, il avait glissé sa propre vie dans le récit autobiographique du *Créateur vagabond.*

Farges présent dans chaque mot, et moi, demain, je serai aussi chaque mot que je prêterai à Farges.

Demain, demain, je commencerai à écrire.

58

J'ai donc écrit les premières phrases tandis que les brumes du matin s'effilochaient, laissant apparaître les parois, les sommets et les éboulis que déjà recouvraient des plaques de neige aux contours cisaillés.

Sur la place de Sauvan les voix se croisaient, échangeant les mots de reconnaissance, le froid, la pluie, le vent, la vie.

Moi, je tentais de parler à un homme mort, que parfois je n'étais même pas sûre d'avoir aimé.

J'avais près de moi, à droite et à gauche de la machine à écrire, ses manuscrits, ses livres, ses dossiers, les petites fiches blanches, l'enveloppe contenant les photos et les documents et plus loin le livre signé Jerzy Borowski. Mon chantier de fouille que je parcourais à grands mots, avant de creuser plus profond dans la tombe royale qu'est la mémoire.

Souvent, je m'interrompais et, penchée à la fenêtre, j'essayais de distinguer vers le nord le sommet du Bergo dont on disait à Sauvan qu'il avait été le repaire des aigles, et qu'autrefois, chaque année, à l'automne, certains de ces rapaces suivaient les troupeaux qui descendaient vers la vallée, emportant dans leurs serres un mouton ou un jeune berger.

J'écrivais.

Ce fut la rentrée scolaire, ma vie coupée en deux.

De la nuit à l'aube, je bégayais le destin de Michel Farges, buvant par petites gorgées un bol de café qui, à l'apparition du soleil, n'était plus qu'un liquide glacé et sans saveur.

Je n'avais pas le temps de relire.

Je me peignais en hâte. J'entendais au rez-de-chaussée le cantonnier du village qui bourrait le poêle, bougonnant et traînant ses souliers à haute tige, faisant claquer les portes, s'en prenant à moi qui n'avais pas encore ouvert les volets de la salle de classe.

Je descendais inscrire en haut et à droite du premier tableau le jour, le mois, et ce geste rituel qu'il me fallait accomplir lentement afin de calligraphier les lettres me faisait entrer dans la deuxième partie de ma vie, paisible, pleine de l'étonnement et de la spontanéité émerveillée des enfants. J'aimais leurs appels : « Madame, madame », leurs bras tendus et ces hésitations apeurées quand je les interrogeais. J'aimais les rassurer en caressant leurs joues.

Leur peau, leurs yeux, leurs voix me faisaient oublier que la vie avait conduit Michel Farges au bout de la rue des Carmes.

Je me persuadais que j'avais choisi le meilleur métier possible : celui de l'innocence.

Puis, je m'apprêtais à refermer la porte sur le dernier élève, souvent Héloïse, qui continuait de me regarder alors que je repoussais la porte, comme si elle avait voulu me proposer son aide.

« Va, rentre vite. »

J'ajoutais qu'il faisait froid et que bientôt viendrait la nuit. Elle s'attardait pourtant, sautant à cloche-pied autour des bornes qui limitaient devant l'école un espace réservé aux jeux. Je l'incitais à s'éloigner mais elle s'immobilisait, un pied levé, une jambe repliée, m'empêchant de rejoindre l'autre part de ma vie. Elle portait, accroché à son dos par des sangles qui se croisaient sur la poitrine, un cartable trop volumineux, qui semblait devoir lui faire perdre l'équilibre. Mais elle restait à me fixer, debout sur un seul pied, ses bras à l'horizontale pareils à deux petites ailes tendues.

Un soir, les deux parties de ma vie se sont rejointes et le présent entre dans mon récit.

Le commissaire Jeannin est descendu de sa voiture, passant près d'Héloïse qui, après l'avoir regardé s'avancer vers moi, s'était enfuie, courant les bras toujours tendus.

Aurais-je dû claquer la porte et me barricader?

Il ne paraissait pas hostile, gêné plutôt, les mains dans les poches d'un manteau trop long et trop ample. Il n'essayait plus de prendre ma main. Il devait me parler, dit-il, en entrant dans la salle de classe.

Je m'assis à mon bureau.

« Vous avez eu tort, commençait Jeannin en s'appuyant au banc du premier rang, celui d'Héloïse, sur lequel elle avait laissé son cahier ouvert. Qu'est-ce que vous y avez gagné ? »

Il secouait la tête, m'expliquait qu'on — il insistait sur cet indéfini menaçant — on n'ignorait rien de mes démarches, qu'à Chambéry... Il se taisait, voulant sans doute que je me souvienne de l'agression dont j'avais été victime. Puis, comme je ne baissais pas les yeux, il s'éloignait de mon bureau, passait entre les bancs, feuilletant les cahiers, s'arrêtant devant les dessins d'élèves qu'à chaque fin de semaine j'accrochais aux murs. Ils formaient une frise bariolée sur les soubassements verts.

« Ici vous êtes heureuse, qu'êtes-vous allée ?... »

Il me semblait théâtral avec ses hochements de tête, la manière dont il se passait la main sur la nuque, puis allumait une cigarette avant de l'éteindre nerveusement. Jouait-il pour me convaincre ou bien étais-je à ce point menacée ?

Il revint s'appuyer au banc d'Héloïse et me reprocha de ne pas avoir collaboré avec lui la première fois qu'il m'avait rencontrée.

« Vous vous souvenez ? Dans la cour de votre école, une école déjà... »

Il ajouta plus bas, enlevant lentement son manteau : « Nous étions entre nous, vous – il tendait le doigt – et moi, pas d'histoire. »

Il soupirait, haussait les épaules, jetait son manteau, couvrant le cahier, l'écriture et les dessins d'Héloïse.

« Il faut que vous me donniez ce tableau, tout ce que vous avez sur Farges. »

Il vint vers l'estrade, posa ses deux mains sur mon bureau.

« A moi. »

Ses gestes et ses mimiques signifiaient qu'on effacerait et oublierait.

Il demeura quelques minutes silencieux, attendant ma réponse, puis s'emportant, il m'accusa d'être inconsciente, et de ne pas comprendre « où j'avais mis les pieds ». Il représentait « la vraie police », celle qui croit encore qu'il faut respecter la loi et la morale. « Il y en a d'autres. »

« Je vous aurai avertie », conclut-il.

Il s'irritait, reprenant son manteau, en cherchant la manche, faisant glisser le cahier d'Héloïse qu'il ne ramassait pas.

« Leyris ne vous préviendra pas. Ça vous tombera dessus, comme ça. »

Il cisailla l'air du tranchant de la main.

« Tant pis pour vous. »

Bien sûr, il claqua la porte.

Je replaçai alors le cahier d'Héloïse sur son banc.

59

La voiture de Jeannin s'éloigne sur la route de la vallée. De ma fenêtre, j'aperçois le mouvement de ses phares, l'arc qu'ils décrivent à chaque virage. Ils ont éclairé le calvaire non loin du village, puis la chapelle, plus bas déjà, avant les mélèzes, bientôt ce sera la scierie à l'entrée de la gorge, là où la voiture va disparaître.

La nuit à nouveau sera unie.

Je téléphone. J'ai besoin de voix. Cécile, absente. J'essaie même de parler à Gilles Farges. Quand je répète mon nom, il raccroche.

Borowski. Rien, sinon le battement monotone de la ligne occupée.

Pierre Mithois, le seul qui m'attende et me réponde.

« Viens, rapporte-moi tout, tout.

– Tout ? demande-t-il.

– Tout. »

Je veux avoir devant moi la toile de Monica, prolonger ainsi mon récit qui s'achève.

Pierre ne pourra monter que dans deux jours. Il m'interroge et s'inquiète. Je le rassure.

Deux jours, le temps qu'il me faut pour finir ce manuscrit et le relire. Je n'ai plus que quelques mots à ajouter.

Pierre insiste :

« Es-tu sûre ?
— Viens quand tu le peux. »

J'ai cru à mon courage mais dès que le silence m'entoure la peur recommence à creuser, coups réguliers que j'essaie de ne pas entendre, allant d'une pièce à l'autre, descendant dans la salle de classe, corrigeant les cahiers. Mais il suffit que je prenne celui d'Héloïse pour que je me souvienne de Jeannin, de Leyris qui roule peut-être déjà vers Sauvan.

Téléphoner encore.

Emmanuel Chaves habite Thorane, à une quinzaine de kilomètres au nord-est, au-dessus de l'une de ces dépressions qui au milieu de la montagne sont, l'été, comme de grands lacs verts que ferment les rochers nus du calcaire déchiqueté. Je l'appelle.

Je parle, je parle à une femme dont la voix grave me séduit, qui m'écoute et me rassure, qui dit tout à coup :

« Je suis Clara Chaves, vous venez dîner. Je vous attends. Venez. Je suis seule. »

Je connaissais leur maison construite à l'écart de Thorane. Les arbres — des sapins et des mélèzes — dissimulaient la façade mais de la route qui traversait la dépression on apercevait le toit des deux tours d'angle.

L'hiver dernier, quand avec Pierre Mithois nous redescendions les pistes du Bergo, je lui montrais à chaque fois les girouettes qui, parce que la neige avait recouvert les toits, ressemblaient à des oiseaux empalés, posés noirs sur des cônes blancs.

J'ai accepté l'invitation de Clara Chaves, roulé vite sur la route qui montait vers la maison, mais dans la nuit striée de neige fondue et de pluie, je ne distinguais rien. Les toits eux-mêmes avaient disparu.

Clara ouvrait le portail, me guidait vers un auvent.

« Vous voilà donc », murmurait-elle en m'accueillant.

Petite, grosse, elle portait un pull-over et un pantalon serré qui accusaient ses formes lourdes, mais elle avait les gestes vifs, le regard étincelant d'intelligence, un visage mobile et expressif.

« Chaves voulait toujours vous appeler, me dit-elle, seulement – elle haussait les épaules – un sauvage. »

Elle me montrait un fauteuil devant la cheminée. La pièce n'était pas grande comme si elle avait été une grotte creusée dans des parois épaisses, ces murs bosselés.

« Ils sont comme moi, dit Clara, ventrus, bombés, mais ils tiennent. La maison a presque trois cents ans. »

Elle parlait vite, m'expliquait que Chaves était descendu à Lourciez, qu'il rentrerait demain, qu'elle détestait dîner seule. « Trop de silence, murmurait-elle. Et puis... »

Elle me prenait par le bras, m'entraînait dans la cuisine. La table était dressée devant une cuisinière de fonte. Je devais m'asseoir là, le dos au feu. Elle coupait du jambon, touillait la salade de pommes de terre que le jaune des œufs liait. Elle aimait cette cuisinière ancienne où elle faisait cuire des pommes dans l'odeur du feu de bois.

« On va se régaler, vous verrez. »

Comme d'un geste je refusais qu'elle me versât

du vin, elle dit : « Moi, je bois. » Elle me servit et se tut, me regardant manger.

« Et puis... » reprit-elle.

Elle saisissait mon poignet, le serrait, m'expliquait qu'Alberti – « vous connaissez Alberti » – leur avait écrit.

« A votre sujet. C'est un vieux copain de Chaves. »

Chaves refusait de se mêler de ce qui ne le regardait pas.

« Seulement... »

Elle lâchait mon poignet, commençait à manger, poursuivait la bouche pleine, les lèvres grasses, avec une indifférence à son apparence qui me rassurait.

« Seulement, même si on ne veut pas, les autres vous poussent. »

Brusquement, elle posa sa fourchette, frappa des deux poings sur la table.

« Vous savez que je hais ce milieu, dit-elle, je le hais. C'est le pire même si on y rencontre aussi des gens comme ça – elle ouvrait la main – francs, intègres, mais ils sont rares, et tout le reste. »

Elle se servit à boire. Elle buvait beaucoup, brutalement, portant le verre à ses lèvres et avalant d'un seul trait, comme si elle avait hâte que le vin entre en elle, la bouche comme un entonnoir. Elle qui m'avait rassurée, tout à coup m'effraya. Peut-être voulait-elle se donner le courage d'affronter ce passé qu'elle désirait me raconter, les jalousies d'avant la guerre, l'Occupation qui avait arraché les masques, les dénonciateurs, les gens prêts à tout ?

« Les mots, à cette époque-là, disait-elle, des coups de poignard qu'on vous donnait dans le dos. C'est comme ça que Chaves a été arrêté, l'article d'un salaud qui est toujours là, et moi après Chaves, vous voyez ? »

Elle plaçait ses paumes sur ses seins, énormes, elle disait qu'elle était revenue laide, foutue.

« Et on les a tous retrouvés à Paris, les petits malins. »

Ils avaient fait jouer leurs pièces, publié leurs livres, attendu, changé d'opinion au bon moment, affiché les derniers jours un courage exemplaire. Alors Chaves et Clara avaient décidé de s'installer ici, loin, le plus loin possible.

« Chaves va là-bas, juste ce qu'il faut. Moi jamais, jamais. »

Elle se levait un peu titubante.

« On va manger les pommes dans le salon. »

Elle se sentait trop laide et trop vieille pour accompagner Chaves. Elle l'aurait gêné. Les hommes vieillissent moins vite, et un poète renommé doit changer de femmes, séduire, offrir son cœur tourmenté.

« Moi je suis l'épouse fidèle, la bonne grosse souillon. »

Elle écrasait les pommes chaudes parfumées à la cannelle.

« Exquises, non ? »

Elle n'avait encore rien avoué. Je sentais son hésitation et je craignais de l'interroger.

« Et Michel Farges ? » ai-je demandé pourtant.

Clara Chaves posa l'assiette devant la cheminée, vint s'asseoir près de moi sur le canapé. Elle appuyait ses seins tièdes contre mon bras.

« Tu sais qu'il est venu ici deux fois. »

Son haleine était forte, sa voix éraillée.

« Chaves ne te le dira pas, parce que – elle frotta ses mains l'une contre l'autre – il ne veut plus qu'on l'emmerde, tu comprends ? Il les connaît. Mais moi je vais te dire, parce que Farges... »

Elle passait son bras sur mon épaule, appuyait sa joue contre la mienne, reprenait :

« Tu vois, Farges n'était pas un salaud, finalement – elle leva le bras, la main ouverte, verticale comme une étrave –, Farges droit, droit. »

60

Voici les dernières phrases de ce récit. Je pourrai poursuivre indéfiniment comme s'il naissait de lui-même, entrecroisant la mémoire et les jours que je vis, coupant ici, prolongeant là, avouant ma peur ou mon indifférence, guettant la venue de Leyris en traçant quelques signes encore, comme ces oiseaux qui, l'été, au-dessus du toit de notre maison de Lourciez n'en finissent plus de tourner dans l'étirement mélancolique du crépuscule.

Je serai alors une tricoteuse de mots, cherchant à cacher mon impuissance à conclure, honteuse d'avoir à dire qu'on ne sait jamais tout d'un homme même si on l'a aimé, même s'il est mort.

Je veux m'interrompre au milieu d'une phrase comme certaines vies, celle de Michel Farges, brutalement brisées.

Clara Chaves était ivre quand je l'avais quittée. La pluie avait cessé, laissant la nuit claire.

Il y a quelques mois, Michel Farges avait emprunté la route que je suivais, traversant Sauvan où je m'arrêtais, continuant jusqu'à Lourciez. De là, Michel s'était envolé pour Paris.

Si j'en crois Clara Chaves, il avait décidé avec

une amie – Monica Sundberg, j'imagine – de dénoncer la corruption et le mensonge, d'en finir avec les prudences et le calcul, de désigner du doigt Jerzy Borowski, les ministres, Baynac et Lacroix, tant d'autres, de déchirer la respectabilité de la plupart des familiers de la villa de Saint-Cloud. De crier : « Voilà ce qu'ils sont et ce qu'ils font, les maîtres. »

« Il avait mis la main sur quelque chose comme ça », disait Clara.

D'un mouvement des bras elle dessinait une masse, énorme.

« Quand il est venu, exalté, un gosse qui jubilait. Il marchait là, devant nous : compte en Suisse, trafics, des ventes d'armes, est-ce que je sais encore ? Tu sais, j'écoutais à peine, tout ça, le fric, les magouilles, j'en rigole toujours un peu. »

Elle se levait avec peine, se servait encore à boire.

« Chaves, lui, il lui a conseillé de la fermer. Ou bien, tu vois le malin, d'en faire un roman, à la John Le Carré, dans deux ou trois ans. Mais... »

Elle secouait la main, elle m'expliquait que Michel Farges s'était emporté.

« Il voulait vraiment semer la merde », murmurait-elle.

Elle paraissait réfléchir quelques minutes, à moins qu'elle ne rêvât à ce qui se serait produit si Farges avait réussi. Puis, elle me tapotait l'épaule.

« Je crois qu'il ne pouvait plus reculer. Il avait les documents, les autres le savaient, on ne peut pas laisser dans la nature un type comme Farges, avec sa petite bombe sous le bras. Et je la fais exploser quand je veux, un peu plus tôt, un peu plus tard. Tu parles. Trop d'intérêts et des gros. Chaves – elle plissait tout le visage quand elle citait le nom de son mari –, un malin, il a fait sa petite enquête, la D.S.T., les Renseignements généraux, ils étaient tous sur le coup. »

Je savais, moi, qu'ils n'avaient pas lâché prise.

« Farges, ce petit agneau, un peu pourri, oui, mais un agneau. Tu crois qu'il s'est rendu compte ? Penses-tu ! Il n'a pas compris ce qu'il risquait. »

J'étais persuadée qu'il en avait eu conscience. Je me souvenais de cette halte, peu de temps avant sa mort, dans la campagne proche d'Avignon que glaçait le mistral. Il mesurait le danger. Il avait évoqué la Cour de sûreté de l'Etat. Je n'avais pas voulu comprendre alors. Et à quoi bon tenter de convaincre Clara Chaves maintenant ?

Elle parlait des femmes qui entouraient Michel, Monica Sundberg, une autre – sans doute Véronique – plus trouble encore, qui avaient vraiment mené le jeu. Pour qui ? Pour quoi ?

« C'est nous – Clara se frappait la poitrine –, c'est nous les bonnes femmes les vraies terroristes. Tu ne crois pas ? On les tient les bonshommes, tu sais. »

Elle riait, s'accrochait à moi qui tentais de partir.

« Tu sais pourquoi on les tient ? »

Elle avait les yeux mi-clos, elle balançait sa tête d'avant en arrière.

« Parce qu'ils ont peur, tu comprends. Nous, on les voit toujours tout nus, comme des bébés, on sait bien de quoi ils sont faits, de merde et de lait, alors... »

Elle riait, elle marmonnait plus qu'elle ne parlait. Elle disait que, vers la cinquantaine souvent, ça prenait même les meilleurs, ils avaient un retour de jeunesse, un coup de flamme.

« Tout propre, tout neuf, tout beau, absolu », bégayait-elle.

Ils croyaient sortir du nid, ces vieux rapaces déplumés. Ils changeaient de femmes et d'idées.

« Une nouvelle jeunesse, tu comprends ? S'empêcher de vieillir, les petits cons, comme si on pouvait. Tu comprends ? »

Sévère, Clara, impitoyable comme sont les femmes qui chaque matin sentent sous leurs doigts les rides au coin des yeux.

« Tu comprendras bientôt, ma chérie, ne t'inquiète pas, tout le monde y passe. »

J'imagine, alors qu'elle marmonne, j'imagine l'enchaînement. Michel qui, méticuleusement, avec la même passion qu'il avait mise à écrire, monte son horlogerie. Voilà pourquoi il a refusé de témoigner à mon procès, accepté de paraître lâche. J'imagine, que puis-je faire d'autre ? qu'il cherchait aussi à séduire Véronique Dumas, si jeune, qu'il l'avertissait de ses intentions, que celle-ci...

On bavarde, on raconte, on dénonce et au bout de la rue un homme meurt.

Farges avait oublié qu'il n'écrivait pas un roman mais qu'il bousculait des vies et menaçait des intérêts. Et qu'on ne le laisserait pas achever sa page, ni la recommencer.

J'ignore si je convaincs.

Je sens bien que je ne donne que des réponses partielles et que la logique s'y perd. Ma raison cherche en vain l'issue du labyrinthe. Qui me dira quels furent les rôles précis de Monica et de Véronique ? Et pourquoi les notes de Véronique Dumas se trouvaient entre les toiles, à côté de la photo de Jerzy Borowski en uniforme et des listes de chiffres ?

Qui me dira pourquoi Michel Farges n'a pas écrit ce roman, *La Ville lumière* où il eût pu crier ce qu'il savait, ses haines et ses dégoûts, et survivre, caché sous le masque de l'écrivain ?

Peut-être simplement parce qu'il ne voulait plus porter de masque et qu'il ne s'agissait pour lui que d'attirer des tueurs. Ils croyaient le guetter, lui tendre un traquenard, alors que Michel les attendait, ayant monté le scénario de sa propre mort.

Qui sait s'il n'avait pas par hasard découvert le journal de Véronique Dumas ?

Et la vie ne le portait plus.

Qui sait ?

J'arrive au bout sans rien avoir élucidé. Mais n'est clair que ce qui est faux : le réel est toujours trouble et inachevé.

Ce soir je retournerai à Thorane.

Si le vent a soufflé, je verrai de loin les girouettes, ces oiseaux de métal dont le grincement sur leur axe fait penser à un cri. Je confierai à Clara Chaves ce manuscrit, ma vie mêlée autant que dureront les mots à celle de Michel Farges.

Puis...

61

« *Nous étions*
Chacun à notre manière
Des quêteurs d'absolu
Puis
La vie s'est faite tanière
Et certains
Nos frères
N'ont pas survécu. »

Emmanuel Chaves,
Thorane, le 18 novembre 1980

Paris-Spéracèdes, 1980-1981.

Pour Anne.
Pour Tina.

DU MÊME AUTEUR

Romans

LE CORTÈGE DES VAINQUEURS, Laffont, 1972, et Livre de Poche.
UN PAS VERS LA MER, Laffont, 1973, et J'ai lu.
L'OISEAU DES ORIGINES, Laffont, 1974, et J'ai lu.
LA BAIE DES ANGES :
I. LA BAIE DES ANGES, Laffont, 1975, et J'ai lu.
II. LE PALAIS DES FÊTES, Laffont, 1976, et J'ai lu.
III. LA PROMENADE DES ANGLAIS, Laffont, 1976, et J'ai lu.
LA BAIE DES ANGES, 1 vol., coll. « Bouquins », Laffont, 1982.
QUE SONT LES SIÈCLES POUR LA MER, Laffont, 1977, et Livre de Poche.
LES HOMMES NAISSENT TOUS LE MÊME JOUR :
I. AURORE, Laffont, 1978, et Livre de Poche.
II. CRÉPUSCULE, Laffont, 1979, et Livre de Poche.
UNE AFFAIRE INTIME, Laffont, 1979, et Livre de Poche.
FRANCE, Grasset, 1980, et Livre de Poche.

Histoire, essais

L'ITALIE DE MUSSOLINI, Perrin, 1964 et 1982, et Marabout.
L'AFFAIRE D'ÉTHIOPIE, Le Centurion, 1967.
GAUCHISME, RÉFORMISME ET RÉVOLUTION, Laffont, 1968.
MAXIMILIEN ROBESPIERRE, HISTOIRE D'UNE SOLITUDE, Perrin, 1968, et Livre de Poche.
HISTOIRE DE L'ESPAGNE FRANQUISTE, Laffont, 1969, et Marabout.
CINQUIÈME COLONNE 1930-1940, Plon, 1970 et 1980.
TOMBEAU POUR LA COMMUNE, Laffont, 1971.
LA NUIT DES LONGS COUTEAUX, Laffont, 1971.
LA MAFIA, MYTHE ET RÉALITÉS, Seghers, 1972.
L'AFFICHE, MIROIR DE L'HISTOIRE, Laffont, 1973.
LE POUVOIR À VIF, Laffont, 1978.
LE XXe SIÈCLE, Perrin, 1979, et Livre de Poche.
GARIBALDI, LA FORCE D'UN DESTIN, Fayard, 1982.

Politique-Fiction

LA GRANDE PEUR DE 1989, Laffont, 1966.

Conte

LA BAGUE MAGIQUE, Casterman, 1981.

En collaboration

AU NOM DE TOUS LES MIENS, de Martin Gray, Laffont, 1971, et Livre de Poche.

« Composition réalisée en ordinateur par IOTA »

IMPRIMÉ EN FRANCE PAR BRODARD ET TAUPIN
7, bd Romain-Rolland - Montrouge - Usine de La Flèche.
LIBRAIRIE GÉNÉRALE FRANÇAISE - 14, rue de l'Ancienne-Comédie - Paris.

ISBN : 2 - 253 - 03259 - X   30/5795/7